読解力を鍛える古典の「読み」の授業

徒然草・枕草子・平家物語・源氏物語を読み拓く

阿部 昇 著

明治図書

はじめに―なぜこれまで「古典嫌い」の子どもを大量に生み出してきたのか

この本は何を目指して書いたのか

これまで古典の授業は、さまざまに工夫され実践されてきた。そこには小中高の先生方の真摯な取り組みがあった。子どもたちに古典の魅力を感じさせると同時に、文法や古語、文学史の知識も身につけさせたいと考えてきた。

しかし、結果として多くの場合が「古典嫌い」を大量に生み出すことに貢献してしまっていた。一部の古典好きの子どもを除き多くの子どもたちは「授業で取り上げているから」「試験に出るから」「入試で出題されるから」という事情からとりあえずは真面目に取り組むが、それが終わったら「二度と振り返りたくない」「古典なんか見たくもない」という状態に陥る。

先生方の真摯な善意の取り組みにもかかわらず、なぜそういう事態に陥ってしまっているのか。

それは、何より「古典の文章・作品が面白くない」からである。「文法を学んでも古語を覚えても文学史を学んでも古典の面白さとは無縁」だからである。当然子どもたちは「なんでこんなことしなくちゃいけないのかわからない」「古典を読まなくても困らない」「こんなこと知らなくても困らない」「面倒なだけで楽しくない」ということになる。

多くの古典の文章や作品は、本当はとにかく面白い、止められても読みたくなるくらいに面白い。刺激的でスリリングで楽しい。近現代の文章や作品も面白いものがたくさんあるが、それとはまた違った面白さ・楽しさがある。「やみつき」になるくらい読まずにはいられない魅力がある。それが面白くないのは、古典の文章・作品の面白さや魅力が見えてくるような授業をしていないからである。文法も必要である。古語もわからないといけない。文学史を知っていた方がずっと文章・作品を深く読める。しかし、それら文法、古語、文学史などが古典を深く読むことにつながっていない。深く読まなければ、古典の文章・作品の面白さや魅力など見えてくるはずはない。

そういう中でいくら指導方法を工夫しても、導入にマンガや映像を使っても面白いエピソードを提示しても、一過性の興味で終わってしまう。肝心の文章・作品の魅力にはほとんどアクセスできないままである。そこに受験の制約による古語、文法、文学史などの知識の必要性がかぶさっていくから、悲惨さは累乗となっていく。

古典の文章・作品のものの見方・考え方を取り上げ、子どもたちに考えさせるという授業も一部にはある。しかし、そこでも肝心の古典の文章・作品の読みそのものは、表層の域を出ていないことが多い。文章・作品の「教訓」「哲学」を予定調和的に解説するか、文学史的な知識を披露することで終わるものが多い。一つ一つの文章・作品に向き合い、それを多面的に読み深めていくという要素はほとんどない。結局、古典の文章・作品そのものの面白さ・魅力・喜びは感じられないままに授業を終えることになる。

古典の授業で一つ一つの文章・作品を読み深める要素がないために、子どもたちは古典の文章・作品を深く豊かに読むための「方法」も身につけていない。つまり国語力は全く育っていない。だから、一層子どもたちは古典の授業に無力感をもつようになる。古典の文章・作品を深く豊かに読むためには、一定の方法が必要となる。文章・作品を読み深めていく過程でそれらの方法が身についてくると、次に新しい古典の文章・作品と出会った際に、かなりの程度まで自力で読み深め読み拓いていくことができるようになる。そうなると、古典の文章・作品が面白くなるだけでなく、「読む力がついている」「国語の力がついている」「以前より読めるようになっている」という手応えを子どもたちは感じるようになり、古典の面白さだけでなく、言語能力についての手応えも感じるようになる。

教材研究の弱さ、教科内容の欠落、指導過程の曖昧さ─の克服

前述の状況を乗り超え、あたらしい古典の授業を創り出すためにまず鍵となるのが、教師自身の教材への対峙の仕方である。教師自身が、一つ一つの古典の文章・作品をどこまで読み深めていくことができるかである。これまで教師自身が、授業で取り上げる古典の文章や作品そのものを読み深められていなかった。だから、それらの本当の面白さ・豊かさに気づいていなかった。その文章・作品のどきどきするような魅力にまで分け入っていない。それで授業に臨んでも、子どもたちが古典の魅力に気づくはずはない。教材研究の弱さを克服することが、まずは古典教育改革の大きな鍵である。

そして、その読みの過程で自らが駆使した深く読むための方法をメタ的に抽出することで、「読むための方法」（国語の力＝言語能力）が見えてくる。それらを、一つ一つの文章・作品で丁寧に子どもたちに身につけさせていく。そうすることで、子どもたちは少しずつ自らの力で主体的に古典の文章・作品を読むことができるようになっていく。つまり読解力が付いてくる。それは一生の宝として生き続け、大人になってからも古典を深く豊かに読むことができるようになる。さらに、それは古典を超えて、近現代の文章・作品を読む際にも生きてくる。（「読むための方法」はさまざまな研究によっても解明する必要がある。）これまで古典教育の世界では、読む力としての教科内容の追究が極めて弱かった。

そしてもう一つ必要なのは、教師の教材研究を生かし「読むための方法」を育てていくための古典の指導過程の確立である。これまで指導方法も曖昧であった。指導方法はさまざまあってよいが、従来の授業でしばしば行われる「順番に場面ごとに読んでいく」などという方法ではすぐに限界がくる。たとえばはじめに文章・作品の構造を読み、それを生かしながら文章・作品の鍵となる部分にフォーカスし仕掛けを読み解く。最後に文章・作品を評価・批評するなどのあたらしい指導過程を生み出す必要がある。

この本の問題提起の骨子と本書の構成

国語科教育について考えるとき私は五つの枠組みを用いる。「目的論」「内容論」「教材論」「指導過程論」「授業論」である。国語科では何を目指すべきか論じる「目的論」、国語科で身につけさせる教科内容を論じる「内容論」、そのためにどの教材を取り上げどう教材を研究していくかを論じる「教材論」、それに基づきどういう手順・過程で授業を展開し指導するかを論じる「指導過程論」、そして実際の授業をどう構築するかを論じる「授業論」である。本書で取り上げるのはそのうちの「内容論」「教材論」「指導過程論」である。「指導過程」は次の三つを提案する。

1　古典の文章・作品の全体構造を俯瞰的に読む指導過程
2　古典の文章・作品の論理・レトリックを読む指導過程
3　古典の文章・作品の評価・批評・批判をする指導過程

はじめに文章・作品全体の構造を俯瞰的に読む。次いでそれを生かしながら論理やレトリックを意識しつつ文章・作品の鍵となる部分に着目し、さまざまな仕掛けを読み拓いていく。最後にそれらの読みを生かしながら文章・作品の評価・批評・批判を行う――という指導過程である。

それらを通して子どもに古典を深く豊かに「読むための方法」を身につけさせていく。古典教育における「教科内容」である。文章・作品の構造を読むための方法、論理・レトリックを読むための方法、評価・批評・批判を行うための方法などである。これは学習指導要領の「言葉による見方・考え方」とも重なる。それらの方法を学び身につけることによって、子どもたちは言語能力を高めていく。それについても提案する。

「教材研究」についても、これら三つの指導過程、教科内容とも関わるかたちで展開する。

古典の文章・作品を構造的に読むことで、その大きな仕掛けや面白さが見えてくる。伏線の重層的な仕掛けや説得力を高めるための豊かな工夫が浮き彫りになる。また、構造の読みを生かしつつ一語一文を読む際には、論理やレトリックに着目する。それにより隠れた意味や意外な仕掛けが見えてくる。そして、文章・作品を絶対化することなく評価・批評・批判することで、古典の文章・作品の新しい側面・新しい価値が見えてくる。

本書の第二章は、右記のうちの「指導過程」を軸に提案を行った。その中で、それぞれの過程で育て身につけさせるべき「教科内容」を示した。第三章から第六章は、『徒然草』『枕草子』『平家物語』『源氏物語』の有名な段や場面を取り上げ「教材研究」を示した。その際に「読みの方法」（教科内容）も各節末に示した。

なお、本書では「評価」「批評」「批判」の用語を使うが、「評価」「批評」は概ね文章・作品の優れた点と不十分な点をともに検討する際に使う。「批判」はそれと重なる部分もあるが、特に文章・作品の不十分な点を検討する際に使う。また、第三章以降各節の文章・作品の現代語訳は、阿部の書き下ろしである。

＊

本書は小中高の先生方、古典教育に関わる研究者の方々、教育学を学ぶ大学の学部生・院生の皆さん、教育委員会の指導主事の方々に向けて書いた。また、本書は日本教育方法学会などの学会での研究、「読み」の授業研究会などの研究会での研究、そして全国の小中高の先生方との共同研究を生かす形で書いた。内容についての責任はすべて阿部に帰すが、ここでの成果はそういった方々との共同研究が背景にある。最後になるが、本書の出版にあたって温かく励ましてくださった明治図書の木山麻衣子氏に厚く感謝を申し上げる。

秋田大学　阿部　昇

目次

第三章 『徒然草』を読み拓く

第一章　古典の授業をコペルニクス的に転回すべきとき

第1節　これまでの古典の授業が抱えてきた大きな欠落

1　古典の授業を変えなければならないという動きは生まれつつある

小学校にも古典が位置づけられ、高校では「古典探究」が始まろうとしている(注1)。古典教育に少しずつ新しい動きが生まれつつある。しかし、子どもたちの古典嫌いが止まる様子は一向にない。古典には心躍らせる計り知れない魅力があるのに、それに気づかないままに卒業していく子どもの多さに愕然とする。そういう中で古典の授業で言語能力を育てることなど夢のまた夢である。一部の例外を除き「古典と早く決別したい」「できれば古典を避けて通りたい」という子どもが大部分という実態である。

二〇一六年中央教育審議会答申に「高等学校では（中略）主体的な言語活動が軽視され、依然として講義調の伝達型授業に偏っている傾向」という指摘があるが、その問題性がより大きいのが古典の授業である。古典そのものについては「日本人として大切にしてきた言語文化を積極的に享受して社会や自分との関わりの中でそれらを生かしていくという観点が弱く、学習意欲が高まらないことなどが課題」とある。古典教育の実態を反映した指摘である(注2)。

古典嫌い、さらには古典への拒否反応を克服し、古典の深層に分け入り読み拓くことをとおして古典の魅力に気づかせる。そしてそれにより豊かな言語能力を育てる。そのことが今強く求められている。ただし、そのためには、国語科教育に関わる教師、国語科教育学研究者、古典文学研究者、そして教育委員会の方々のかなりの覚悟が必要となる。本章のタイトルどおり「コペルニクス的に転回」することが求められる。

二〇一七年・二〇一八年の学習指導要領の総則では、言語能力の育成が重視されている。それを受け国語科も言語能力重視の目標・内容になっている。古典についても、基本的にその方向で改訂されている。

特に高等学校の「古典探究」は、二〇〇九年学習指導要領の「古典B」に比べ大きく変化している(注3)。二〇〇九年の「古典B」の目標は「古文と漢文を読む能力を養うとともに、ものの見方、感じ方、考え方を広くし、古典についての理解や関心を深めることによって人生を豊かにする態度を育てる。」となっている。「読む能力」は、全体の目標の一部である。それに対し、二〇一八年学習指導要領の「古典探究」の目標は「言葉による見方・考え方を働かせ、言語活動を通して、国語で的確に理解し効果的に表現する資質・能力を次のとおり育成することを目指す。」となっている。「言葉による見方・考え方」そして「理解」し「表現」する「資質・能力」が前面に位置づく。言語能力重視ということである。

より直接に言語能力に関わる内容についても、「古典B」が「内容を構成や展開に即して的確にとらえる」とある程度なのに対し、「古典探究」には「構成や展開」「言葉の響きやリズム、修辞などの表現の特色について理解を深める」「表現の特色について評価」「古典特有の表現に注意」「多面的・多角的な視点から評価」などが位置づいている。「疑問に感じたことについて、調べて発表したり議論したりする活動」も位置づけられた。まだ十分とは言えないが、言語能力を育てることに深く関わる目標や内容と言える。

ただし、二〇一七年中学校学習指導要領では、相変わらず「作品を読むことを通して、古典に表れたものの見方や考え方を知る」「歴史的背景などに注意して古典を読むことを通して、その世界に親しむ」というだけで、二〇〇八年学習指導要領と大差がない。小学校学習指導要領も「昔の人のものの見方や感じ方を知ること」とやはり大差がない。言語の教育というより、道徳的に古典を学ぶという傾向が強い(注4)。

それにしても、高等学校学習指導要領で変化があったことは一定の評価ができる。ただし、それによって古典の授業が直ちに劇的に変わるわけではない。これを受けて古典の教科書が大きく改革されたり、古典の授業の在り方の再検討が本格的に展開されていかない限り、現場の古典の授業はそう簡単には変わらない。相変わらず文法と文学史的知識、あるいは道徳的な古典理解の授業を展開し続けることになる。学習指導要領の古典についての記述に変化がなかった中学校・小学校の授業の在り方にも大きな懸念が残る。

そう簡単には文章・作品を深く読み拓いていくあたらしい古典の授業は生まれてこない。そうなれば言語能力を育てる古典にもなりえない。本書では、それらの現状を大きく変えるための方略を提案していきたい。

2　古典の授業における「深層」の欠落

これまでの古典教育の在り方には、おおよそ次の二つのかたちがあった。

一つは、古語や古典文法の指導を核として指導を展開するものである。古典特有の語句、動詞、助動詞などの知識を重視しながら文章・作品を読み進めるものである。文学史的な知識を調べさせたり紹介したりもする。

もう一つは、文章・作品のだいたいの意味や現代語訳を確認した上で、その文章・作品のテーマについて考えさせていくというものである。学習指導要領の「ものの見方や考え方」「感じ方、考え方」に一部対応する。そこから人間の生き方、知恵などを学びとろうとする。

右の二つを併せもつような古典の授業もある。

これらは、古典の授業として一定の意味をもっている。古典特有の文法にアクセスしないままに文章・作品の深層に迫ることはできない。文学史的な知識も、文章や作品成立期の読者がもつ知識や常識を知るという意味でも大切である。文章・作品を読むという行為には、そういった（暗黙の）前提が必要となる。また、文章・作品のテーマについて検討し、そこから人間や社会の在り方を学ぼうとすることも大切なことである。

ただし、これらの授業には、決定的な欠落がある。それは、文章や作品の本文に丁寧にこだわりながらその「深層」に分け入り読み拓くという指導過程（学習過程）がないことである。これらの授業でも、もちろん文章・作品を読んでいる。しかし、多くの場合「表層」の読みに留まる。それは、現代語訳を解説的に少し広げた程度である場合が多い。せいぜい当時の読者は現代とは違った感じ方・考え方で読んでいたであろうことを指摘する程度である。

国語の教科書の質も圧倒的に低い。文章・作品の取捨選択にも課題はあるが、それ以上に古典の教科書の学習頁（手引き）の質の低さは目を覆うほどである。たとえば、『徒然草』の第一一段「神無月のころ」の高等学校教科書の手引きは、次のとおりである。

兼好は、柑子の木の周りが厳重に囲ってあったのを見て、なぜ興ざめしたのか(注5)。

「この木なからましかばとおぼえしか。」と作者が考えたのはなぜか(注6)。

これらを切り口に、より深層に迫るという位置づけではない。これらがゴールなのである。これ以外の教科書の手引きも「物欲を排し隠遁者的な生き方を大切にしようとする作者の見方」といったレベルの学習頁が多い。それでも教科書によっては「なぜ『この囲ひなからましかば』ではなく『この木なからましかば』なのか。説明してみよう。」と、少しましな手引きもあるにはある(注7)。しかし、これもまだ深層に迫るものとは言えない。これらの手引きでは、とても深層の読みには迫れない。書いてあるとおりをほぼなぞっただけである。同じ『徒然草』の第五二段「仁和寺にある法師」の教科書手引きも「作者が一番言いたかったことは、どんなことにも案内役は必要」であることを読みとらせる程度で終わっている。もう少し丁寧に読む場合でも、当時の人たちにとって石清水八幡宮がどういう位置にあったのか。多くの人たちはどのように石清水詣でをしていたのかなどについて解説をするくらいである。

残念ながら現在の古典教科書の学習頁の多くが、右の『徒然草』の二つの段のレベルである。教科書の学習頁から求められている授業のイメージが透けて見える。実際に高等学校の古典の授業の多くが、その段階に留まっている。中学校の古典の授業も、文法の知識と通り一遍の解釈で終わるか、朗読・暗唱・群読や取り組みやすい課題で活動をさせるだけというものが多い(注8)。

そういう授業では、古典の文章・作品の深層を捉えることはできない。せいぜいが文章・作品から型どおりの教訓を引き出し格好をつける程度である。だから、大多数の子どもたちにとって古典がつまらなくなる。これほど魅力的でスリリングな刺激に満ちた古典の世界を、乾燥し干からびた「標本」の世界にしてしまっている。それで豊かな言語能力が育つはずもない。

『徒然草』第一一段「神無月のころ」であれば、たとえば「視点を替え、この段をもし庵の主人の側から見るとどういうことが見えてくるか」「ここに書かれている『事実』の裏に語り手のものの見方・考え方は隠れていないか」などの問いがあれば、少しずつ深層に分け入っていくことができる。同じく第五二段「仁和寺にある法師」であれば、たとえば「仁和寺の法師のエピソードと『先達はあらまほしきものなり。』という結びの一文とが整合していないのはなぜか」「なぜ『ある法師』でなく、わざわざ『仁和寺の法師』としたのか」などの問いがあれば、深層に迫ることができる。（第三章の第2節・第4節を参照いただきたい。）

ここでは「語り手をずらし別の観点・視点から読み直してみる」「『事実』として書かれている記述・表現の裏に隠れている語り手のものの見方・考え方を読む」「不整合・矛盾に着目しその理由を探る」などの読みの方法を学ばせることができる。これらは重要な「言葉による見方・考え方」である。それが言語能力の育成につながる。古典を古典特有のコードで読むことはもちろん大切だが、現代の文章や作品につながるようなより普遍的なコードで読むことで、古典は新しい魅力的なものとして立ち上がってくる。そして、近現代の文章や作品を読む際にも生きる言語能力を育てることになる。

第2節　なぜ古典の授業がここまでつまらなくなったのか―歴史的要因を探る

1　日本の「國語」成立の事情と古典の授業

古典の授業が表層に留まる読みしか指導してこなかった理由を探ろうとすると、いくつか思いあたることがある。一つは、日本の国語科教育がその成立当初から背負わされ続けてきた役割に関わる。日本の「國語」は一九〇〇（明治三三）年に成立した。この時点で国語科教育が言語の教育として成立しにくい状況が生まれていた。それは国語科に言語の能力を育てる役割と同時に、あるいはそれ以上に道徳を育てる役割が求められていたということである。

次は、一九〇〇（明治三三）年の『小學校令施行規則』中の「國語」に関する記述の一部である（注9）。

國語ハ普通ノ言語、日常須知ノ文字及文章ヲ知ラシメ正確ニ思想ヲ表彰スルノ能ヲ養ヒ兼テ智徳ヲ啓發スルヲ以テ要旨トス注目すべきは「智徳ヲ啓發」である。「智徳」とは知恵と道徳のことである。「國語」という教科が誕生した時点で、既にそこに言語の教育という要素と並んで「徳」つまり道徳の教育という要素が大きく位置づけられていた。このことが、それ以来長く国語科に求められ続けてきて、やがては次のような「國民科國語」にまで至る。一九四一（昭和一六）年『小學校令施行規則改正』である(注10)。

國民科國語ハ日常ノ國語ヲ習得セシメ其ノ理會力ト發表力トヲ養ヒ國民的思考感動ヲ通ジテ國民精神ヲ涵養スルモノトス

これが「國民科國語」のはじめに置かれる。「讀ミ方」「綴リ方」が出てくるのはこの後である。「國民精神ヲ涵養」が重視されている。長く「智徳」「國民精神」を育てることが国語科に期待されてきたことが、言語の教育としての国語科という要素を弱くしてきた可能性が高い。

一九四九（昭和二四）年から一九五二（昭和二七）年にかけて西尾実と時枝誠記の間で「言語教育・文学教育論争」が行われた。そこでも事実上そのことが問題にされた(注11)。西尾は文学教育と言語教育を「独立的」に行うべきと主張し、時枝は文学教育と言語教育を「区別しないで」行うべきであると主張した。この論争には、文学の教育と非文学の教育のジャンルの問題と、文学教育をこれからどのように行っていくべきかという問題との二つが含まれ、それらが錯綜して展開されていった。ジャンルの問題としては西尾が言うとおり文学教育と非文学の教育を区別するというのは当然のことである。しかし、時枝が一番こだわったのは、ジャンルの問題というよりそれまでの文学教育が言語の教育になっていなかったということの問題性である。このまま文学教育と非文学の教育を「独立的」に行うと、文学教育が旧来の国語に戻ってしまうという危機意識であった。

論争を見ると、西尾も時枝も同様にそれ以前の国語科教育に強い危機意識をもっていたことがわかる。西尾は文学教育と非文学の教育を別々に行わないと「古い文学教育を脱却できず、ほんとうの言語教育に眼が開かない国語教育を後へ引き戻すおそれ」があり、そこに「危険」があると述べる。時枝は「これは言語の教育であるとかこれは文学の教育だというふうに、方法や態度をまったくかえることが国語教育にとって非常に危険」と述べる。二人は、明治期から戦中の国語科教育の事例を具体的に取り上げてはいないが、二人の危機意識は「智徳」「國民精神」を育てる国語科教育と深い関わりがあると見てよい。

日本の国語科教育は、道徳教育的役割を担わされてきたために、言語の教育の要素が軽視されてきた。そのため、分析的な読みが軽視・忌避され続けた。時枝は、文学教育を「言語表現の分析」「言語の分析」を重視しながら行うべきと述べる。言語教育として文学教育を行うべきとは、文学も分析的に指導すべきということである。これは、時枝の「『惚れさせない』国語教育」という主張にもつながる(注12)。しかし、残念なことに戦後の国語科教育は、文学はもちろん文学以外の教育でも、そして古典の教育でも言語の教育とは逆の方向を向いて行われてきた。

だから、本書で取り上げる『徒然草』『枕草子』『平家物語』『源氏物語』なども、文章や作品の本文を読み深めるという過程を素通りしたまま、人物の心情、人間の生き方などといったことだけを道徳的に検討することが長く授業で行われてきた。言語による文章・言語による作品として、その構造や形象やレトリックや仕掛けを多面的に読むなどという観点はほとんどなかった。ましてやそれらを批評的・批判的に読むなど「夢のまた夢」の世界である。古典文法の指導は、言語教育につながっているようにも見える。しかし、それらは知識レベルで終わり、古典の文章・作品を読み深めることにつながっていない場合が圧倒的に多い。文法の教育が言語の教育になりえていないのである。

❷「神聖化」という事情

古典の授業が表層に留まる読みしか生んでこなかったもう一つの理由は、教材が「名作」「古典」として神聖化されてきたことにある。近代文学もそうだが、古典もまさに「古典」として、優れたもの、ありがたいもの、崇め奉るべきものとして扱われてきた。そういう中で、分析的に古典を読むということを忌避する傾向があった。だから「名作を分析的に読むなんて文学のよさを壊す」といった見方が前面に出て、結果として深層にまで踏み込んだ読みとりを事実上禁止してきた。また、「神聖」な「名作」であるとすると、そのすばらしさを味わわせていただく、作者のありがたい考えから学ばせていただくという姿勢の読みに傾いていくのは自然である。だから、「批評的・批判的に読むなんて古典を冒涜するもの」という暗黙の見方が底流にあった。そういう分析忌避、批評・批判忌避（または禁止）の傾向が、古典の読みを表層に留めることに大きく「寄与」していた。これは、右で述べた道徳的な読みとりという傾向とも深い相関がある。

ピエール・ブルデューは、（古典を含む）ヨーロッパの文学・文章についてではあるが、その問題性を次のように指摘している（傍点ママ）(注13)。

科学的分析が、美的快楽をはじめとして、文学作品や読書行為の特殊性をなすものをどうしても破壊してしまうというのは、いったい本当なのか？（中略）いったいなぜ、あれほど多くの批評家、作家、哲学者たちが、芸術作品の経験は曰く言いがたいものであり、それは定義からして理性による認識を逃れるものであると、あんなにも迎合的に言明するのか？　いったいなぜ、彼らは闘いもせずに、知の敗北をこんなふうに性急に宣言してしまうのか？（中略）なぜ人は、芸術作品や美的経験を知的に認識する試みを押し進めようとする人々にたいして、あんなにも執拗な攻撃を加えるのか？（中略）要するにひとことで言えば、なぜ人はあんなにもはげしく、分析にたいする抵抗を示すのか？

こう述べながらブルデューは一定の「理性」的方法によって分析的に文学作品を読むことの大切さを強調する。「多くの批評家、作家、哲学者たち」は、日本の「教育関係者」に言い換えられる。ブルデューはそういった傾向は「典礼さながらにくりかえされる学校教育によって、かつ学校教育のために、それらが際限なく再生産されて、〈学校〉によって形成されてゆくすべての人々の精神にも深く刻みこまれている」とも述べる。

西郷信綱は、文学作品の「分析は命を殺すものと受けとられやすい」が、「実は逆で」あると述べる。そして次のように「評価」にも言及する（注14）。

古典の「鑑賞」と称するものをうっかり信用できないのも、概して享受が分析を経ない趣味のことばで語られているからである。すばらしいとか、美しいとか、人間的とか、天才的とか、等々、分析とはこういった一般的名辞による評価を拒み、享受そのものを表現に即しもっと意識化することである。

本節「1」で紹介した時枝誠記は「『惚れさせない』国語教育」という文脈で次のように述べている（注15）。「媚びない峻厳な態度」「惚れない国語教育」という言い方で、文章・作品を批評的に読むことの重要性を強調する。

国語教育の主眼とするところは、相手の思想の如何に関せず、己を空しくして、これを正確に忠実に理解する能力と、このやうな寛大な、又冷静な、そして己の好尚に媚びない峻厳な態度を養成し訓練するところにあると云はなければならない。一言にして云へば、相手を理解はするが、かりそめにも惚れない国語教育でなければならないのである。

文章や作品を分析的・構造的に読むことをしてこなかった。分析忌避である。そして批評的・批判的に読むことをしてこなかった。神聖化・絶対化である。これらが古典の教育を干からびたかび臭いものにしてきた。それは、古典教育に携わる教師だけの責任ではない。古典教育に関わる国語科教育研究者の責任が大きい。さらに古典文学研究者の責任もある。文章・作品の深層を読むことを大事にしている研究者が全くいないわけではない。しかし、それは限定的で、たとえばテキストクリティックであったり作品成立の経緯の解明であったりなどというところに偏していた。「タコツボ」状態である。テキストクリティックでも作品成立の解明でも、本当は文章・作品の深層に迫る読みが前提となるべきはずだが、それなしでも古典文学研究の世界では通用してきた。

第3節　古典の授業を変えていくための三つの切り口

右に述べてきた問題を克服し転回するためには、さまざまな角度からのアプローチが必要だが、その中でも特に重要な三つの切り口をここでは示していく。それは、次の三つである。

1　教材研究についての転回
2　指導過程についての転回
3　教科内容についての転回

まず第一に、教材研究の転回が鍵となる。古典の文章・作品（教材）をどう研究していくかが大きく問われる。言い替えると指導する側がどれくらい豊かに多面的に教材を読み深められるかである。第1節で指摘したような「深層」に分け入り読み拓くことを欠落させた授業が多いのは、教材研究が弱いからでもある。

古典の文章・作品を分析的・構造的に読み、その深層に迫るものに大きく転換していくことが求められる。分析的・構造的に読むからこそ、文章・作品の面白さ・豊かさに気づくことができる。分析で文章・作品がつまらなくなるとしたら、それは分析の方法・在り方が間違っているのである。また、古典の文章・作品を神聖視しないで、評価的・批評的・批判的に読み拓いていくことである。その方向でまずは古典について教材研究を徹底して深めていく必要がある。これを国語科教育の研究者、古典文学研究者、そして小中高の教師が共同で進めていく。教材研究が深くなれば、古典の授業は転回し始めていく。

第二は、指導過程の転回である。教材研究の転回だけでは十分ではない。それを具体的にどういう指導過程で生かしていくかの解明がないと、教材を解説するだけの授業になってしまう。構造的・俯瞰的に文章・作品を読む過程、レトリックや論理などを読む過程、評価的・批評的・批判的に読む過程などは、是非位置づける必要がある。そういう中で探究型授業、アクティブ・ラーニング型授業が効果を発揮するはずである。

古典の授業の指導過程については、それぞれの教師がさまざまに工夫をしてきた。それはそれで意義があったのかもしれない。しかし、教師がさまざまに工夫してきたということを別の側面から見直すと、それだけ指導過程が曖昧で自己流がまかり通っていたということでもある。私は指導過程を一つに決めようと言いたいわけではない。少なくとも「自己流」を超えて、ある程度まで一致してこれだけは指導過程として欠くことができないというかたちを構築することを目指す必要がある。そのためのたたき台を本書では示していく。

そして、第三は、教科内容の転回である。指導の中で子どもたちに古典に関するどういう言語能力を育てていくかの解明である。その部分も、これまで極めて曖昧であった。文法や文学史的知識は確かに必要である。しかし、子どもたちがどういう角度、観点、切り口で文章・作品を読んでいけば深い読みが生まれるかという方法・方略は、ほとんど問題にされてこなかった。これを解明したい。

これは、まずは教師自身が教材研究の際に駆使した研究方法を、子どものために再編成することで解明できる。教師が深い読みに到達した過程をメタ的に振り返り、それを子どものために体系的・系統的に再編するのである。もちろんそれと同時に研究者による体系的・系統的な教科内容（言語能力）の構築も求められる。

本書では、古典教育を大きく転回するために右の三つを関わらせながら提案していく。まず、第二章では古典の授業を転回していくためのあたらしい指導過程を提案する。同時にそこで育て身につけさせていく言語能力としての教科内容を示す。そして、それを可能とするあたらしい教材研究の方法について考える。

それを受け、第三章以降では『徒然草』『枕草子』『平家物語』『源氏物語』を取り上げ、どのように教材を研究したらよいのか。また、それによってどういう言語能力を育てることができるのかを考えていく。

〈注〉

(1) 文部科学省『高等学校学習指導要領』二〇一八年。以下同様。
(2) 中央教育審議会『幼稚園、小学校、中学校、高等学校及び特別支援学校の学習指導要領等の改善及び必要な方策等について（答申）』（中教審第197号）二〇一六年
(3) 文部科学省『高等学校学習指導要領』二〇〇九年。以下同様。
(4) 文部科学省『中学校学習指導要領』および『小学校学習指導要領』二〇一七年
(5) 高等学校国語教科書『新編古典B』二〇二〇年、教育出版、三三頁

(6) 高等学校国語教科書『新編古典B』二〇二〇年、東京書籍、二九頁

(7) 高等学校国語教科書『改訂版国語総合古典編』二〇二〇年、数研出版、二一頁

(8) 実際の中学校の古典の授業では、たとえば「なりきり『平家物語』」という単元名で「登場人物の人物像を解釈し、その人物になりきって気に入った台詞を紹介する」という学習活動を設定したものがある。それでも、その過程で文章・作品本文を丁寧に読み深め読み拓く過程があれば、古典を読むことの魅力を感じることができるはずである。それによって言語能力も育つ。しかし、そういう過程がほとんど見られない。(野崎真理子「主体的な学びを核とする単元『なりきり「平家物語」』」日本国語教育学会監修、髙橋邦伯・渡辺春美編著『シリーズ国語授業づくり中学校・古典―言語文化に親しむ―』二〇一八年、東洋館出版)

(9) 文部省『小學校令施行規則』一九〇〇年

(10) 文部省『小學校令施行規則改正〈國民学校令施行規則〉』一九四一年

(11) 一九四九年の第二回全日本国語教育研究協議会で西尾実と時枝誠記間で「言語教育」と「文学教育」をめぐる論争が起こった。それを受け、一九五二年に西尾と時枝の対談という形で論争が継続された。前者は全日本国語教育協議会編『国語教育の進路』一九五〇年、昭森社、後者は『教育建設』第八号、一九五二年、金子書房に収録される。引用はそれによる。

(12) 時枝誠記「国語教育における古典教材の意義について」『国語と国文学』一九四八年、至文堂

(13) ピエール・ブルデュー(石井洋二郎訳)『芸術の規則Ⅰ』一九九五年、藤原書店、一〇~一二頁【Pierre Bourdieu, Les régles de l'ART Genèse et structure du champ littéraire, 1992】

(14) 西郷信綱「古典をどう読むか」西郷信綱・永積安明・広末保『日本文学の古典』第二版、一九六六年、岩波書店、一九五頁

(15) 前掲書(12)に同じ、一七頁

第二章　古典の授業を転回するための三つの切り口

あたらしい指導過程—教科内容—教材研究

ここでは「古典の授業を変えていくための三つの切り口」のうち、まずは指導過程を提示する。同時にその指導過程で子どもに育て身につけさせていく教科内容を示す。古典を読み深めるための方法である。それが言語能力を育てることにつながる。また、その教科内容（方法）が教師の教材研究の方法としても生きてくる。

なお、第三章からは『徒然草』『枕草子』『平家物語』『源氏物語』のいくつかの段や場面について、教材研究を行った。その際に次頁に示す三つの指導過程を意識した。その中で教科内容としての読むための方法も示した。

＊

一語一文を順番に読み進めていく、あるいは場面ごとに読み進めるという授業は、現代文、古典をとおして極めて多い。表層の意味や文法を確認するならそれで済むかもしれないが、深層の読みに分け入っていくときには、そういう指導方法ではすぐに限界がくる。何より、それでは文章や作品を読む喜びは生まれてこない。

まずは、古典の文章や作品との幸せな出会いを大切にする必要がある。はじめはナントナクでいいからその文章・作品そのものの面白さ・魅力を、子どもが感じられ垣間見られるような指導の工夫をする必要がある。

そして、それを進めつつ文章や作品の全体構造を俯瞰するという指導過程が是非必要となる。構造を俯瞰すると、さまざまな発見が生まれてくる。古典嫌いは、この全体像がつかめないというところからもきている。構造というかたちで全体像が見えてくると、文章・作品の魅力が一層感じられるようにもなる。また、構造的に俯瞰することで、その文章・作品の重要箇所がどこであるかも見えてくる。全体が見えるからこそ、各部分の重要箇所が自然と浮き上がって見えてくるのである。（その重要箇所を本書では「鍵」と呼ぶ。）

構造の俯瞰の次には、その「鍵」を中心に論理展開やレトリック、文法を含むさまざまな仕掛けを読み深めていく指導過程がくる。最後にその文章・作品の特長・よさ・魅力を発見し、違和感・弱点・問題点を明らかにしていく評価・批評の指導過程となる。そこには批判的な読みも含まれる。第一章で述べたとおり古典だからと「神聖化」してはいけない。

これらを整理すると、次のような指導過程が浮かび上がる(注1)。

1　古典の文章・作品の全体構造を俯瞰的に読む指導過程
2　古典の文章・作品の論理・レトリックを読む指導過程
3　古典の文章・作品の評価・批評・批判をする指導過程

深い教材研究を生かしながら右のような指導過程で授業を展開し、それにより子どもたちに古典の魅力を実感させつつ、豊かな国語の力を育てていく。これは、日本で広く実践されてきた「通読↓精読↓味読」の指導過程とかなりの程度重なる(注2)。

1〜3の三つの指導過程からなる教育方法は効果のあるものである。ただし、常にこのとおり指導しないといけないというわけではない。これは一つの雛形として、それぞれの子どもたちの実態に合わせて応用・変奏していけばよい。

第三章から『徒然草』『枕草子』『平家物語』『源氏物語』の教材研究を展開していくが、その際に概ね右の1　全体構造を俯瞰的に読む指導過程、2　論理・レトリックを読む指導過程、3　評価・批評・批判をする指導過程に沿って進めていく。ただし、段や章などによって2・3を同時に論じている部分もある。

第1節　「表層のよみ」の過程―まずは文章・作品との幸せな出会いを演出

右の三つの指導過程（構造→論理・レトリック→批評）が有効であるが、その前に古典の授業で必要な指導がある。それは、子どもたちに文章・作品と出会わせ、また表層の意味を理解させていく過程である。それを「表層のよみ」と名づける。それに対し「構造→論理・レトリック→批評」の読みの指導過程は「深層のよみ」となる。第1節では「表層のよみ」についてまず述べ、第2節から「深層のよみ」について述べていく。

a　表層のよみ
b　深層のよみ

授業では、「表層のよみ」と、それを生かしつつ子どもたちが相互に対話しながら深めていく「深層のよみ」とが位置づくが、これまでの授業では、表層の読みレベルで終わってしまうことが少なくなかった。逆に、表層の読みをいい加減にしたままで深層の読みを目指そうとしたために、一部の子どもしか参加できていない授業になってしまうこともあった。すべての子どもが深層の読みに主体的に参加できるようにするためにも、表層のよみを丁寧に指導する必要がある。

ここでは何よりも子どもたちが「是非読んでみたい」と思えるような文章や作品との出会いを創り出すことが大切である。教科書で取り上げている古典の文章や作品は、多くが魅力的で心躍らせる要素をもっている。わくわくするような刺激的な文章や作品が多い。しかし、出会いの過程を大事にしないではじめから文法や文学史的知識を前面に出しすぎると、子どもは古典の世界を干からびたつまらないものと誤解してしまう。文法や文学史なども大切だが、まずは子どもたちの文章や作品との幸せな出会いを教師は創出することが求められる。そのために、大きく次の方法がある。

1　朗読を演出して文章・作品の魅力をアピールする
2　文章・作品に含まれる謎や発見の糸口を予想する・予告する
3　文章・作品にまつわるエピソードなどを紹介する
4　現代語訳と文法の扱いを工夫する
5　文章・作品のジャンルを確認する

1 朗読を演出して文章・作品の魅力をアピールする

古典の文章・作品と子どもたちが出会う際に、教師の朗読は重要な意味をもつ。声を出して読む朗読の力を軽視してはいけない。小学校・中学校はもちろん高等学校でも朗読は大切な指導である。『平家物語』などは語りから生まれてきたものだから当然であるが、もともと書き言葉として成立した文章・作品であっても声に出して読んでみると、また新しい味わいが生まれてくる。朗読の質が高いと、古典を苦手と思っている子どもでも文章・作品に興味をもち始めることが意外なくらい多い。

そのためには、子どもたちが文章・作品の魅力を実感できるような朗読（範読）を、教師が自分の生の声で行っていくことが大切である。教師自身が自分で何度も練習をしてよりよい朗読を創り上げることで、子どもたちは古典の世界に惹きつけられていく。

また、教師自身が朗読の練習を重ねているうちに、朗読の際に発音が難しいところ、読み間違えやすいところ、わかりにくい語句や漢字なども見えてくる。それを子どもたちへの音読指導に生かすこともできる。（教師自身が朗読を避けていて子どもたちに「しっかり音読できるように」というのでは説得力がない。）プリントで本文を配付する際のルビの振り方、表記の仕方、段落設定などにも生かせる。現代語訳作成にも生かせる。そして、それにより教師自身もその文章・作品の魅力をより一層発見できるようになってくる。

ＣＤを生かす方法もあるが、それは教師の生の朗読を補完するものと位置づけるべきで、教師の肉声によるライブの生の朗読を中心とすることが是非必要である。

2 文章・作品に含まれる謎や発見の糸口を予想する・予告する

古典の文章・作品のほとんどに、それなりの謎、意外性、仕掛けが存在する。それを、一部先取りして効果的に示す。教師が語りかけながら示してもよいし、教師と子ども、子どもと子どもが対話しながら創り出す学習課題というかたちでもよい。

たとえば、『奥の細道』の「山寺」の「閑かさや岩にしみいる蝉の声」について、「どうして蝉の声がうるさいくらい聞こえるのに『閑かさ』なんだろう。何か変だね。」と呼びかけてみる。学習課題としては「蝉の声が大きく聞こえるのに、なぜ『閑かさ』なのか。謎を解き明かそう。」などが考えられる。この意外さこそが、この俳句の魅力であり凄さである。もちろん「閑かさや」の「しづか」の意味を前後の文脈、そして「閑」という漢字のもつ形象性などから解き明かしていく。

また、『枕草子』第一段「春はあけぼの」であれば、「この第一段には、すごく意外な提案があります。常識を打ち破る驚きの提案です。どんな提案だと思いますか。」と呼びかける。学習課題としては「『枕草子』第一段にある意外な提案を見つけ出そう。」などが考えられる。実際に第一段「春はあけぼの」の中には、それまでの日本の古典文学では触れなかった斬新な提案が含まれている。

これは、表層の読みであると同時に深層の読みへの入口でもある。はじめは、教師が文章・作品の謎や発見の糸口を先取りして提示すればよい。ただし、子どもたちに古典の読み解き方が身についてきた段階では、子どもたちが自分で謎や発見の糸口を見つけ出していくようにしていくのである。

この指導では、まずは教師自身がこれから読んでいく文章や作品に魅力を感じているということが大前提となる。教師が「つまらない」「面白くない」と感じていたらすぐに限界が来る。教師がその文章・作品（教材）に本気で対峙し解釈を深め、その魅力・面白さを発見していく中で謎や発見の糸口が顕在化してくる。

❸ 文章・作品にまつわるエピソードなどを紹介する

多くの場合、その文章や作品が成立するまでにはそれなりの興味深い過程がある。また、その文章や作品の内容に関係した歴史的なエピソードもさまざまにある。それらを切れ味よく紹介し、興味をもたせる。その場合、ＤＶＤ、写真などを活用することも有効である。もともと古典は面白く刺激的なものだが、その面白さをより予告的に提示する配慮も必要である。

漫画も有効に活用できる。有名な文章・作品の多くは、漫画になっている。漫画を厳選し、これはという効果的なもの、効果的な場面を選んで示す。文章・作品によっては複数の漫画がかかれている場合もある。同じ場面でも漫画によって描き方がかなり違う。複数の漫画を提示して比べることもできる。

❹ 現代語訳と文法の扱いを工夫する

古典の場合、現代語訳をどう扱うかが難しい。現代語訳を安易に子どもたちに示すと、古典の原文を見ないで現代語訳ばかりを見るようになるおそれがある。そのため、はじめは部分的に現代語訳を示すだけにして、全体の現代語訳は単元の後半に示すという場合がある。

しかし、私は早めに現代語訳を示していくべきと考える。文章・作品のだいたいの意味（表層の意味）さえわからないままだと、文法をわかりやすく解説しても子どもによっては中途半端にしか理解できない。そうなると肝心の深層の読みに分け入っていく前に、何人かの子どもは授業を降りてしまう。だから、早めに現代語訳を示し十分に理解させていく方がよい。

それでは現代語訳だけを見て古典本文を見ない読まないという状況をどう乗り越えるのか。一つには、音読を重視することである。繰り返し音読をさせ暗唱に近い状態にまでいけば、古典本文が体の中に染み込んでいき原文への抵抗が少なくなる。「1」の教師による朗読も原文重視につながる。何より教師が現代語訳を補いつつも、授業の過程で常に古典本文を提示し一語一語にこだわる読みを進めていく。

現代語訳を示したら、プリントやノートを見ないで原文の意味が理解できる状態にしていくことが大切である。そのことで現代語訳を参照する回数を減らすことになり、古典原文にこだわる状態を作り出すことになる。

この際に留意すべきは、教科書や指導書、古典全集の現代語訳をそのまま使わないことである。現代語訳もわかりにくいものが少なくない。複数の現代語訳がある場合は、かならず複数の文献を確認して教師が一番適切と思うものを選び、それをベースとして教師自身がオリジナルの現代語訳を創り出すのである。

「表層のよみ」の段階で文法をどの程度取り立てて指導するかである。現代語訳をしっかりと覚えさせることができているのであれば、文法の知識ははじめは必要最小限でよいと考える。そのかわり「深層のよみ」に入った段階で、読みを深める際に重要箇所（鍵となる箇所）で立ち止まりその部分の文法を丁寧に検討していく。もちろん、立ち止まる箇所は厳選して絞り、数が多くなりすぎないことが大切である。表層のよみの段階で、文法に時間を使い過ぎると、子どもたちの読もうというエネルギー、モチベーションが下がる危険がある。子どもたちの様子を見ながら時間配分を丁寧に工夫していく必要がある。

5 文章・作品のジャンルを確認する

古典の文章・作品のジャンルについて考えることは重要である。文章・作品のジャンルによって書かれ方や仕掛け等が大きく違ってくる。ジャンルを曖昧にしておくと、その文章・作品のどこに着目したらよいか、またどう読み深めたらよいかが見えにくくなる。

現代では、説明的文章（説明文・論説文）と文学的文章（物語・小説、詩）と、文章のジャンルをまずは二つに大別できる。それらの中間形態として随筆がある。古典の場合、そこまでわかりやすい二分法で分類できるわけではない。古典という場合、文学的な文章をイメージすることが多いかもしれない。『伊勢物語』『土佐日記』『源氏物語』『平家物語』などである。『枕草子』『徒然草』などは随筆ではあるが、文学に分類されることが多い。しかし、『枕草子』『徒然草』などには、論説的と言えるような段も少なくない。（現代でも随筆には文学的な随筆と説明的な随筆がある。）随筆の章段によっては、論説的要素と文学的（物語的）要素が混在しているものもある。『枕草子』の「春はあけぼの」「うつくしきもの」のように事例を列挙しているものもある。さらには、『方丈記』のように記録的な要素を色濃くもつ随筆もある。古典は、近現代の文章・作品に比べると分類が難しい。しかし、ジャンル意識が弱いと、文章・作品の特性が見えないままに、読みの観点が揺れてしまうおそれがある。ジャンルを意識し、それに即した読みの方法・方略を生かしていく必要がある。

近現代ほど明確ではないとは言っても、古典も大別して文学的な文章と説明的な文章とに分けることができる。それに基づいて下位のジャンルも設定できる。そういう観点から古典のジャンルを次頁のように分類した。

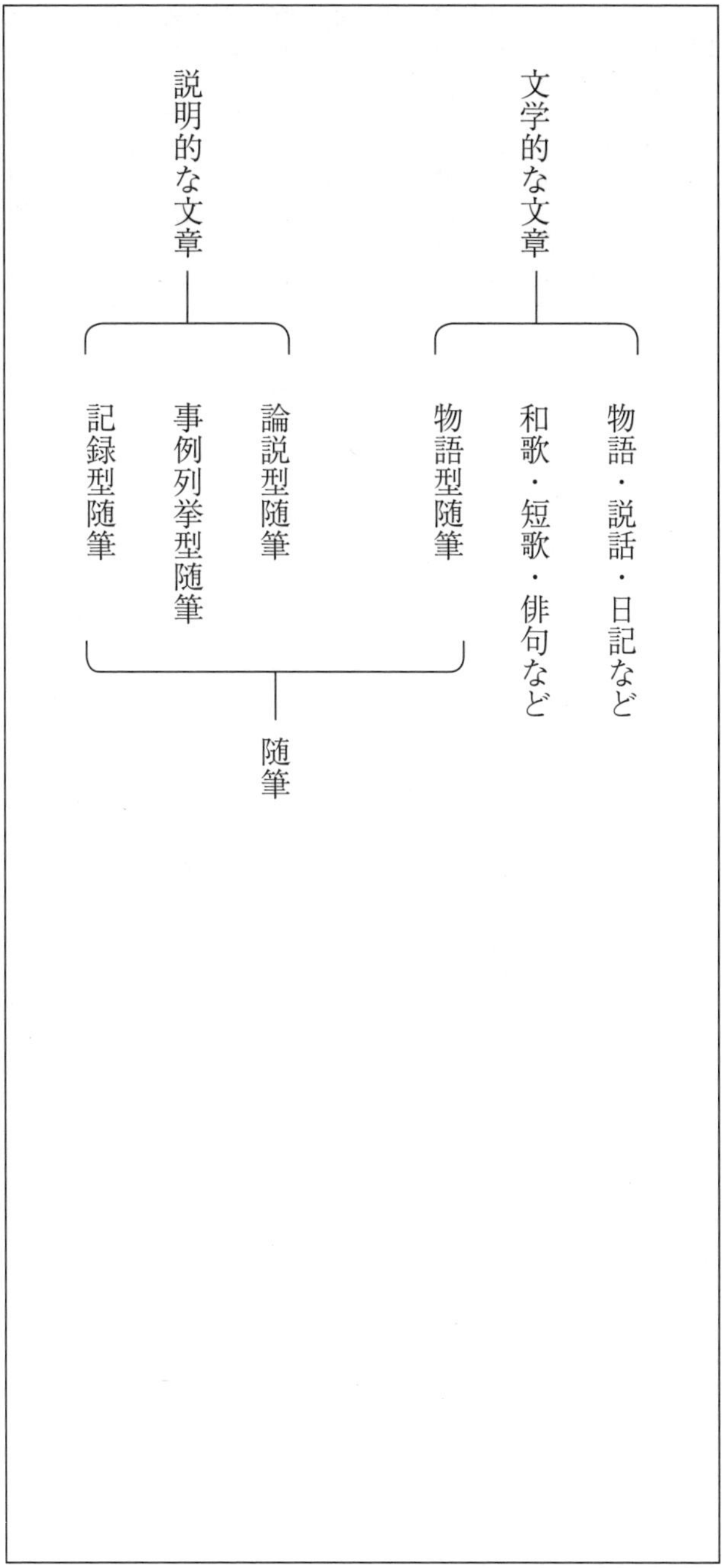

説明的な文章は、（古典の教科書に採られているものについては）ほぼ随筆が該当する。『徒然草』『方丈記』『枕草子』などの随筆中の論説的要素を色濃くもつものがこれにあたる。また、事例を複数列挙しながら、新しいものの見方、独自の主張・教訓を述べるものである。右に述べたように『方丈記』などには記録的要素を色濃くもつものもある。一つ目を論説型随筆、二つ目を事例列挙型随筆、三つ目を記録型随筆としておく。文学的な文章は、右で述べたとおり物語、説話、日記などがその中心となる。文学的な文章として和歌、短歌、

俳句、さらには『万葉集』の長歌なども含まれる。そして物語型随筆が位置づくことになる。

その文章ジャンルによって、その構造や論理・レトリックなどの在り方も違う。文学的な文章の物語や物語型随筆には、基本的に事件展開がある。人物が登場し具体的な事件が発生する。それに対して、説明的な文章の論説型随筆や事例列挙型随筆、記録型随筆では、物語のような事件展開がない。仮に人物が登場し一定の事件を起こしても、それはそこで言いたい見方・主張・教訓や哲学に説得力をもたせるための事例（エピソード）という位置づけである。

たとえば『徒然草』第三二段「九月二十日のころ」は物語型随筆である。ここでは「ある人」やその恋人が登場し具体的な事件が起こる。それに対して、第一〇九段「高名の木登り」は論説型随筆である。確かに「高名の木登り」がここでは登場し、その会話文もある。簡単な問答もある。その意味で短い事件があると言えなくもない。しかし、ここで大切なのは「過ちは、やすき所になりて、必ずつかまつる」という見方・主張・教訓であって、この高名の木登りの人物像や会話そのものではない。そのことは、この段で高名の木登り以外にもう一つ、蹴鞠の例が示されていることからもわかる。これらのエピソードは、「過ちは、やすき所になりて、必ずつかまつる」に納得してもらうための論証としての役割をもつ。

構造も、物語・物語型随筆と、論説型随筆ではかなり違う。物語・物語型随筆では、たとえば事件展開の中心部分の前に、プロローグ的な部分が位置づくことがある。論説型随筆は、それとは違ってそこで是非述べたい見方・主張・教訓などがはじめの部分か終わりの部分にある。（文章によっては中間にあることもある。）そして、そのために具体事例などの論証部分があるという場合が多い。また、以上のことに関連して、レトリックや論理展開の在り方などもかなり違う。

授業では、ジャンルをまず確認して、それにふさわしい読み方を展開していくことが大切である。

第2節　全体構造を俯瞰的に読む指導過程―指導方法と身につける教科内容

1 古典の文章・作品の構造をどう捉えたらよいのか

ここからが深層の読みである。まずはじめに文章・作品の構造を俯瞰的に捉える。それにより文章・作品の全体像が見えてくる。文章・作品の大きな仕掛けや面白さが見えてくる。また、その文章・作品でどこが「鍵」となるかも見えてくる。

その際に何を基準に構造を捉えるかである。古典の文章・作品の構造は、近現代の文章・作品に比べて明確に「典型的」と言えるような構造があるわけではない。現代の説明文・論説文であれば「はじめ・中・おわり」「序論・本論・結び」などの典型構造がある。近現代の物語・小説であれば「導入・展開・山場・終結」など一定の典型構造がある。しかし、古典ではそれほど明確なかたちは見られない。だから、古典の場合、その文章その作品によって柔軟に構造を把握していく必要がある。その点近現代の文章・作品よりも難しさがある。

とは言え、近現代の構造論が応用できる部分があることも確かである。

右に述べたとおり物語や物語型随筆には事件性があるが、事件そのものに入る前に登場する人物の紹介をしたり、時や場の設定を示したりするプロローグが位置づくことがよくある。出来事の概要をはじめに述べていることもある。『今昔物語』や『宇治拾遺物語』では、「今は昔、〇〇〇といふ者ありけり。」と人物紹介が位置づいている場合が多い。第三章で取り上げる『徒然草』でも、人物の紹介、時や場の設定がはじめに示されている例がいくつもある。人物を紹介したり時や場の設定を示したり出来事の概要をまずは示すことで、読者はスムーズに事件に入っていくことができる。そして、それらの人物紹介や時や場の設定が、この後動き出す事件の重要な伏線となっている場合が多い。これらを「導入部」「前話」などと言うこともある。

プロローグだけでなく、後話としてのエピローグがある物語もある。「終結部」「後話」などと言うことがある。そこでは、後日譚や教訓的な語りがある。

プロローグやエピローグにあたる部分が物語的な作品にあるのは、古今を問わず東西を問わず自然なことである。急に具体的な事件（出来事）を語り始められてもその状況や時や場が不明なままだと、読者（聞き手）はとまどう。何が始まるのか、何が始まったのかわからない。だから、まずはその状況の大枠を説明する。時や場を示す。人物を紹介する。また、事件が終わったままで作品やその段を終えていい場合もあるが、語り手の意味づけ・見方を最後に語ることでよりテーマが明確になることがある。また、その事件の後どうなったかの後日譚を読者は是非知りたいと思うことがある。「プロローグ prologue」はもともとがギリシャ語で、「logue」言葉・話の「pro」前ということである。ほぼ「前話」の意である。「エピローグ epilogue」も同じく「logue」言葉・話の「epi」後の意である。こちらもほぼ「後話」である。そういうものが、中心的な事件（出来事）の前後に位置づくというのは当然と言えば当然のことである。もちろん作品によってはプロローグやエピローグがない場合もある。（以下「プロローグ」は「導入部」、「エピローグ」は「終結部」という用語を基本として使っていく。）

また、事件そのものについても、後半で事件に緊迫感が生まれたり事件に大きな逆転が生まれたりすることが多い。そういう部分を「山場」などと言う。そこには、事件の決定的な逆転の箇所としてのクライマックス的なものが位置づくことがある。事件の前半を「展開部」、後半を「山場」などと名づけることもできる。

そう見てくると、古典でも物語や物語型随筆の場合、「導入部―展開部―山場―終結部」のような四部構造や「導入部―展開部―山場」のような三部構造、あるいは「展開部―山場―終結部」のような三部構造がそれなりに典型性のあるものとして位置づけられそうである。さらには「展開部―山場」のような二部構造も位置づけられるかもしれない。

ただし、『平家物語』や『源氏物語』など長編の作品は、『今昔物語』『宇治拾遺物語』『徒然草』などのように短編として明確に段や章で短く区切られているわけではない。そのため短編に比べると四部構造、三部構造などになっていない場合がある。とは言え、長編も、ある一定のまとまった部分（事件・場面）が連なるかたちで成立している場合が少なくない。そのため、それぞれの事件・場面の中に、導入部的な要素、展開部的な要素、山場的な要素、終結部的な要素が含まれていることがしばしばある。その切り取り方にもよるが、それなりに四部構造、三部構造となっている場合もある。たとえば『平家物語』の「扇の的」は、ほぼ「導入部―展開部―山場―終結部」の四部構造になっている。（詳細は第五章・第3節を参照いただきたい。）

いずれにしても、四部構造や三部構造、二部構造などを指標の一つとしながら、柔軟にそれぞれの作品に合わせて構造を俯瞰していく必要がある。また、導入部のような説明的に書かれている部分と、展開部・山場のような具体的描写的に書かれている部分とを見分け、その関係性を考えるだけでも構造把握、俯瞰的把握においては意味がある。「説明」と「描写」の差異と関係性への着目である。

論説的な文章では、見方・主張・教訓をはじめに示し、その後にそれを裏づける具体的な事例（エピソード）を示す場合が少なくない。権威のある文献等からの引用もある。見方・主張・教訓などが文章の最後に示されることもある。これらは、近現代の構造とある程度まで一致する要素である。（頭括型、尾括型、双括型などが当てはまることがある。）そう考えると三部構造や二部構造が典型の一つとして位置づけられるかもしれない。事例列挙型は、事例を列挙しているだけで特に構造がないようにも見えるが、多くの場合、構造的な仕掛けが丁寧に施されている。列挙のまとまりや順序などの仕掛け、またそれらの評価の仕方の工夫などがある。

『方丈記』にあるような記録型の場合は、概要を説明したりデータを提示したりしている部分と、より具体的にその場の要素を生々しく描写している部分とがある。それらの構造的な連関が効果的に記録性を高めている場合がある。また、それらの記録からそれなりの見方や教訓などを導き出していることもある。驚くくらい現代の新聞の記事と似た構造の章段もある。

構造と言えば「起承転結」や「序破急」が取り上げられることがある。これらも古典の文章・作品にぴったりくる場合がある。起承転結は前述の四部構造「導入部―展開部―山場―終結部」と重なる部分が多い。序破急も三部構造「導入部―展開部―山場」と重なる部分が多い。また、説明的な文章で文学的要素が濃く含まれているものの場合、これらに当てはまることがある。

古典の場合、近現代の文章や作品ほどのわかりやすい典型はない。しかし、それぞれのジャンルの性格にふさわしい一定の典型と呼べるような構造があることも確かである。いずれにしても文章・作品を平板に見るのではなく、構造という観点から俯瞰的に捉えることで、部分部分の集積から見えるものとは違った新しい景色、面白さ・魅力が見えてくる。形象の流れ、人物像の変容、論理展開の大きな動き、事例の相互の関係性、一貫したテーマなどが自然と浮き上がってくる。そして、はじめに構造的に俯瞰しておくことで、次の論理・レトリックの指導過程で着目すべき「鍵」の部分もより鮮明に見えてくる。

以下、いくつかの文章・作品を例に挙げながら、具体的に構造の読み方について考えていく。

2 『沙石集』「児の飴食ひたること」―四部構造の物語

ここではまず文学的な文章の物語に分類される『沙石集』中の「児《ちご》の飴《あめ》食ひたること」を取り上げる(注3)。これは典型的な四部構造である。

ある山寺の坊主、慳貪《けんどん》なりけるが、飴を治《ぢ》してただ一人食ひけり。よくしたためて、棚に置き置きしけるを、一人ありける小児《こちご》に食はぜすして、「これは、人の食ひつれば死ぬる物ぞ。」と言ひけるを、この児、あはれ、食はばや、食はばやと思ひけるに、坊主他行《たぎやう》の隙《ひま》に、棚より取り下ろしけるほどに、打ちこぼして、小袖にも髪にも付けたりけり。日頃欲しと思ひければ、二、三杯よくよく食ひて、坊主が秘蔵《ひさう》の水瓶《みづがめ》を、雨垂《あまだ》りの石に打ち当てて、打ち割りておきつ。

坊主帰りたりければ、この児さめほろと泣く。「何事に泣くぞ。」と問へば、「大事の御《おん》水瓶を、過ちに打ち割りて候《さうら》ふときに、いかなる御勘当《ごかんだう》かあらむずらむと、口惜しくおぼえて、命生きてもよしなしと思ひて、人の食へば死ぬと仰せられ候ふ物を、一杯食へども死なず、二、三杯まで食べて候へどもおほかた死なず。はては小袖に付け、髪に付けて侍《はべ》れども、いまだ死に候はず。」とぞ言ひける。

飴は食はれて、水瓶は割られぬ。慳貪の坊主得るところなし。児の知恵ゆゆしくこそ。学問の器量も、むげにはあらじかし。

段落は阿部が設定したものだが、段落ごとにちょうど導入部―展開部―山場―終結部という四部の構造になっている。

第一段落の導入部では、「ある山寺の坊主」という人物の紹介があり、欲深い性格であるという説明をしている。飴を作ったものの、自分だけで食べているということが示されている。これから始まる事件の設定を述べるかたちである。

第二段落の展開部から事件が動き始める。ここでは坊主が小児に「これは、人の食ひつれば死ぬる物ぞ。」という偽りの警告を出すことがきっかけとなっている。つまり事件の発端である。実は小児は前からこれを食べたいと思っていた。だから、坊主の警告が偽りであることをすぐにを見抜き、それを食べてしまう。そして、なぜか水瓶を割ってしまう。水瓶を割るという事件の発展が、重要な伏線となっている。

第三段落の山場で、小児は泣きながら見事な言い訳をする。大事な水瓶を割ってしまったために死のうと思って、食べれば死ぬと言われていた物を食べたが、何杯食べても死ねなかったと坊主に話す。小児はそれが毒などではないことを見抜いていて、坊主への言い訳に水瓶をわざと割ったということがここでわかる。伏線回収である。（クライマックスは、小児の言葉「大事の御水瓶を、過ちに打ち割りて～いまだ死に候はず。」であろう。）

第四段落の終結部（エピローグ）で、坊主が、その欲深さゆえに小児に飴を食べられ水瓶も割られるという痛い目にあったことを解説する。そして、小児の智恵、学問の才能を評価する。語り手の意味づけである。

人物紹介と事件設定を述べる導入部（プロローグ）、事件が動き出す展開部、伏線が回収され謎解きが行われる山場、そして解説的な終結部である。

導入部	坊主の人物紹介・事件設定
展開部	児の大胆な行動 （水瓶を割ることが伏線）
山　場	児の見事な言い訳 （水瓶を割ったことの伏線回収）
終結部	慳貪な坊主と優れた児の評価

3 『宇治拾遺物語』「児のそら寝」—三部構造の物語

『沙石集』と同じ文学的な文章の物語に分類される『宇治拾遺物語』の「児《ちご》のそら寝」を取り上げる(注4)。これは三部構造である。

今は昔、比叡《ひえ》の山に児ありけり。

僧たち、宵のつれづれに、「いざ、かいもちひせん。」と言ひけるを、この児、心よせに聞きけり。さりとて、し出《い》ださんを待ちて寝ざらんも、わろかりなんと思ひて、片方《かたかた》に寄りて、寝たるよしにて、出で来るを待ちけるに、すでにし出だしたるさまにて、ひしめき合ひたり。

この児、さだめておどろかさんずらんと、待ちゐたるに、僧の、「もの申し候《さうら》はん。おどろかせたまへ。」と言ふを、うれしとは思へども、ただ一度にいらへんも、待ちけるかともぞ思ふとて、いま一声呼ばれていらへんと、念じて寝たるほどに、「や、な起こしたてまつりそ。をさなき人は、寝入りたまひにけり。」と言ふ声のしければ、あな、わびしと思ひて、いま一度起こせかしと、思ひ寝に聞けば、ひしひしと、ただ食ひに食ふ音のしければ、ずちなくて、無期《むご》ののちに、「えい。」といらへたりければ、僧たち笑ふこと限りなし。

段落は阿部が設定した。段落ごとに導入部—展開部—山場の三部構造になっている。終結部（エピローグ）はない。

第一段落「今は昔、比叡の山に児ありけり。」が導入部である。ここで、「今は昔」という時の設定と人物の紹介をする。既に述べたように物語の一つの定石である。「比叡の山」という場の設定も含まれる。

第二段落の「いざ、かいもちひせん。」から事件が始まる。ここからが展開部である。ここでは、児は自分にも声をかけてくれるだろうと、寝たふりをして待っている。そして、かひもちができ上がり僧たちは騒いでいる。ここでは、まだ事件はそれほど大きく動いてはいない。

第三段落の山場では、児の期待どおり僧が児を呼んでくれる。ここですぐ起きればよいものを、児は「ただ一度にいらへんも、待ちけるかともぞ」と思って、寝たふりを続けている。すると、僧は「や、な起こしたてまつりそ。をさなき人は、寝入りたまひにけり。」と言ってもう起こそうとはしない。困ってしまった児はとうとう自分から「えい。」と不自然な間《ま》の後に返事をする。それが滑稽で僧たちは笑い出す。ここで、事件が大きく転回している。根負けした児が、寝たふりをしていたことを「えい。」と正直に告白する部分が、クライマックスである。

「今は昔」という時の設定、「比叡の山」という場の設定、そして人物の紹介がある導入部。そして事件が動き出す展開部。「えい。」という一番の見せ場を含むの山場――という構造である。

導入部	時と人物の紹介（設定）
展開部	「かいもちひ」の開始と完成
山　場	寝たふりをしていた児が 結局自分から返事をしてしまう

4 『徒然草』「あだし野の露消ゆるときなく」（第七段）―三部構造の論説型随筆

説明的な文章の中の論説型随筆としては、『徒然草』第七段「あだし野の露消ゆるときなく」がある(注5)。これは三部構造である。はじめに主張を結論的に述べる。その後に二つ観点からそれを論証するかたちである。

あだし野の露消ゆるときなく、鳥部《とりべ》山の煙《けぶり》立ち去らでのみ、住み果つるならひならば、いかにもののあはれもなからん。世は定めなきこそいみじけれ。

命あるものを見るに、人ばかり久しきはなし。かげろふの夕べを待ち、夏の蟬《せみ》の春秋《はるあき》を知らぬもあるぞかし。つくづくと一年《ひととせ》を暮らすほどだにも、こよなうのどけしや。飽かず惜しと思はば、千年《ちとせ》を過ぐすとも、一夜《ひとよ》の夢の心地こそせめ。住み果てぬ世に、醜き姿を待ち得て何かはせん。命長ければ辱《はぢ》多し。長くとも四十《よそぢ》に足らぬほどにて死なんこそ、めやすかるべけれ。

そのほど過ぎぬれば、かたちを恥づる心もなく、人に出《い》で交じらはんことを思ひ、夕べの陽《ひ》に子孫を愛して、栄《さか》ゆく末を見んまでの命をあらまし、ひたすら世をむさぼる心のみ深く、もののあはれも知らずなりゆくなん、あさましき。

段落は教科書編集者が教材化の際に設定したものだが、それがそのまま三部構造になっている。

第一段落で、「住み果つるならひならば、いかにもののあはれもなからん。世は定めなきこそいみじけれ。」と、この段のいわば結論を述べている。人間がいつまでも死なないで生きながらえるとしたら、情緒がなくつまらないという見方・主張である。

それを受けて、第二段落では蜻蛉のように短い命の生き物のことを思えば、人間は「つくづくと一年を暮らすほどだにも、こよなうのどけしや。」つまりしみじみと一年を暮らすだけでもゆったりと生きていけると述べる。そして「長くとも四十に足らぬほどにて死なんこそ、めやすかるべけれ。」四十歳くらいで人間は死ぬのがちょうどよいと言う。最後に第三段落で、それを越えて長生きすることの弊害を述べ文章を終える。

現代の論説文の頭括型と同じである。第一段落で抽象的に自らの主張を述べた後に、第二段落では「四十に足らぬほどにて死なんこそ」とやや具体的なことがらを述べる。第三段落でも「かたちを恥づる心」「人に出で交じらはんことを思ひ」「夕べの陽に子孫を愛して」と、より具体的な「世をむさぼる心」を示す。「抽象→具体→具体」の構造である。また、第二段落は「めやすかるべけれ」と早く死ぬことのよさを述べ、第三段落は「あさましき」と早く死なないことの弊害を述べる。対比的な関係である。そういうかたちで第一段落の主張を、第二段落・第三段落で論証していると見ることができる。

結論（主張）【抽象】	主張の論証・その1【具体】 （早く死ぬことのよさ）	主張の論証・その2【具体】 （早く死なぬことの弊害）

5 『方丈記』「安元の大火」―三部構造の記録型随筆

『方丈記』のような随筆には、記録的な章段がいくつもある。説明的な文章の中の記録型随筆である。それらもそれぞれ明確な構造をもつ。ここでは『方丈記』中の「安元の大火」を取り上げる(注6)。これを俯瞰的に捉えると、現代にも通じるような面白い構造が見えてくる。

予、ものの心を知れりしより、四十《よそぢ》あまりの春秋《はるあき》を送れる間に、世の不思議を見ること、ややたびたびになりぬ。(第一段落)

去《い》にし安元三年四月《うづき》二十八日かとよ。風激しく吹きて、静かならざりし夜、戌《いぬ》の時ばかり、都の辰巳《たつみ》より火出《い》で来て、戌亥《いぬゐ》に至る。果てには、朱雀門《すざくもん》・大極殿《だいごくでん》・大学寮・民部省などまで移りて、一夜《ひとよ》のうちに塵灰《ちりはひ》となりにき。火元《ほもと》は、樋口富《ひぐちとみ》の小路《こうぢ》とかや。舞人《まひびと》を宿せる仮屋《かりや》より出で来たりけるとなん。(第二段落)

吹き迷ふ風に、とかく移りゆくほどに、扇を広げたるがごとく末広になりぬ。遠き家は煙《けぶり》にむせび、近きあたりはひたすら炎を地に吹きつけたり。空には灰を吹き立てたれば、火の光に映じて、あまねく紅《くれなゐ》なる中に、風に堪へず、吹き切られたる炎、飛ぶがごとくして、一、二町を越えつつ移りゆく。その中の人、現《うつ》し心あらんや。あるいは、煙にむせびて倒れ伏し、あるいは、炎にまぐれてたちまちに死ぬ。あるいは、身一つからうじて逃るるも、資財を取り出づるに及ばず。七珍万宝《しつちんまんぽう》、さながら灰燼《くわいじん》となりにき。その費え、いくそばくぞ。(第三段落)

そのたび、公卿《くぎやう》の家十六焼けたり。まして、そのほか、数へ知るに及ばず。すべて都の内三分が一に及べりとぞ。男女《なんによ》死ぬる者数十人。馬牛のたぐひ辺際を知らず。(第四段落)

人の営み、皆愚かなる中に、さしも危ふき京中の家を造るとて、宝を費やし、心を悩ますことは、すぐれてあぢきなくぞ侍《はべ》る。（第五段落）

五つの段落設定は阿部による。どういう段落構成にするかというところから既に読みは始まっている。この文章は、大枠では序論―本論―結びの三部構造で捉えられる。そして、その第二部「本論」に記録的な記述があり、そこが、またさらに三つの部分に分かれる。

第一段落の「予、ものの心を知れりしより、四十あまりの春秋を送れる間に、世の不思議を見ること、ややたびたびになりぬ。」で、これから述べていくことを「世の不思議」と予告する。読み手の期待感を高める効果もある。序論的役割と言える。そして、第五段落「人の営み、皆愚かなる中に、さしも危ふき京中の家を造るとて、宝を費やし、心を悩ますことは、すぐれてあぢきなくぞ侍る。」で、この大火から導き出される教訓・哲学を述べる。結び的役割である。

そこに挟まれた第二段落〜第四段落が、本論にあたり安元の大火について述べる。本論にあたる三つの段落も構造的な連関そして仕掛けがある。

第二段落は、安元大火の全体像を、①時「安元三年四月二十八日」の「戌の時」（午前八時頃）②場「（京都の）「辰巳より火出で来て、戌亥に至る。」（東南から火が出て西北に燃え広がっている）③その被害の概要「朱雀門・大極殿・大学寮・民部省などまで移りて、一夜のうちに塵灰となりにき。」と火元「火元は、樋口富の小路とかや。舞人を宿せる仮屋より出で来たりける」――の順に示す。まずは第二段落で時、場、概要という情報の全体像が知らされる。

第三段落は、それを受け詳細で具体的描写的な火事の状況が述べられる。「扇を広げたるがごとく末広になりぬ」「ひたすら炎を地に吹きつけたり」「空には灰を吹き立てたれば、火の光に映じて、あまねく紅なる中に、風に堪へず、吹き切られたる炎、飛ぶがごとくして」「炎にまぐれてたちまちに死ぬ」など丁寧で濃い描写である。火事の凄まじさと死んでいく人の様子が具体的に描かれる。

そして第四段落になり再び説明が始まる。ここは被害の数値つまりデータを示している。「公卿の家十六焼けたり」「すべて都の内三分が一に及べり」「男女死ぬる者数十人。馬牛のたぐひ辺際を知らず。」である。

これを見ると、「概要→具体的な描写→データ」と、現代の新聞記事と似た構造になっていることがわかる。新聞記事では、まずリード文で概要が示される。その後、記事本文で具体的な記述が出てくる。そして、それらを補うために一覧表などでデータが示される。現代の新聞記事は、読者がよりわかりやすくその出来事（事実）が把握できるようにするための配慮としてそういった構造をもっている。また、読者にその様子を多面的に知ってもらうためというねらいもある。この「安元の大火」も、それと極めて似た戦略で書かれていることがわかる。

予告的・導入的な部分（第一段落）	序論
火事の全体像の提示（リード文）（第二段落）	本論
火事の具体的な描写（記事本文）（第三段落）	
火事被害の数値（データ）（第四段落）	
教訓・哲学を示す部分（第五段落）	結び

第二段落で概要・全体像をつかむ。その上で第三段落でその火事の凄さ・恐ろしさを具体的に知る。そして、第四段落で実際の被害の状況を把握するという極めてわかりやすい優れた構造である。こういった構造は、文章（作品）を俯瞰的・構造的に読んでこそ見えてくる。こういう観点がこれまでの古典教育では弱かった。

6 古典の文章・作品の全体構造を俯瞰するための方法試案―教科内容

古典において構造を読むための方法試案をまとめると次のようになる。言語能力を育てるための教科内容である。同時に教師が教材研究する際の指標ともなる。1～3もジャンルを超えて生かすことができる。

※古典の文章・作品の全体構造を俯瞰するための方法試案―教科内容

1 論説型随筆・事例列挙型随筆（説明的な文章）

（1）見方・主張・教訓に着目する
（2）事例・引用のまとまりとそれらの相互関係に着目する
（3）見方・主張・教訓と裏づける事例・引用との関係に着目する（頭括型・尾括型・双括型）
（4）列挙されている事例の一貫性と差異性に着目する

2 記録型随筆（説明的な文章）

（1）見方・主張・教訓に着目する
（2）概要の説明、具体的記述・描写、データなどの書き方の差異に着目する
（3）概要の説明、具体的記述・描写、データなどの順序や相互の関係に着目する

（4）概要の説明、具体的記述・描写、データなどと見方・主張・教訓の関係に着目する

3　物語・物語型随筆など（文学的な文章）

（1）四部構造、三部構造、二部構造を典型の一つとして構造（関係性・効果）に着目する
（2）事件の見せ場としての山場に着目する（クライマックス的な部分がある場合はそこにも着目）
（3）山場に至るまでの伏線が仕掛けてある展開部に着目する
（4）事件の枠組みを説明する導入部（プロローグ・前話）に着目する（人物設定・時・場など）
（5）事件が終わった後の終結部（エピローグ・後話）に着目する（後日譚・教訓など）

4　ジャンルを通した構造を読むための方法

（1）対比的な構造に着目する
（2）重層的な構造・サンドイッチ的な構造など変化を演出する仕掛けに着目する
（3）構造的な一貫性と差異性に着目する
（4）文章全体・作品全体と各段・章・場面との関係性に着目する
（5）冒頭の内容・表現の効果に着目する
（6）概括的・説明的な述べ方と具体的・描写的な述べ方の区別とその関係性に着目する
（7）起承転結、序破急の構造に着目する

第3節　論理・レトリックを読む指導過程―指導方法と身につける教科内容

❶「鍵」に着目できること

構造の俯瞰的な読みを生かしながら、この過程でより丁寧に文章・作品の一語一文を深く読んでいく。その際に論理やレトリックを重視する。

この過程でまず大切なのは、その文章・作品の中のどの部分にこそ着目するかである。文章・作品の中で特に着目すべき重要箇所をここでは「鍵」と呼ぶ。文章や作品は、一語の例外もなくどれもが大切である。一語、一文一文が総体としてその文章・作品を成立させている。ただし、とは言ってもその中でも特に「ここにこそ着目したい」「ここにこそ着目させたい」という部分はある。深く読む力をもつ者は、意識・無意識は別としてそういう部分（鍵）で立ち止まりながら、そこにより強くこだわりながら文章や作品を読んでいる。残念ながらそういう力が弱い者は、鍵を見落としがちになる。それらを事実上スルーしてしまう。だから、その文章・作品の魅力・面白さ・深さに気づかない。

ただし、その立ち止まりを「勘」の世界に閉じてはいけない。人によって立ち止まる部分に違いはある。それも個性である。とは言え、文章や作品の書かれ方によって、かなりの程度まで共通して着目すべき部分は決まってくる。それは文章・作品のジャンルの特性、またそれぞれの文章・作品の特徴によって決まる。だから、鍵への着目には、それなりの有効な方法がある。それを知り身につけていけば、多くの読み手がそういう鍵で立ち止まれるようになる。それが言語の力である。授業では、そういう力をすべての子どもに育てていく必要がある。

そのためには、たとえば第2節で述べた構造的な読みが重要である。俯瞰的に構造を読むことで、鍵の部分が浮かび上がってくる。それが、この論理・レトリックの読みの過程で生きる。

この指導過程でも、表層の読みで確認したジャンルを意識することが大切である。文学的な文章なのか説明的な文章なのかによって着眼点が違ってくる。たとえば文学的な文章の物語の場合は、山場（クライマックス）への着目、導入部や事件展開の伏線への着目、新たな人物像が見えてくる部分への着目、レトリックが使われている部分への着目、特に描写が濃密な部分への着目などが重要な着眼点となる。説明的な文章の論説的なものの場合は、中心的な見方・主張・教訓を示している部分への着目、その論証の核となる部分への着目、説得力を高めるために論理展開やレトリックを工夫している部分への着目などが重要となる。

『平家物語』の「敦盛最期」では熊谷次郎直実が敦盛を殺害するが、その殺害の部分から死んだ敦盛の腰から笛が見つかり直実が嘆く部分までが山場である。そこにまずは着目する。ここでは「たすけ奉らばや」と思った直実が、土肥・梶原の登場によって「前後不覚」の中で「泣く泣く」敦盛の首を取るという重要な記述がある。板挟みになった直実の苦しみが読めるし、そこまでにさまざまな伏線が仕掛けられていることもわかる。と同時に敦盛が戦場に笛を持ってきていたということが明らかとなる。残虐な殺し合いの中で笛を持っていることの意味を読む必要がある。殺戮の応酬の場としての戦場に最もふさわしくない笛の存在がここでは二重三重の大きな意味をもつ。象徴的な意味ももつ。山場の中のそういった部分に着目することで、助命と殺害の狭間で苦しむ直実の人物像、その状況を導き出すさまざまな伏線の存在、象徴的なモチーフの意味、さらにテーマまで見えてくる。

次の『徒然草』の第一〇九段「高名《かうみやう》の木登り」は、論説型随筆である（注7）。

高名の木登りといひしをのこ、人を掟《おき》てて、高き木に登せて梢《こずゑ》を切らせしに、いと危ふく見えしほどは言ふこともなくて、降るるときに、軒たけばかりになりて、「過ちすな。心して降りよ。」と言葉をかけはべりしを、「かばかりになりては、飛び降るとも降りなん。いかにかく言ふぞ。」と申しはべりしかば、「そのことに候《さうら》ふ。目くるめき、枝危ふきほどは、己が恐れはべれば申さず。過ちは、やすき所になりて、必ずつかまつることに候ふ。」と言ふ。

あやしき下臈《げらふ》なれども、聖人《せいじん》の戒めにかなへり。

鞠《まり》も、難きところを蹴《け》いだして後《のち》、やすく思へば、必ず落つとはべるやらん。

まずは、その主張の中心となる部分に着目する。ここでは「過ちは、やすき所になりて、必ずつかまつること」という木登り名人の言葉が、文章の主張の中心である。

その上で、その主張の裏づけ（根拠）の部分に目をやる。そして、裏づけ（根拠）の示し方について、主張を説得力あるものにするためにどういう工夫が行われているかを検討する。

ここでは、「『かばかりになりては、飛び降るとも降りなん。いかにかく言ふぞ。』と申しはべりしかば」と、高名の木のぼりに問いかけていることが効果を発揮している。問いかけに答えるかたちで高名の木登りが、「そのことに候ふ。目くるめき、枝危ふきほどは、己が恐れはべれば申さず。過ちは、やすき所になりて、必ずつかまつることに候ふ。」と答えることで、そこにいたであろう人々はもちろん読者も「なるほど！」と納得する。これが問答でなく、ただ一方的に高名の木登りが「目くるめき、枝危ふきほどは、己が恐れはべれば申さず。過ちは、やすき所になりて、必ずつかまつることに候ふ。」と言ったとすると、少し押しつけがましい印象が生まれる。問いがあり、それに答えるという仕掛けが説得力を増している。是非着目すべき部分である。

また、この一例だけでいいはずなのに、わざわざ「鞠も」と蹴鞠の例を示し主張を裏づけている。もし、一例だけだと木登りという限定された事柄についての教訓かと思うおそれがある。そうではなく、全く違う分野でも「過ちは、やすき所になりて、必ずつかまつる」ことが起こることを述べることで、この主張（教訓）が大きく一般化され説得力を増す。ここでは、「1＋1＝2」ではない。その「2」は、3にも4にも5にもなって広がりをもつ。それにより一般性・普遍性が生まれ一層説得力を増すことになる。

たとえば私自身はこの段を読んで車の運転のことを考えた。慣れない訪問先から自宅まで車で帰る際に、慣れない道では緊張して事故を起こさないようにしているものだが、意外と自宅近くに来ると気が緩み事故をより起こしやすくなるものである。そして、そういう事例が多く発生しているというデータがあることを聞いたことを思い出した。統計的にも自宅まで数百メートルの距離での事故が多いとのことである。木のぼりと蹴鞠の二つの事例が、こういう三つ目、四つ目の事例に広がっていく仕掛けである。

さらには、ここでわざわざ「あやしき下臈なれども、聖人の戒めにかなへり。」と、一言述べていることも説得力を高めている。高名の木登りは一般庶民だから、当時の感覚から言うと「下臈」なのであろう。木登り名人とは言っても、それほど特別な存在ではない。だから、「聖人」という徳の高い宗教者を出して、「過ちは、やすき所になりて、必ずつかまつる」ということの信憑性・信頼性を高めている。ここで「聖人」が示されるところも着目点つまり鍵の一つである。

鍵への着目の際に、たとえば物語的な作品ならば、「山場への着目」「伏線への着目」「比喩やオノマトペへの着目」「象徴的な対象への着目」などの要素が読みの方法として生きる。論説的な文章ならば、「主張の中心への着目」「事例の取捨選択や提示の数への着目」「説得力のための仕掛けへの着目」などの要素が読みの方法として生きる。

❷「鍵」とレトリック・文学的仕掛け・論理展開

古典を読む際にも、比喩、反復、倒置、体言止め、対句、省略、象徴などのレトリックが重要な位置を占める。しかし、これまでの授業では、仮にそこへの着目はあったとしても、そのレトリックの効果を丁寧に探りながら、それを切り口として読みを深めていくまでには至っていなかった。まずはレトリックにもっとこだわる。そして、それを切り口としてその効果を解き明かしながらさらに読みを豊かに深めていく必要がある。

たとえば比喩の中にも直喩、隠喩、換喩、提喩、声喩（オノマトペ）などがある(注8)。韻律を含む音楽性、そして絵画性にも着目する必要がある。語りの在り方、語り手の視点、語り手の人物像なども重要な要素である。それ以外にもさまざまな文学的仕掛けや工夫がある。たとえば物語的な作品の場合は、事件展開上の伏線、暗示なども重視する必要がある。導入部（プロローグ）における人物設定、状況設定なども鍵となる。

論説的なものの場合は、主張と根拠、具体と抽象、特殊と一般、分析と総合、事実提示の在り方、言い替えなども重要になる。論説的なものでは論理展開が大きな位置を占めるものの、レトリックが効果的に使われていることも多い。

言葉がもつ明示的・一般的な意味である表示義（デノテーション denotation）と、文脈などから新たに読める裏の意味としての共示義（コノテーション connotation）との違いに着目するという観点も有効である。さらには「別の表現・内容に替え、その差異に着目して読む」「表現・内容を一部欠落させ、その差異に着目して読む」「肯定・否定の両義性に着目して読む」「立場・視点を入れ替え、その差異に着目して読む」など、近現代の文章・作品で有効な読みの方法は古典でも生きる。「文化的前提と歴史的前提に着目して読む」「先行文学と定型表現に着目して読む」などの方法も重要である。

これらのレトリック、語りの構造、伏線、設定、論理展開、コノテーション、歴史的前提などに着目して読んでいけば、もともと優れた古典は、これでもかというくらい豊かな表情そして意外な表情を見せてくれる。松尾芭蕉の俳句（文学的な文章）を例に考えてみたい。これも、古典の授業でさまざまに読まれてきたが、まだまだ一語一語の文学的な仕掛けにこだわるという点で課題がある。

古池や蛙飛《かはずとび》こむ水のおと（注9）

静かな池に一匹の小さな蛙が池に飛びこむ。わずかな音が聞こえてくる。小さな蛙が飛びこんだわずかな音が聞こえるからこそ、その後の静けさが一層強く感じられる。

その読みも悪くはないが、十分ではない。ここでは「古池や」と、わざわざ切れ字「や」を付け「古池」に注目させる仕掛けになっている。「古池に蛙飛こむ水のおと」でも意味は成り立つ。しかし、「や」と切れ字が置かれている。そうである以上、ここではもっと「古池」にこだわる必要がある。

ただし、「古池」を「古い池」「昔からある池」として読むだけでは何も見えてこない。日本の文化文脈では「古池」は特別な意味をもつ。「かなり前にできた池」「昔からある池」という意味はもちろんある。しかし、それだけでは「古池」とは言わない。仮に成立が古くても、現在でも毎日のように使われ手入れされ綺麗に管理されているような池は、日本では普通「古池」とは言わない。今はもう使われていない。誰も来ない。忘れられた池でないと「古池」と言わない。その池は当然放置されている。手入れなどされていない。だから、だんだんと荒れた池になってくる。自然雑草や木も生えてくるし、苔も生えている。水も濁っているかもしれない。そういう池が「古池」である。

たとえば『大辞泉』には「古池」は「古くなって荒れた池」とある。『大辞林』には「古くてすさんだ池」とある(注10)。「古池」の「古」も「池」もそれぞれで見出しがあるのだから、普通なら「古池」そのものが見出しになることはない。ところが、「古池」はほとんどの国語辞典で見出しになっている。それはこの言葉が「古い」と「池」を足しただけの意味を超えた意味をもっているということである。だから、十分手入れされた京都の庭園にあるような池は、たとえ古くとも普通は「古池」とは言わない。

普通の人はわざわざそういう池に行こうとも思わない。そんな荒れた池の風景など誰も見向きもしないし、ましてやそれがいいなどとは誰も言わない。それが「古池」である。

ところが、そういう誰も振り向きもしない古池を、なぜかこの俳句の語り手（虚構としての作者）はわざわざ取り上げ読者に提示している。そして、そこに一匹の蛙を飛び込ませ、小さな音を立てさせる。それゆえにその静寂が一層強く感じられる。もちろん否定的な意味で提示しているのではない。「そういう古池も、また趣があっていいと思いませんか」という提案である。そう考えてみると、かなり大胆で斬新な提案である。

ここまで読んでくると、普通の人が好まない池、むしろ避けようとする池を、あえて肯定的に取り上げているこの語り手のことが気になってくる。実際に語り手を推理してみると、いろいろなことが見えてくる。「語り手」像への着目である。

この語り手は、古池をたまたま通りかかってそこで立ち止まった人物か、古池を見るためにわざわざ古池までやってきた人物か、この古池の近くに住んでる人物か、いずれかであろう。それにしてもこの古池を目にし、それを肯定的に取り上げ読み手（聞き手）に差し出す語り手である。否定的に見れば少し変わった人物と読める。少し偏屈な人物かもしれないとも想像できる。寂しい人なのかもしれない。しかし、肯定的に見ると、普通の人が好まないような池によさを見出している人物、普通は嫌われ避けられるような対象に特別の情緒を感じることができる人物とも言える。その意味で特別の感性をもった人物、普通の人が感じ取ることができないようなことを感じ取ることができる繊細な感性の持ち主とも読めるかもしれない。

　そう読んでくると「古池や蛙飛こむ水のおと」からは、世俗の美意識・好き嫌い・心地よさを超えた語り手（虚構としての作者）の価値観が見えてくる。その見方に「共感できない」「やっぱりそんな池はいやだ」という評価があってもよいが、読み手（聞き手）によっては「なるほど、もしかしたらそれもいいかもしれない」「そう言われてみると、そういう古池のそういう状態、なかなかいいかも」という評価をするかもしれない。おそらくは後者の立場の読み手（聞き手）がある程度まで存在するからこそ、この俳句は名句として残ってきたのである。（そうは言っても「やっぱりそんな意見はいやだ」という読み手がいてももちろんよい。）

　この俳句は、隠遁の文学の典型の一つとして評価されている。「詫び」や「寂び」に通じることになる。詫び寂びを大切にしている芭蕉の作品だからそう読めるのではない。この句を丁寧に読み深めていくと、自然と芭蕉の詫び寂びとつながってくるのである。

　ここには言葉を、明示的な意味（デノテーション denotation）で読むだけでなく共示的な意味（コノテーション connotation）でも読むという方法が応用されている。その共示も日本の文化文脈を前提としたものである。また、そう語る「語り手」を読む（類推する）という読みの方法も応用されている。もちろん「や」という切れ字が指し示し効果・取り立て効果を生むということも含まれる。そして、ここでは否定的に見られているものを、新たな観点で見直す異化作用も含まれる。

　この俳句は海外にもよく知られ膨大な数の英訳が作られている。著名な作家の英訳もある。しかし、ほとんどこの「古池」の文化文脈を意識しないまま英訳を行っている。たとえば小泉八雲は次のように英訳している。

Old pond — frogs jumping in — sound of water.(注11)

「蛙」を「frogs」と複数としていることも問題だが、何より「古池」を「Old pond」としているだけである。確かに「old」が「古くさい」など否定的な意味合いで使われることもある。しかし、「荒れた池」「すさんだ池」までは、この英訳からは伝わってこない。

「古池」は、ほとんどが「old pond」か「quiet pond」と訳されている。その中で唯一少し違った味わいの訳がある。ドナルド・キーンの英訳である。

The ancient pond —
A frog jamps in,
The sound of water.(注12)

「古池」を「The ancient pond」としている。「ancient」は「古代の」という意味だけでなく「古くさい」「古びた」という意味をもつ。「old」よりずっと「古池」に近くなっているとは言える。しかし、これでもまだ「荒れた池」「すさんだ池」までは十分には見えてこない。

こう見ると、国際的にも有名なこの「古池や」に俳句の適切な英訳はまだ完成していないことになる。これなどは、小・中・高の国語や英語の授業で日本の子どもたちに是非挑戦させたい。

3 文法をレトリックへの着目として生かしていく

古典の授業では、文法の学習が面倒でつまらないという子どもの声をよく聞く。しかし、文法は文章・作品の面白さ、魅力を発見するために是非必要なものである。子どもにとって文法がつまらないのは、一つにはその指導の仕方に工夫がなかったということがあるだろう。しかし、それ以上に文法がわかることで、文章・作品の読みがぐっと面白くなったり、意外な発見があったりということがほとんどないことによる。

つまり、文法の学習が、深層の読みに分け入っていく切り口になりえていなかったのである。「だから、ここでこのことが強調されている」などと文法事項を確かめるところで終わっている。たとえば、反語や係り結びなども、なぜ他ならぬそこでその表現が使われているのかを深く追究しないままに終わる。また、他の表現可能性との差異をスリリングに読んでいくといった分析・検討も弱い。

文法という切り口から着目すべき部分では、そのまま表現上の工夫、レトリック効果などが読めてくる場合が多い。しかし、これまではそれが「知識」レベルで終わることが多かった。文法を表現上の効果、レトリックとして捉え直し、それを切り口として読みの面白さや新しい発見を生み出していくような指導に転回していく必要がある。ここでは『徒然草』の第一三七段「花は盛りに」を取り上げ、反語などの表現方法について考えてみたい。

「反語」は、通常、断定を強めるために、言いたい内容の肯定と否定を反対にし、かつ疑問の形にした表現とされている。「それが許されてよいのだろうか。」などである。しかし、それは通常「強い断定」「判断の強調」などという読みで終わっている。しかし、そこにはもっと豊かな仕掛けが隠れている。

次は、『徒然草』第一三七段「花は盛りに」のはじめの部分である（注13）。

花は盛りに、月は隈《くま》なきをのみ見るものかは。雨に向かひて月を恋ひ、垂れこめて春の行方知らぬも、なほあはれに情け深し。咲きぬべきほどの梢《こずゑ》、散りしをれたる庭などこそ見所多けれ。歌の詞書《ことばがき》にも、「花見にまかれりけるに、はやく散り過ぎにければ。」とも、「障ることありてまからで。」なども書けるは、「花を見て。」と言へるに劣れることかは。花の散り、月の傾《かたぶ》くを慕ふならひはさることなれど、ことにかたくなる人ぞ、「この枝、かの枝散りにけり。今は見所なし。」などは言ふめる。

この冒頭の「花は盛りに、月は隈なきをのみ見るものかは。」は、通常「桜の花は必ずしも満開の花だけを、月は影もなく照りわたっている月だけを見るべきものであろうか。そうではない。」などと現代語訳される。そして、そうではないことを断定し強調している表現であると理解して終わる。

しかし、そうだとすると、たとえば「花は盛りに、月は隈なきをのみ見るものであろうはずなどなし。」などと強調している場合との差異がほとんど見えてこない。反語はただ断定し強調しているだけでない。反語で重要なのは、「かは」と疑問の「か」を含んでいることである。それも「見るものか」だけでも十分反語になるのに、ここでは助詞の「は」を付け「かは」とより疑問の意思を強めている。

「見るものかは」は、疑問形「かは」で語り手が読者に「そういうものなのでしょうか?」と問いかけている。言い換えると、「かは」で語り手は読み手に判断を預けているのである。もちろん預けているとは言いつつ「そういうものではない」という強い意思を語り手がもっていることを読者は知っている。だから、「そういうものなのでしょうか?」という問いかけに読者は「確かにそういうものであるはずはありません」といつの間にか(心の中で)答えている。「いや、花は盛り、月は隈なきがいい」などと反論する余地は全くない。語り手が「そうではない」という強い気持ちをもっていることは明白であるにしても、語り手は一度相手

（読者）に問いかけて判断を預けるかたちをとることで、「あなたに判断を預けましたよ」というかたちを作っている。そして、「あなたがそうではないと思ったんですよね」「それはあなた自身がそう思ったのですよ」「私が一方的にそうだと断定しているわけではありませんよ」という状況を作り出している。その意味で語り手は読者との共犯関係を作り出しているとも言える。

だから、現代語訳で「月は影もなく照りわたっている月だけを見るべきものであろうか。そうではない。」としてしまうと、「そうでない」と言っているのは語り手ということになる。右に述べたとおり語り手が「そうではない」という強い気持ちをもっていることは確かであるにしても、語り手は「そうでない」と直接には言っていない。そこが重要である。読み手が「そうではない」と（心の中で）答えている。答えさせられている。だとすると現代語訳では「そうではない。」を書かないようにするか、仮に書くとしても「（読者の気持ちとして）そうではない。」などと注記する必要がある。そうしないと、反語のもつ周到な仕掛けを見失わせでしまうことになる。

ここでは、その反語の「花は盛りに、月は隈なきをのみ見るものかは。」の直後に、畳みかけるように「雨に向かひて月を恋ひ、垂れこめて春の行方知らぬも、なほあはれに情け深し。」「咲きぬべきほどの梢、散りしをれたる庭などこそ、見所多けれ。」と述べている。「行方知らぬも、なほあはれに情け深し」「こそ見所多けれ」などインパクトのある表現で提示している。読者は「花は盛りに、月は隈なきをのみ見るものかは。」に「花は盛りに、月は隅なきがよい」などと考える余地が一層なくなってくる。いつの間にか「満開以外、満月以外こそがよいのだ」と重層的により強く説得されてしまう。これがたとえば右に述べたとおり「花は盛りに、月は隈なきをのみ見るものであろうはずなどなし。」などだと、語り手の一方的な押しつけという印象になる。それを避けつつ、いつの間にか読者にそう答えさせてしまうという見事な仕掛けである（注14）。

反語は、極めて巧妙で高度な表現方法である。巧みな策略と言ってもいい。だから、授業で反語を強い断定と読むだけでは読みとしては半分以下である。そういう巧みな方法で読者を誘導している、読者は誘導されているということを意識することこそが文法の指導としても、レトリックの指導としても大切である。それによって、その表現方法の仕掛けの見事さや面白さに気づくと同時に、一方では簡単にだまされてはいけないということも意識できるようにもなる。

もちろん「なるほど、納得」という場合もあるかもしれないが、「そうは言っても、桜の満開や満月もやっぱりいいよね」と思ってもいいのである。そういう表現方法であることを意識できないと、「桜の満開や満月もやっぱりいい」などと思うことに、読者はいつの間にか後ろめたさを感じることになってしまう。「反語が出てきたらだまされないようにしよう」と意識することも批評的な読みにとって大切である。

この後の「すべて、月・花をば、さのみ目にて見るものかは。」つまりすべて月や花をそのように目に見ることだけがいいのだろうかの部分でも、やはり読者は「いやそんなことはない。心の中で思っている方がかえって情緒がある」といつの間にか思ってしまうことになっている。ここでも「春は家を立ち去らでも、月の夜は閨のうちながらも思へるこそ、いとたのもしうをかしけれ。」と続いて畳みかけている。それを十分に意識できれば（メタ化できれば）「いや、心の中の思っているだけではつまらない。やはり花や月は、目で見ないとつまらない」という別の見方をすることも可能となってくる。（もちろんそのまま強く語り手に共感する読み方であってもよい。）

レトリックを相対化・メタ化することで、その表現の巧みさがわかると同時に、その「魔力」も相対化できる。文法の学習もそういう観点で展開すればスリリングなものになるはずである。

また、右で取り上げた「咲きぬべきほどの梢、散りしをれたる庭などこそ見所多けれ。」などの係り結びも、優れた表現である。まず何よりも、「こそ」で強い気持ち、取り立てて前面に出したいという見方を強めている。しかし、それだけでなく、少し離れた文末を「多けれ」と終止形を避けあえて已然形にすることでその強い気持ちをより前面に出している。係り結びを使わない通常の表現であれば「咲きぬべきほどの梢、散りしをれたる庭など見所多し。」となる。それが係り結びによって「こそ」に呼応し、文末「多し」が「多けれ」に変わる。文末つまり終止部分は、その言葉のとおり終止形がふさわしい。しかし、本来文末で使う表現ではない已然形をそこにもってくることで、読み手は「何か変だ」「普通と違う」「通常の終わり方とは違う」という違和感をもつことになる。もちろん係り結びを知っている読み手は、「こそ」の後の文末に已然形が来ることは知識としては知っている。しかし、知ってはいても、「見所多し。」と終わるべき文末が「見所多けれ。」になっていることに直感的に違和感をもつ。そういった違和感が、発話者の強い気持ち、特に取り立てたいという強烈な思いをより演出することになる。

「ことにかたくなる人ぞ、『この枝、かの枝散りにけり。今は見所なし。』などは言ふめる。」の文末の連体形も同様の効果がある。ただし、文末が連体形であることの違和感より、文末が已然形になる違和感のインパクトの方が強い。連体形は、そのままで文末になることがよくある。（『枕草子』の「うつくしきもの」（一四五段）の「雀の子の、ねず鳴きするにをどり来る。」などのように。）それに対して已然形は、本来「ば」「ども」などが付いていたとえば「恐ろしけれども引かず」などとなる形だから、通常は「恐ろしけれ」がそのまま文末になることはない。その意味で已然形の方が、より読者に中途半端で切れているという違和感を与える力が強い。

係り結びは、フランス語の「Je ne sais pas.」（私は知らない。）「Ne reste pa.」（そこにいてはいけない。）のような否定形と似た語法とも言える。「ne」は英語の「not」と同じものだろうから、「sais」や「reste」という動詞の後に「pa」を付けなくても意味は通じるはずである。それをフランス語では「ne〜pa」とすることで、結果として否定の気持ち・見方を相手により明確に伝える効果を生んでいるとも言える。フランス語の場合「ne〜pa」は通常の否定形であって現在では特に強意ということではない。しかし、発話者が否定形で表現する場合の多くは「そのことは知らない」「それをやめてほしい」「しないでほしい」というそれなりに強い気持ちが伴うことが多い。日本の係り結びとフランス語の否定形との言語的文化的関連はないのだろうが、人間の否定形の発想の共通性とは言える。

さらに、第四章で取り上げる『枕草子』第一段「春はあけぼの」中に何度も出てくる助詞「も」に着目しても、面白いことが見えてくる。第一段では春夏秋冬の風物が取り上げられているが、それを丁寧に検討していくと大きく二つのグループに分けられることがわかる。文章（作品）成立当時に既に誰もが春夏秋冬の風物としてすばらしいと評価していたことを再評価（再確認）しているグループと、当時は春夏秋冬の風物としてはつまらない、好きになれないと多くの人たちに思われていたグループである。誰も気に留めることさえしていなかった対象も含まれる。その後者について「それでもこういうときの〇〇ってなかなかいいと思いませんか?」と提案をしている。そこにこの第一段の醍醐味が隠れているのだが、「も」が後者のグループのモチーフ提示の際に重要な役割を果たしている。たとえば、次のような部分の「も」である。（傍線・阿部）

闇もなほ、蛍の多く飛びちがひたる。また、ただ一つ二つなど、ほのかにうち光りて行くもをかし。雨など降るもをかし。

火などいそぎおこして、炭もて渡るもいとつきづきし。

いずれも、二番目のグループつまり当時は春夏秋冬の風物としてはつまらない、取るに足りない、あるいは好きになれないと多くの人たちが思っているであろうグループに属するモチーフである。それを助詞「も」を使うことによって、（列挙の意味合いとともに）「普段はあまりいいと思われていないかもしれないが、こう見るとなかなかいいと思いませんか」というニュアンスを出している。そういうかたちで「も」が直前の対象を肯定的に前面に押し出す役割を果たしている。（辞書などにも「ある物事（特に極端な物事や高い評価を表す物事）を取り立てて、通常は成立しないがと一歩引く気持を添えながらも、この場合は大いに成立すると主張してその文意を強める。…（で）さえも。…といえども。…でも」とある（注15）。）助詞「も」が章段のテーマにも関わる重要な役割を果たしている。

ちなみに一番目のグループは「月のころはさらなり。」の「月」や、「雪の降りたるはいふべきにもあらず」の「雪」などである。（詳細は第四章・第1節を参照いただきたい。）

4　多面的・多角的に教材を捉える

多面的・多角的な捉え方の出発点は、まず対象を肯定・否定の両面から読むということにある。その意味で本節「2」で「古池や蛙飛こむ水のおと」の語り手を肯定・否定の両面から検討した読みには、多面的・多角的に教材を捉えるという要素が含まれている。

同じ芭蕉の『奥の細道』の「平泉」にある次の俳句を例に、多面的・多角的な読みを展開してみたい。

夏草や兵《つはもの》どもが夢の跡（注16）

平泉に到着し、藤原三代の栄華の跡を見て、藤原泰衡たちが城に籠もり、やがては滅ぼされていった過程を想う。この地で頼朝に殺された義経も、そこには含まれているかもしれない。「国破れて山河あり」という杜甫の「春望」までを引用しながら「時のうつるまで涙を落としはべりぬ。」とある。そこで示される俳句である。まず「夏草や」と切れ字「や」を使って「夏草」を前面に押し出している。「古池や」と同じである。「夏草」とは、そのとおり夏に生い茂る草である。これを肯定・否定両面から読んでみたい。

肯定的に読めば、夏の青々とした草だから元気に勢いよく生えている姿である。「夏草」を「たくましく茂る草」としている国語辞典もある（注17）。一面にびっしりと生えた生命力を感じさせる力強い草たちである。これは、その直後に位置づく「兵ども」に響いていく。「兵」は「つはもの」と読み「強者」とも書く。特に強い勇ましい武人のことである。泰衡やその家来たちまた義経たちの力強さ、勢いに象徴的に重なる仕掛けである。

ただ一方で「夏草」は否定的にも読める。夏草は、ここでは明らかに雑草である。人の手で植えられ育てられているものではない。つまりは、雑草がぼうぼうと茂っているということでもある。かつては、大きな門があったり、立派な館群が立ち並んでいたであろう場所に、今は生え放題の雑草が一面にびっしりと生えている。放置され荒れ放題とも言える。これは、直前の文の「功名一時の草むらとなる。」とも対応する。藤原三代、その中でも泰衡、また義経たちの栄華、功名も消え果て、その場所は草むらとなっている。

いずれをより強く読むかは、読み手によって違ってもよい。大切なことは、肯定・否定いずれもがここから読めるということである。

続く「兵ども」もまた肯定・否定両面から読むことができる。

今述べたとおり「兵《つはもの》」は、「強者《つわもの》」であり、特に強い武人のことである。「もののふ」も、武士を表す言葉としてある。表層の意味では武士のことだから「つわもの」とそう変わらない。しかし、「もののふ」は「強者」と書くことはない。「もののふ」は漢字表記では「物夫」あるいは「武士」である。「兵」の方が強いインパクトがある。また、「ツワモノ」という音の響きと、「モノノフ」という音の響きはかなり違う。「兵」は特に一音目の「ツ」が強い。「ツワ」と「ワ」もア音で終わるためより開放的で強さを増す。「もののふ」はマ行とナ行とハ行で、いずれもタ行ほどのインパクトはない。むしろ柔らかい響きでさえある。こちらは開放のア音はなく、オ音とウ音である。

そして、その「兵」は、続く「ども」によって一層剛胆さが強まる。もしこれが「兵たち」だったら剛胆さは弱くなってしまう。「ども」は、剛胆さに加え荒々しさも感じさせる。「野郎ども」「者ども」などの用例もある。また、「ド」というタ行の濁音もその荒々しさを演出している。

ただし、その「兵ども」は否定的にも読める。特に「ども」である。「ども」と言う場合の発話者と対象との関係である。「ども」は、通常は発話者が上からの目線で対象を表現する場合が多い。「野郎ども」「者ども」はその典型例である。ここでも「兵ども」という言い方は力強くはあるが、上から見下したやや乱暴な言い方でもある。しかし、語り手（虚構としての作者）は、この直前で「兵」にあたる泰衡たちや義経たちに強く共感し涙まで流している。語り手は決して彼らを上から見下してはいない。これをどう読んだらよいのか。

「夢の跡」も、決して彼らを否定的に捉えた表現ではない。藤原三代、特に泰衡、さらには義経たちの想い・願いを「夢」としている。ここで「夢」は、一つにはこの東北の地で新しい世界を構築しよう。そこで自分たちの独自の世界を創り出そうとしたということを意味する可能性がある。それが十分に達成しないままにすべてが滅び、今では「跡」になってしまっている。その無念、辛さである。それに語り手（虚構としての作者）は共感している。また一方で「夢」には、儚いもの、実際には実現などしないものという意味もある。「夢」を否定的に捉えれば、実現などしないものを夢想し、儚く消えていった「兵たち」という意味が読める。

「兵ども」に戻ると、勇気ある特に強い剛胆な者たちという意味を前面に出すために、あえて上から見下す意味合いをもつ表現「ども」を選んだと読める。右に述べたとおり「兵ども」は、「兵たち」より突き放した表現である。しかし、実は直前の文章にあるとおり、彼らに涙を流すまで共感している。また「夏草や」「夢」なども共感的な側面をもつ。突き放しているように見せつつ、実は深く共感し感動し彼らの死を惜しんでいるという一見相反するような距離感が不思議な世界を創り出している。「夏草や兵たちが夢の跡」でも十分に意味のある世界を構築できたはずである。しかし、そのインパクトの弱さを避け「夏草や兵どもが夢の跡」とすることで、一見突き放しているように見せつつ、実は深く共感しているという相反表現を創り出す。その相反の落差が、語り手（虚構としての作者）の思いの強さを効果的に演出している。

5 古典の文章・作品の論理・レトリックを読むための方法試案―教科内容

古典において論理・レトリックを読むための方法試案をまとめると次のようになる。言語能力を育てるための教科内容である。同時に教師が教材研究する際の指標ともなる。1〜3もジャンルを超えて生かすことができる。

※古典の文章・作品の論理・レトリックを読むための方法試案―教科内容

1　論説型随筆・事例列挙型随筆（説明的な文章）

（1）事例・引用の取捨選択がもつ意味に着目する

（2）事例・引用の配置・配列の仕方の効果に着目する

（3）具体と抽象、特殊と一般、上位と下位などに着目する
（4）対比（二項対比を含む）、対応、類比に着目する
（5）文章の結論（見方・主張・教訓）のもつ意味に着目する

2　記録型随筆（説明的な文章）

（1）概要の説明、データ、具体的記述・描写の取捨選択がもつ意味に着目する
（2）概要の説明、データ、具体的記述・描写の配置・配列がもつ意味に着目する
（3）概要の説明、データ、具体的記述・描写の表現の仕方・語彙選択に着目する

3　物語・物語型随筆など（文学的な文章）

（1）事件の発展に着目する
（2）事件の伏線の役割・意味に着目する（山場・クライマックスとの関係性）
（3）人物の設定、人物の変容、人物の多面性などに着目する（人物の名前等がもつ形象性も含む）
（4）レトリックに着目する
①比喩（隠喩、直喩、換喩、提喩、声喩）　②象徴　③反復　④省略、中止、体言止め
⑤倒置　⑥押韻、律　⑦対句　⑧婉曲表現　⑨漢語と和語　⑩暗示
⑪枕詞、序詞、歌枕　⑫掛詞、折句　⑬本歌取り、引歌　⑭回文
⑮音楽的要素（聴覚的効果）、絵画的要素（視覚的効果）（右の各レトリックと一部重複する）
（5）文法的な仕掛けに着目する（レトリックとして文法を捉える）

（6）描写の密度、ストップモーション的描写に着目する
（7）繰り返される形象の重層性に着目する
（8）語りの仕掛けに着目する
①語り手設定、視点、視角、語り手推理、読者・聞き手の想定への着目
②一人称、三人称限定視点、三人称全知視点、三人称客観視点への着目
（9）作品を貫くテーマに着目する（主要テーマ・副次的テーマ）

4　ジャンルを通した論理・レトリックを読むための方法

（1）説得力を高めるための仕掛けに着目する（論理展開、レトリック、読者意識など）
（2）不整合に見える表現・内容を整合性のある表現・内容に替え、その差異に着目する
（3）別の表現・内容に替え、その差異に着目する（差異性）
（4）表現・内容を欠落させ、その差異に着目する（差異性）
（5）内容・表現の肯定的側面・否定的側面の両面に着目する
（6）内容・表現の多面性に着目する
（7）異化作用に着目する
（8）文章内文脈・作品内文脈と文章外文脈・作品外文脈に着目する
（9）文化的前提と歴史的前提に着目する
（10）先行文学と定型表現に着目する

第4節　評価・批評・批判をする指導過程―指導方法と身につける教科内容

❶ 評価的・批評的・批判的に文章・作品を捉える

古典の文章・作品で現代まで読み継がれているものには優れているものが多い。優れているからこそ長く読み継がれてきたのであろう。その優れた点を正当に評価することは古典の授業で是非必要なことである。ただし、これまでの授業では、類型的で型どおりの評価で終わることが多かった。具体性も弱かった。何が優れているのかを分析的・具体的に評価するのではなく、「名作」として型どおりのステレオタイプの評価で終わっていた。しかし本当に必要なのは、古典を「名作」として崇拝するのではなく、文章・作品の構造、論理・レトリックなどの具体に即した評価である。そのためには、古典の授業で既に読んだ文章・作品の構造、論理・レトリックを振り返りつつ、それらを再読しながら何が優れているのかを分析・検討していく必要がある。

また一方では古典の文章・作品を批判的に読むことも大切である。現在も読み継がれている古典の文章・作品の多くが優れていることは確かだが、だからといって絶対化してはいけない。それらへの違和感も大事にする必要がある。そして、それは違和感で終わらせずに、構造として展開として、論理・レトリックとして、さらにはテーマや主張としてどこに弱点や不十分さがあるのかを丁寧に分析・検討していく必要がある。場合によっては、その弱点や不十分さがその文章・作品の新たな魅力となっていくということもある。既に読んだ文章・作品の構造、論理展開やレトリックなどを振り返り再読しながら、違和感・弱点・不十分さを分析・検討していくのである。

第一章でも指摘したが、二〇一八年『高等学校学習指導要領』の国語「古典探究」では「古典の作品や文章を多面的・多角的に評価する」「疑問に感じたことについて、調べて発表したり議論したりする活動」が明記された(注18)。古典のよさを評価するだけでなく、批判的に読むことも重視していこうという姿勢が見える。

第一章でも指摘したが、評価・批評・批判の際に、具体的で深い読みとりを妨げているものが二つある。

その一つは、古典の文章・作品を分析的に読むことへの強い忌避感である。「名作を分析するなんて失礼なこと」「分析なんていうから作品のすばらしさが消えてしまう」さらには「天才たちが創り上げたものを分析なんて作品への冒涜」という感覚である。しかし、分析しないままにどうやってその文章・作品の魅力や優位性を解明するのか。分析しながら検討を深めることで深い読みが可能となり、そのすばらしさが具体的に見えてくるのである。もちろん文章・作品の弱点・不十分さも、分析・検討なしには見えてこない。

そこには古典の絶対化・神聖化がある。第一章・第2節でも述べたが、芸術作品の分析を忌避する傾向についてピエール・ブルデューは「なぜ人は、芸術作品や美的経験を知的に認識する試みを推し進めようとする人々にたいして、あんなにも執拗に攻撃を加えるのか？」「なぜ人はあんなにもはげしく、分析に対する抵抗を示すのか？」と批判している(注19)。これらは古典だけについて言っているわけではないが、古典の文章・作品の場合この傾向はより強い。西郷信綱も「分析を経ない趣味のことばで」「鑑賞」が行われることの危険を述べている(注20)。

もう一つは、その絶対化・神聖化と連動して、古典の文章・作品を批評的・批判的に読むことへの強い忌避感である。これは、古典に限らず近現代の文学などでも生まれている現象である。いくら長い間読み継がれてきている「名作」であっても、文章・作品に違和感を感じることを禁じるなどということがあってはならない。文章・作品を真摯に読み深める中で生まれてくる違和感も、創造的な読書行為の大切な要素である。これも第一章・第2節で述べたが、時枝誠記は古典を批評的に読むことを避けることの問題性を指摘し、そういう古典の教育を「惚れさせる国語教育」として批判した。本当に必要なのは「惚れない国語教育」であると言う（注21）。古典の文章・作品を絶対化・神聖化し分析を忌避しているうちは、一つ一つの文章・作品の魅力や優位性はかえって見えてこない。古典の授業では文章・作品の表層しか読まないという場合が多い。多少深層に迫っても抽象的・概念的な評価で終わる場合がほとんどである。さらに「無常観」など類型化された意味づけが繰返されるだけという場合も多い。具体に即した深い読みがないままに「名作」として持ち上げるだけだから、一つ一つの文章・作品の具体的な魅力・優位性が立ち上がってこない。だから、古典嫌いが拡大再生産される。

古典の文章・作品を分析的に深く読んでいけば、その魅力・優位性が具体的に立ち上がってくるだけでなく、その文章・作品への違和感も顕在化する。弱点も不十分さも具体的に見えてくる。それを現代の読み手として積極的に発見していくことも大切な読みの在り方である。そうなれば、その評価・批評について異論、反論も出てくるだろう。それをめぐって共同で検討が行われ論争が行われることで、また古典の文章・作品がもつ新しい側面が見えてくる。論争である程度まで読みが一致することがあってもいい。しかし、一致しないままで終わってもいい。読み手によって評価が分かれたままでよい。さらには優れた点と問題点という二分法だけでは捉えられないこともある。問題点が文章・作品の新しい魅力を発見する糸口になることもある。逆の場合もありうる。大切なのは、その過程で新しい見方や新しい評価、新しい発見が生まれてくることである。

読みは優れた創造的な行為である。分析の忌避そして評価・批評・批判の忌避によって、その創造性は大きく損われる。創造というと文章・作品の創作のことだけを思いがちである。しかし、それと同じくらい文章・作品を読み拓いていくことは創造的な行為である。読むことで文章・作品が立ち上がり、今まで見せなかった新しい姿を見せ始める。そのためには読むという行為を、もっと挑戦的・対話的・討論的・止揚的なものにしていかなければならない。もっともっと自由に豊かに古典を読み拓き、読み深め、読み抜くことが必要である。

古典の文章・作品を絶対化、神聖化しないで、分析的に読み深めること、そして評価的・批評的・批判的に読み深めることが、新しい古典の価値の発見につながり、新しい切り口の発見につながる。古典の授業で創造的な論争が生まれることにもなる。そういった観点が、これからの古典教育では求められる。

2 『徒然草』「五月五日、賀茂の競馬を見侍りしに」（第四一段）を評価・批評・批判する

『徒然草』第四一段「五月五日、賀茂《かも》の競馬《くらべうま》を見侍りしに」を取り上げたい。

これは兼好十三歳のときのことを後に思い出し書いているものであるという説もあるが、兼好が成人して後の出来事を記したと見る方が自然である（注22）。これは事件の展開が核となっている物語型随筆である。

五月五日《さつきいつか》、賀茂《かも》の競馬《くらべうま》を見侍りしに、車の前に雑人《ざふにん》立ち隔《へだ》てて見えざりしかば、各《おのおの》おりて、埒《らち》のきはに寄りたれど、ことに人多く立ちこみて、分《わ》け入《い》りぬべきやうもなし。

かかる折に、向《むか》ひなる楝《あふち》の木に、法師《ほふし》の、登《のぼ》りて、木の股《また》についゐて物見るあり。とりつきながらいたう睡《ねぶ》りて、落ちぬべき時に目をさます事、度々《たびたび》なり。これを見る人、嘲《あざけ》りあさみて、「世のしれものかな。かく危《あやふ》き枝の上にて、安き心ありてねぶるらんよ」と言ふに、我が心にふと思ひしままに、「我等《われら》が生死《しやうじ》の到《たう》来《らい》、ただ今にもやあらん。それを忘れて物見て日を暮らす、愚かなる事はなほまさりたるものを」と言ひたれば、前なる人ども、「誠《まこと》にさにこそ候《さうら》ひけれ。尤《もと》も愚かに候《さうらふ》」と言ひて、皆、うしろを見かへりて、「ここへ入らせ給へ」とて、所を去りて、呼び入れ侍《はべ》りにき。

かほどの理《ことわり》、誰かは思ひよらざらんなれども、折からの、思ひかけぬ心地《ここち》して、胸にあたりけるにや。人、木石《ぼくせき》にあらねば、時にとりて、ものに感ずる事なきにあらず。

この段については評価が分かれている。橘純一は「これは兼好自身の自讃である。」とし「最後の感想も、自讃めいていて、兼好自身あまり反省した態度が見えないのは感心出来ない。」と述べる(注23)。「反省した態度が見えない」とは、「愚かなる事」と言っておきながら自らその見物を続けているということへの批判である。一方、冨倉徳次郎は「この段を兼好のいい気な自讃と見る人があったら、それはこの段を読み得ぬ人なのである。これは『雑人』の世界における出来事なのである。(中略)彼は雑人の中に彼の気づかなかった人間を見出した感動によって、この章段を書かずにはいられなかったのであろう。その意味では彼の自讃ではない」と述べる(注24)。

最近は、橘のような批判的な見方は少なく、冨倉のような肯定的な見方が大勢のようである。先行の評価を検討しつつ、阿部の評価を述べていく。

この段は語り手(虚構としての作者)の明らかな自讃つまり自慢話と私は読む。それも二重の意味での自慢話である。一つ目は、「世のしれものかな。」と言っている人たちに「我等が生死の到来、ただ今にもやあらん。それを忘れて物見て日を暮らす、愚かなる事はなほまさりたるものを」という気の利いた一言を瞬時に発することができたことへの自慢である。「かほどの理、誰かは思ひよらざらんなれども」とあるとおり、この程度のことは兼好でなくてもそれなりの教養をもつ者であれば語ることはできる。しかし、それをこの状況でこの瞬間に即座に発すことは、確かにそう誰にでもできることではない。二つ目は、おそらくはそこにいた雑人たちよりは身分も高い、教養も高い、経済的にも優位にある兼好が、そういう身分違いの人たちから評価されたことの自慢である。別の世界に住む身分が低いとされていた人たちとも心を通わすことができる懐の深さである。そして、そういう違う階層の人たちからも一目置かれるような言葉を、タイムリーに発することができるという賢さである。これも兼好と同じような身分の者の誰もができることではない。

自慢話だから、「かほどの理、誰かは思ひよらざらんなれども」とエクスキューズしている。これを言わないと、自慢話であることがベタで強く感じられてしまう。だから、一歩下がった振りをして「折からの、思ひかけぬ心地して、胸にあたりけるにや。人、木石にあらねば、時にとりて、ものに感ずる事なきにあらず。」と、ちょっと意外だったからお話ししただけですよと言っている。

考えてみれば、「我等が生死の到来、ただ今にもやあらん。それを忘れて物見て日を暮らす、愚かなる事はなほまさりたるものを」というある程度の教養人なら考えそうなことを、ただタイムリーに発することができたというだけのことである。雑人たちが席をゆずってくれたのも、そういう気の利いたことを言う人たちとのつきあいがあまりなかったから、感心してくれたというだけのことである。

これは何と言おうと自慢話以外の何ものでもない。冨倉は「雑人の中に気付かなかった人間を見いだした感動――それがこの段を彼に書かせた」と述べるが、この段で一番目立つのは、そういう気の利いたことを即座に発した語り手自身である。雑人たちについて言えば特に「気付かなかった人間を見い出した」と言うほどのことでもない。雑人たちはやはり脇役である。やっと最後に取り上げているが、「人、木石にあらねば、時にとりて、ものに感ずる事なきにあらず。」と「木石」と比べるくらいかなり見下した言い方ではある。

ただし、だからと言って橋が言う「兼好自身があまり反省した態度が見えないのは感心できない。」という評価にも賛成できない。語り手は、ここで競馬を見物している雑人たちを非難しているわけではない。語り手自身も自分が見物しようとしていることを否定しているわけでもない。ただ、「我等が生死の到来、ただ今にもやあらん。それを忘れて物見て日を暮らす、愚かなる事はなほまさりたるものを」と自分たちの行為をメタ的に意味づけ直してみるという思考ゲームを披露しただけである。本気で「愚か」と否定しているわけではない。だから、語り手は譲ってもらった席で競馬を見続けて当然である。「反省」などする必要も必然性もない。

「自讃」についても橘は否定的に評価しているが、私は自讃がよくないなどと評価する必要はないと考える。自慢話と楽しんで読めばよいのである。よくできた見事な自慢話として十分面白い。『徒然草』にはかなりシリアスな段もあり、はっとさせられるような切れ味のある批判の段もある。しかし、一方では「自分はこんなにすごいんですよ」とヌケヌケと自慢話をする。それを聞かされる（読まされる）のも随筆を読む喜びであり醍醐味である。そういう人間臭い、自慢しないではいられない語り手の人間的な弱さであり、魅力でもある。

もちろん、私のようにだけ読む必要はない。たとえば「他の段では、差し出がましいのは見苦しい、目立ちたがりはよくないと言っておきながら、自分で自慢話をヌケヌケとするのは矛盾していてよくない」などという読み方があってもいいかもしれない。橘に近い読みをすることもあるだろう。冨倉に近い読みをすることもあるだろう。それ以外の新しい読み方も出てくるかもしれない。

古典の授業で、こういった検討や論争を展開することには大きな意味がある。古典を神聖視する見方からの解放という意味ももつし、多様に多面的に読むことで古典の魅力を新たに発見できる。もちろんその文章・作品の限界も見えてくる。本文に戻りつつ、多様に多面的に古典を評価・批評・批判していくことは、読むという行為にとって必須のものである。

しかし、繰り返し述べているようにそういう古典の授業は小中高を通じて極めて少ない。「古典は読者のものである」という原点に立ち戻りつつ、授業の設計を大きく転回する必要がある。それが古典を現代に生きるものとして新しく蘇らせていくことにもなる。何よりそういう読みを展開することで、古典の授業が子どもたちにとって刺激的で魅力的なものになっていく。

3 『徒然草』「ある人、弓射ることを習ふに」(第九二段)を評価・批評・批判する

次に同じ『徒然草』の第九二段「ある人、弓射ることを習ふに」を取り上げる(注25)。これは、二つのエピソードを挙げながら自らの見方・考え方を示している論説型随筆である。

ある人、弓射ることを習ふに、諸矢《もろや》をたばさみて的に向かふ。師のいはく、「初心の人、二つの矢を持つことなかれ。のちの矢を頼みて、初めの矢になほざりの心あり。毎度ただ得失なく、この一矢《ひとや》に定むべしと思へ。」と言ふ。わづかに二つの矢、師の前にて一つをおろかにせんと思はんや。懈怠《けだい》の心、自ら知らずといへども、師これを知る。

この戒め、万事にわたるべし。

道を学する人、夕べには朝《あした》あらんことを思ひ、朝には夕べあらんことを思ひて、重ねてねんごろに修《しゅ》せんことを期《ご》す。いはんや一刹那のうちにおいて、懈怠の心あることを知らんや。なんぞ、ただ今の一念において、ただちにすることのはなはだ難《かた》き。

矢を射る際に「二つの矢を持つこと」を戒める。二本目を準備して一本目を射るというごく自然な行為だが、それを禁止する。意外な展開である。それは二本の矢を持つと、「のちの矢を頼みて、初めの矢になほざりの心」が生まれるからだと言う。「毎度ただ得失なく、この一矢に定むべし」と思うことが大切なのだと説く。そして「懈怠の心」は自分でも意識しないうちに生まれると言う。

そして、次に「この戒め、万事にわたるべし。」とした上で、後半では「道を学する人」つまり学問をした

り修行をしたりしようとする人は、夜になると次の朝があることを思い、朝には夜が来ることを思って真剣に丁寧に勉強しようとしない。一瞬の間に「懈怠の心」があることを全く意識しない。ただこの一瞬にすぐに実行することはたいへん難しいと結ぶ。

人生哲学である。「懈怠の心」、つまり怠け心が無意識のうちに生まれることを戒めている。二本の矢を持つことで怠け心が出てしまうこと、修行の際に怠け心が出てしまうこと、二つの例を示しながら一つのことに専念することの大切さを説く。本章の第3節で取り上げた第一〇九段の「高名の木のぼり」と似た構造である。こちらは「過ちは、やすき所になりて、必ずつかまつることに候ふ」という見方・教訓について、木登りと蹴鞠という二つの例をこの第九二段と同じように示している。

いずれも、常識的な見方を切れ味よく覆しながら、新しい見方を提示するという点で似ている。読み手に納得させる仕掛けも見事である。これらがもし一つの事例だけであったら、説得力は弱くなる。二つのそれも「弓射ること」と「道を学する」こと、「木登り」と「蹴鞠」というそれぞれ異質な分野の例だからこそ説得力がある。この九二段でも、「1＋1＝2」ではなく、それを超えた複数効果がある。「この戒め、万事にわたるべし。」も、第一〇九段の「あやしき下臈なれども聖人の戒めにかなへり。」と同じく説得力を高めている。

また、これら例示の順番も見事である。もし「道を学する人」の例をはじめに提示し、「ある人、弓射ることを習ふに」を最後に提示していたとしたら、説得力が弱くなっていた。「道を学する」というモチーフは、当時の読者から見てもやや堅い印象だったはずである。説教くさいところもある。それに対し「ある人、弓射ること」は具体的で理解しやすい。武士層も当時の読者にはかなりいただろうから、そういう人たちにとっては身近でわかりやすい内容である。読者がぐっと引きつけられる。また、こちらの方が具体的なある日ある時のエピソードを示しやすく、この瞬間の場面をイメージできる。そのため「初心の人、二つの矢を持つことなかれ。のちの矢を頼みて、初めの矢になほざりの心あり。毎度ただ得失なく、この一矢《ひとや》に定むべしと思へ。」という師の具体的な言葉が生々しく響いてくる。「矢を二本持つな」という警句自体が意外であり、読者は驚かされる。そして畳みかけるように「わづかに二つの矢、師の前にて一つをおろかにせんと思はんや。」と常識的な見方を示した上で、「懈怠《けだい》の心、自ら知らずといへども、師これを知る。」とそれを覆しつつ「懈怠」を強調する。さらには「この戒め、万事にわたるべし。」と大きく一般化・普遍化する。見事な仕掛けである。そういう切れ味のある説得が示された後だから、少々説教くさい「道を学する人」の事例も、読者はそれなりに受け入れることができる。「道を学する人」でも、具体的なエピソードや会話文を設定することはできたかもしれないが、「ある人、弓射ることを習ふに」ほどの切れ味と説得力は生まれてこなかったはずである。

その上で、再度この第九二段を読み直してみる。

まず、「初心の人、二つの矢を持つことなかれ。のちの矢を頼みて、初めの矢になほざりの心あり。毎度ただ得失なく、この一矢に定むべしと思へ。」についてである。確かに「二本目があるからまあいいか」と思ってしまう可能性もあるだろう。特に初心者は、一本しかないと思って「ただ得失なく、この一矢に定むべし」と思うべきということも一応は理解できる。

ただし、もう一方では、「たった一本しかないから、これで決めないと後がない」という状況は、かなりのプレッシャーにもなりうる。ベテランになってくれば、そういったプレッシャーもコントロールできるようになるかもしれないが、初心者の場合それをうまく処理できずに過度の緊張で手元がより狂いやすくなるということもありうるのではないか。むしろ、二本目があるから緊張しないで肩の力を抜いて一本目を狙おうとした方が、初心者の場合うまくいくこともありうる。そう考えると、必ずしも「初心の人、二つの矢を持つことなかれ。」とは言い切れないようにも思われる。同じ初心者でも時と場合、人物の性格にもよる可能性がある。

とすると、この言い方は少々断定的過ぎるかもしれない。

また、後半の事例もひっかかるところがある。「道を学する人、夕べには朝あらんことを思ひ、朝には夕べあらんことを思ひて、重ねてねんごろに修せんことを期す。いはんや一刹那のうちにおいて、懈怠の心あることを知らんや。なんぞ、ただ今の一念において、ただちにすることのはなはだ難き。」である。これは正直なところわかりにくい。具体的な失敗例を示しているわけではない。第一〇九段「高名の木登り」は二例ともわかりやすい失敗例だが、こちらの後半の事例は十分な具体性がなく弱い。

「いはんや一刹那のうちにおいて、懈怠の心あることを知らんや。」がどういうときに起こるのかが明記されていない。「道を学する」際のどういう場合にそういう「懈怠の心」が生まれるか不明なままである。その上で最後の「なんぞ、ただ今の一念において、ただちにすることのはなはだ難き。」とまとめられるから、何かよくわからないうちに「理解しなさい」と言われている印象をもつ。もっと具体的に「道を学する」際のこういう場合に人はよく「懈怠の心」をもつという例示をすべきである。

もう一つ、一つ目の「弓射る」ことと、二つ目の「道を学する」こととの関係である。これらは、本当に共通する事例と言えるのかという疑問である。

既に述べたとおり第一〇九段「高名の木登り」は、「過ちは、易き所になりて、必ずつかまつることに候ふ。」ということを述べるために、前半では高いところでは注意しなさいとは言わないで「軒たけばかり」つまり地上に着く寸前にあえて「心して下りよ」と注意している。後半では蹴鞠も、難しいところではかえって失敗しないが、簡単なところでかえって「必ず落つとやはべるやらん」と言っている。二つの例は、整合性が高い。

この第九二段は、前半で弓を射る際に「初心の人、二つの矢を持つことなかれ。」と言い、二本持つと「のちの矢を頼みて、初めの矢になほざりの心」が生まれるからだと言う。だから「ただ得失なく、この一矢に定むべしと思へ」となる。そしてこれを「懈怠の心」につなげる。後半は「道の学する人」がその過程で「一刹那のうちにおいて、懈怠の心あることを知らんや。」つまりいつの間にか怠け心が出ていることに気づかない。意識しないうちにそうなっていると言う。そして「なんぞ、ただ今の一念において、ただちにすることのはなはだ難き。」後でと思わないですぐに今しっかりと道を学すべきと結ぶ。これも「懈怠の心」につなげている。

しかし、同じ「懈怠の心」だが、前半の事例の「懈怠」と後半の事例の「懈怠」は、かなり意味が違う。前半は集中力の問題である。二本目があると無意識のうちについつい緩んで集中力がなくなってしまうという戒めである。後半は、道を学している過程であるとき意識しないうちにあっという間に怠け心が出てきてしまう。だから、後でと思わないで、すべきことがあればすぐに行うべきという継続的な実行力に関する戒めである。これも集中力と言えば集中力だが、弓を射る際の集中力とはかなり質が違う。次があると思うとうまくいかないということではある程度は重なるが、弓の「一矢に定むべし」とは意味が違う。第一〇九段「高名の木のぼり」などに比べると、やや苦しい事例選択と言える。多様な事例ということでは面白いのだが、この段についてはやや切れ味が悪い。

批評的・批判的な捉え方については第三章以降でも提示するが、こういう論争的な読み方も大事にしたい。第九二段については「いや十分に説得力がある。」という見方もあるかもしれない。それも含め読み手相互に交流し論争していくことで読みがより豊かになっていく。これまでこういう見方は事実上タブー視されてきた。

4 古典の文章・作品を評価・批評・批判するための方法試案―教科内容

古典を評価・批評・批判するための方法試案をまとめると次のようになる。言語能力を育てるための教科内容である。同時に教師が教材研究する際の指標ともなる。1と2はジャンルを超え相互に生かすことができる。

※古典の文章・作品を評価・批評・批判するための方法試案―教科内容

1　説明的な文章（論説型随筆・事例列挙型随筆・記録型随筆）

（1）語彙・表現について評価・批評する―語彙・表現は妥当か
①語彙・表現は妥当であるかの評価・批評（他の語彙・表現可能性との比較を含む）
②語彙・表現に隠れているものの見方・考え方は妥当であるかの評価・批評

（2）事実・事例の現実との対応について評価・批評する―事実・事例提示に誇張・矮小化はないか

（3）事実・事例の取捨選択と配置について評価・批評する
①選ばれた事実・事例は妥当であるかの評価・批評（他の事実・事例選択との比較を含む）
②選ばれた事実・事例提示に過剰・不足はないかの評価・批評
③選ばれた事実・事例提示に非典型性はないかの評価・批評
④事実・事例の配置の仕方は妥当かの評価・批評（他の事実・事例の配列との比較を含む）

（4）根拠・解釈・推論の妥当性について評価・批評する
①根拠・解釈・推論の妥当性の評価・批評（他の可能な根拠・解釈・推論との比較を含む）
②隠れた（見落とされた）推論の前提となる事実・法則・価値観はないかの評価・批評
③必要条件と必要十分条件の混同、因果関係の錯誤はないかについての評価・批評

（5）ことがら相互・推論相互の不整合を評価・批評する
①同じ対象を指し示しているはずの語彙・表現相互に不整合はないかの評価・批評

②解釈・推論相互に不整合はないかの評価・批評(問題提示と解釈・推論の不整合を含む)
③仮定・相対を既定・絶対と混同したりすり替えたりしていないかの評価・批評
(6)表現・事実選択・推論などの裏にある考え方・ねらい・基準について評価・批評する
(7)文章を総括的に評価・批評する―主張、思想、見方・教訓・主張についての評価・批評

2　文学的な文章(物語・物語型随筆など)

(1)人物設定、時・場、状況設定を評価・批評する(他の諸設定の可能性との比較を含む)
(2)事件展開を評価・批評する
①その事件を選択したことの意味についての評価・批評
②事件展開の在り方についての評価・批評(他の事件展開の可能性との比較を含む)
③事件展開と導入部(プロローグ)との関係性についての評価・批評
④事件展開と終結部(エピローグ)との関係性についての評価・批評
(3)語り手について評価・批評する
①語り手の視点・視角についての評価・批評(他の視点・視角・位置との比較を含む)
②語り手の表現の仕方・語彙選択についての評価・批評(他の表現・語彙との比較を含む)
③語り手の見方・考え方についての評価・批評(他の見方・考え方との比較を含む)
(4)異本の比較により評価・批評する
(5)現代語訳の比較により評価・批評する(現代語訳相互、現代語訳と原文)
(6)作品を総括的に評価・批評する―テーマ、思想、見方・教訓・主張についての評価・批評

〈注〉

(1) 子どもたちが「古典の文章・作品の全体構造を俯瞰的に」読んでいくことを指導する過程、「古典の文章・作品の論理・レトリックを」読んでいくことを指導する過程、「古典の文章・作品」を「評価・批評・批判」していくことを指導する過程の意味である。子どもにとってはこれらが「学習過程」となる。

(2) 授業では「構造よみ」—「論理よみ」「技法よみ」—「批評よみ」「吟味よみ」等の用語を使って指導することもできる。

(3) 高等学校国語教科書『新高等学校古典B』二〇二〇年、明治書院による。段落は阿部が再構成した。

(4) 高等学校国語教科書『高等学校改訂版新編国語総合』二〇二〇年、第一学習社による。段落は阿部が再構成した。

(5) 高等学校国語教科書『新精選古典B古文編』二〇二〇年、明治書院による。

(6) 高等学校国語教科書『新編古典B』二〇二〇年、教育出版による。段落は阿部が再構成した。

(7) 高等学校国語教科書『国語総合改訂版古典編』二〇二〇年、大修館書店による。段落は阿部が再構成した。

(8) 本章・第3節「3」で取り上げた『徒然草』の「花は盛りに」の「花」は比喩の中の提喩である。桜のことを集合をずらして「花」と表現している。これは古典の世界では通常の表現だが、その提喩性に着目することには意味がある。

(9) 中学校国語教科書『国語3』二〇二一年、光村図書による。

(10) 『大辞泉』第二版、一九九五年、小学館および『大辞林』第四版、二〇一九年、三省堂

(11) Lafcadio Hearn, Exotics and Retrospectives, Charles E. Tuttle Co. 一九七一年、一六四頁（原著は一八九八年）

(12) ドナルド・キーン（徳岡孝夫訳）『日本文学の歴史7・近世篇I』一九九五年、一六八〜一六九頁（初出は一九七六年）

(13) 高等学校国語教科書『改訂版国語総合古典編』二〇二〇年、数研出版による。

(14) 『新明解国語辞典』第八版、二〇二〇年、三省堂では「反語」を「主体の意図とは異なるように受けとめられる問いかけから出発し、論理の積み重ねにより、相手を自《オノズカ》ら主体の意図通りの結語に誘導するような論法」としている。

(15) 『明鏡国語辞典』第二版、二〇一〇年、大修館書店

⒃ 中学校国語教科書『国語３』二〇一六年、光村図書による。
⒄ 前掲書⒁に同じ
⒅ 文部科学省『高等学校学習指導要領』二〇一八年
⒆ ピエール・ブルデュー（石井洋二郎訳）『芸術の規則Ⅰ』一九九五年、藤原書店、一二頁【Pierre Bourdieu, Les régles de l'ART Genèse et structure du champ littéraire, 1992】
⒇ 西郷信綱「古典をどう読むか」西郷信綱・永積安明・広末保『日本文学の古典』第二版、一九六六年、岩波書店、一九五頁
(21) 時枝誠記「国語教育における古典教材の意義について」『国語と国文学』一九四八年、至文堂、一七頁
(22) 永積安明他校注『新編　日本古典文学全集44・方丈記／徒然草／正法眼蔵随聞記／歎異抄』一九九五年、小学館による。段落は阿部が再構成した。
(23) 橘純一『評註徒然草新講（決定版）』一九五二年改訂、武蔵野書院、一〇六〜一〇七頁
(24) 冨倉徳次郎『類纂評釈徒然草』一九五六年、開文社、四三頁
(25) 高等学校国語教科書『精選国語総合』二〇二〇年、三省堂による。段落は阿部が再構成した。

第三章 『徒然草』を読み拓く

第1節 序段「つれづれなるままに」を読む

1 序段の構造と全体の中で占める位置

よく知られた『徒然草』序段である(注1)。

つれづれなるままに、日暮らし、硯《すずり》に向かひて、心にうつりゆくよしなし事を、そこはかとなく書きつくれば、あやしうこそものぐるほしけれ。

現代語訳　これといってすることもなくつれづれなるままに、日暮れまで一日中、硯に向かって、心に移りゆくどうでもいいようなことを、なんとなく書きつけていると、意外なことに自分でも怪しく異様に思うほどに狂おしい気持ちになってくるものである。

まずは「つれづれなるままに」つまり「これといってすることもないままに」「退屈でいるままに」から始まる。「ナントナク」「ヒマニマカセテ」という緩い始まり方である。たとえば「春はあけぼの。」などと体言止めできっぱりと語り始めるものとは対照的である。ぼやっとした捉えどころのない始まり方とも言えるが、何気ない日常的な感覚で穏やかに動き出す始まり方とも言える。

その後、「日暮らし、硯に向かひて、心にうつりゆくよしなし事を、そこはかとなく書きつくれば」と続く。「日暮らし」を副詞的に捉え「硯に向かひて」「書きつくれば」を修飾すると見て「一日中硯に向かって〜書きつけていると」と解釈するか（A）、「つれづれなるままに一日中過ごし、そういう中で硯に向かって」と解釈するか（B）、どちらも読める。（ここでは、Aで現代語訳を行った。）

冒頭からア「つれづれなるままに」→イ「心にうつりゆくよしなし事」→ウ「そこはかとなく」→エ「書きつくれ」と、四重に緩めの形象が続く。肯定的に見れば大上段に構えない肩肘を張らないソフトな始まり方と言えるし、否定的に見れば曖昧で捉えどころのない始まり方と言える。いずれ日常の延長に位置するような緩い形象性が重ねられている。

ところが、その次の瞬間、「あやしうこそものぐるほしけれ」でその世界が大きく打ち破られる。「あやしうこそ」つまり（自分のことなのに）何か「自分でも怪しく異様に思うほどに」ということである。そして「ものぐるほしけれ。」つまり物狂おしい気持になってくる。「こそ」「けれ」という取り立てて強める役割をもつ係り結びも効いている。柔らかいぼやっとした日常的な世界から、突如として非日常的な激しい心の高ぶり。それも自分でも異様だと感じるくらいの高ぶり。そして物狂おしさ。この切り替え、対比が効果的である。

随筆とは、ごく当たり前の日常的な物事、見慣れた対象を取り上げつつ、その裏に隠れ潜んでいる新しい世界・別の世界を発見し開示してみせるという仕掛けをもつ文学様式である。「異化作用」である。これは、基本的に古典でも現代でも同じと見てよい。その随筆という異化を核とする文学様式の特徴を、「つれづれなるままに」「心にうつりゆくよしなし事」「そこはかとなく」「書きつくれ」と、「あやしうこそものぐるほしけれ」との対比によって、この序段は象徴的に示しているとも読める。日常性の中に潜む異様さ・意外性・驚き・激しさ・非日常性ということである。

この序段は、「予告」の機能としても効果的である。読者は、「あやしうこそものぐるほしけれ」にびっくりさせられる。ミステリアスな謎さえ感じさせる。「そういう序段で始まるものなら、きっとこの後の段も面白いに違いない」と多くの読者は思う。

一文だけの序段だが、前半の「つれづれなるままに、日暮らし、硯に向かひて、心にうつりゆくよしなし事を、そこはかとなく書きつくれば」というソフトで捉えどころのない前半と、「あやしうこそものぐるほしけれ。」という非日常的で激しい後半という構造になっている。周到に仕掛けられた対比的な二部構造である。

なお、ジャンルとしては論説的な要素と文学的な要素とを同時に合わせもったものと言える。

2 「つれづれなるままに」を読む

「つれづれなるままに」を少しくわしく読んでみたい。

「つれづれ」は、古語でもあるが、現代でも生きている言葉である。現代語の辞書に必ず見出しとして設定されている。そして、その意味もそれほど古語と変わらない。

複数の辞書を見ると、「つれづれ」はだいたい四つくらいの意味がある。一つ目はその状態が変わりなく続く、単調にいつまでも続いていること、またその様子。二つ目はすることもなく退屈で手もち無沙汰、暇をもて余しつまらないこと、またその様子。三つ目はぼんやりとものを思う、物思いにふけること、またその様子。四つ目は物寂しい、しんみりと寂しいこと、またその様子である。

語源は「連れ連れ」であると言われている。それに最も近い意味は、一つ目の「その状態が変わりなく続く、単調にいつまでも続いていること、またその様子」ということになる。

井上陽水の「さみしさのつれづれに／手紙をしたためていますあなたに／黒いインクがきれいでしょう／青いびんせんが悲しいでしょう」(「心もよう」作詞・作曲　井上陽水)の「つれづれ」は、おそらく四つ目の「しんみりと寂しい」と二つ目の「することもなく退屈で手もち無沙汰」がないまぜになっているのであろう。少し古語的な雰囲気はあるものの、この言葉が現代でも生きていることの証拠でもある。この歌詞には、この序段の「硯に向かひて、心にうつりゆくよしなし事を、そこはかとなく書きつくれば」が重ねられていると見るのが自然である。

この序段での「つれづれ」は、「つれづれなるままに、日暮らし、硯に向かひて、心にうつりゆくよしなし事を、そこはかとなく書きつくれば」と「手紙をしたためています」とのシンクロである。という意味は読めない。まずは、二つ目の「することもなく退屈で手もち無沙汰」であるままに、心に移りゆくとりとめもないことを書きつければということである。

「つれづれなるまま」つまりこれといって「することもなく退屈」でいるままにから始まることで、読者を緩く文章世界(作品世界)に誘う効果がある。

ただし、先行研究などではそれとは違った読み方もある。井上陽水の「心もよう」とは違って特に「しんみりと寂しい」冨倉徳次郎・貴志正造はこの「つれづれ」について次のように述べる(注2)。

人が「つれづれ」と感じる独り居の孤独な時間こそ、厭わしいどころか、彼にとっては何ものにも代えがたい貴重な時間であるということになる。そのような時間・環境の中においてこそ、兼好は終日思いのままに物を考え、さらに物を書くことによって自己を表現してゆくのである。

さらに冨倉は「つれづれ」について、「そうした生活のもたらす寂寥から来る孤独の快味、閑寂から来る自主的な心の安らかさを意味することにもなる」とも述べる(注3)。

後半の「あやしうこそものぐるほしけれ」まで読んだ上で遡って考えれば、結果としてこの「つれづれ」には積極的な意味があったのかもしれないということは推測できる。しかし、この「つれづれ」そのものを、この時点で「代えがたい貴重な時間」とか「思いのままに物を考え」「自己を表現」と読むことにはかなりの無理がある。さらに「心の安らかさ」を「つれづれ」から読むことにも苦しさがある。もし、この「つれづれ」がこの時点でそんな積極的な意味をもつとすると、後半の「あやしうこそものぐるほしけれ」から生まれる意外な展開は読めないことになる。後半まで読んでみると、結果としてそういう要素を内包していたのかもしれないと推理されるというだけのことである。(冨倉は、最後まで読んだ上で振り返ってみると、「つれづれ」からそういうことが読めてくるという文脈で述べてはいない。)

さらに言えば、「快味」と肯定的な意味で捉えているとは言え「つれづれ」がすなわち「孤独」であるとは限らない。もちろん一人でいる可能性は高いが、それがすなわち「孤独」とはならないはずである。

先行研究、先行実践では、「退屈でいるままに」という読みがある一方で、冨倉に代表されるように「つれづれ」に特別の意味をかぶせている読みも少なくない。しかし、それ自体不自然なものであるし、過剰な意味を「つれづれ」にもたせてしまうと、直後の「心にうつりゆくよしなし事」「そこはかとなく書きつくれ」の緩くソフトな形象との親和性が消えてしまう。ここは「つれづれなるままに」→「心にうつりゆくよしなし事」→「そこはかとなく」「書きつくれ」と、緩くソフトな形象の連鎖と見る方が自然である。それがあるからこそ、右でも述べたとおり「あやしうこそものぐるほしけれ」の意外さ、落差、インパクトの強さが際立ってくる。

「つれづれ」からは、語り手の人物像も見えてくる。「することもなく退屈で手もち無沙汰」ということであるが、これは時間のある人間でなければ感じることのできない世界である。直後に「日暮らし」ともあるのだから、一日中暇をもて余すことができるということである。長い時間がある。そして特に急いですべきことがないといった条件がないと成立しない。そこから、この語り手（虚構としての作者）の人物像がある程度類推できる。少なくとも一般の庶民でないことは間違いない。裕福であるか、身分が高いかであることが窺える。

当時、そんなことを言っていられる人間は極めて少ない。もちろん、これは生身の作者（注4）である兼好の身の上とそのまま重なる。かつて貴族であり、現在は出家という身の上であるものの、一定の経済的な基盤があるというような身分である。それと重なってくる。

そこから翻って考えてみると、こういった文章（作品）を鑑賞できる（また鑑賞しようとする）読者、またそういう「つれづれなるままに」に共感できる読者は、当然のことながら限られてくることになる。もともと全人口の中で読み書きができる者が限られていた時代であるが、その中でもそういう「つれづれ」に付き合える読者群ということになる。貴族か裕福な人物か、兼好に近い身分や教養をもっていた者たちと想像できる。いずれ当時の人口の中でこういった創作享受に関わることができる人たちは、極めて限定的である。そういう文脈での文章世界（作品世界）ということになる。

ただし、現代では逆に「つれづれ」を感じる人がむしろ多くなっている時代とも言える。すべての人ではないにしても、『徒然草』成立当時とは比べものにならないくらい「つれづれ」は多くの人のものになってきている。また、それなりに多くの人が一定の読み書きリテラシーをもつようになってきている。だから、より多くの人たちが「つれづれなるままに」「心にうつりゆくよしなし事」を「書きつ」け、それなりに深く切れ味のある見方・考え方を発信することが可能となっている。ブログやSNSなどは、その有力な方法の一つである。そういう文脈で『徒然草』を現代的な新しい感覚で捉え直すことができるかもしれない。また、『徒然草』の優れた異化作用を生かして、たとえば『＃MeToo・徒然草』や『SDGs・徒然草』『パラリンピック・徒然草』『格差是正・徒然草』『核廃絶・徒然草』『子どもの権利・徒然草』などを新たに創り出していける可能性もある。そう考えると、当時の『徒然草』享受とはまた違った新しい現代的な『徒然草』享受・発信のかたちが生まれる可能性がある。古典とはそういうかたちで時代を超え、常に生き直すものである。

❸「日暮らし、硯に向かひて、心にうつりゆくよしなし事を、そこはかとなく書きつくれば」を読む

「心にうつりゆくよしなし事」は、現代語訳でも示したとおり「心に移りゆくどうでもいいようなこと」である。「心にうつりゆく」ということは、思考を論理的・理性的に構築していく過程ではなく、次々と思い浮かんでくる、連想されてくるという過程である。（この文章（作品）のジャンルの「随筆」つまり「筆に随《したが》ふ」と見事に重なる。）一つのことに集中して思考を深めていくのではなく、あてどない、とりとめない思索の在り方である。「よしなし事」はどうでもいいこと、つまらないことである。なんとなく心に浮かんでくる、たいして重要ではない、取るに足らないということである。

これを肯定的に読み直すと、とりとめないとはいっても「心にうつりゆく」だから、少なくとも思索を重ねている人物ではある。なんとなく暇をもて余してぼうっとしているわけではない。そして、思考が停止したり停滞したりすることなく、次々にいろいろな考え・思いが浮かんでくる湧き上がってくる状態でもある。ただし、目の前に具体的な課題や目的があって、それをなんとかしようとして展開していくような思考ではなく、それらに縛れないより自由なメタ的な思索である可能性もある。

「そこはかとなく書きつくれば」の「そこはかとなく」は、「なんとなく」「どうということもない感じで」ということである。「書きつくる」は現代の「書きつける」だから、しっかりと記述するというよりも、ちょっとメモ程度に記したというニュアンスである。それほど大事ではないようなことを、なんとなくメモ程度に書きつけていっている。軽い思いつき程度でという感覚である。その程度のいい加減なものと読むこともできるが、一方ではそれくらい肩肘張らずに自由にのびやかに書きつけたという軽みも読める。

右のように「心にうつりゆくよしなし事を、そこはかとなく書きつくれば」は、否定的にも肯定的にも読める。しかし、「よしなし事」「書きつくれば」という言葉がある以上、ここではまずは否定的なベクトルで読むのが一義的である。次々とあてどなく浮かんでくるどうでもいいようなことを、思いつくままになんとなく軽く書き留めているということである。（ただ、この後「あやしうこそものぐるほしけれ」を読んだ上で、この部分を再読すると、右の肯定的側面、つまり縛られることのない自由な発想が次々と湧き上がってくるということがより前面に押し出されてくることになる。）

いずれにしても「これから大切なことを語り始めます」「深淵な人生の哲学をお話しします。覚悟はいいですか」などといった大上段の予告ではなく、「まあ、心に浮かんだ、取るに足らないことを、ちょっと書きつけたものですよ」「だから軽い気持ちで読んでくださいね」といったソフトな前半ということになる。

もう一つ別の角度から読むと、「心にうつりゆくよしなし事を、そこはかとなく書きつくれば」を、語り手（虚構としての作者）の謙遜表現、婉曲表現と見ることもできる。実は、かなり重いこと、深いこと、重要なことを語り始めるのだが、あえて軽く見せているということである。自分ではかなり大切なことを言っていると思っているが、一歩下がって「たいしたことないですよ」と謙遜する。それも含め読者をより軽くソフトに文章世界（作品世界）に導き入れようとしたという手法と見る読み方もできる。

古典でも現代でも「それほどのものではないのですが」「ちょっと書きつけただけですが」と謙遜しながら、それなりに考え抜いた自分の文章・作品を差し出すということはある。『枕草子』の最終段である三一九段にも「この草子、目に見え心に思ふ事を、人やは見んとすると思ひて、つれづれなる里居のほどに書き集めたるを、あいなう、人のためにびんなきいひすぐしもしつべき所々もあれば、よう隠し置きたりと思ひしを、心よりほかにこそ漏り出でにけれ。」とある(注5)。自らの『枕草子』のことを、人は見ないと思って、することもないままに里下がりの間に書き集めたのだが、あいにく他の人にとって都合が悪く言い過ぎをしてしまったこともあるのでうまく隠しておいたと思ったものの、思いがけず外に漏れてしまったと、明らかに謙遜している。言うまでもなく『枕草子』の内実はそんないい加減なものではなく、豊かで鋭く見事な切れ味がある。

そして、ここでもまた語り手の人物像が見えてくる。「硯に向」かうとあるのだから、もちろん読み書きができる人物である。それも「日暮らし」つまり一日中硯に向かうのだから、かなりの知識人である可能性が見えてくる。何か用件があり必要があって硯に向かうというレベルではない。一日中硯の前に座って何かを書こうとしている。書くことにこだわりをもつ人物であることは間違いない。かなりの教養人・知識人の姿が見えてくる。もちろんそういうことができる状況を作り出せる経済的、時間的な条件をもつ人物である。

4 「あやしうこそものぐるほしけれ」を読む

この直前までの形象の流れが、ここで大きく打ち破られる。

「あやしう」とは、不思議という意味もあるが、「怪し」「奇し」と書かれることがあるように何か変だ、不安だ、異常だという意味もある。この直後の「ものぐるほしけれ」との関係（文脈）を重視すると、変だ、異常だという意味に近いと考える方が自然である。

ここは「そこはかとなく書きつくれば」とあるのだから、自分が書いたものが何か変だ、異常だ、異様だということになる。自分自身が書いた文章（作品）なのに、変だ、異常だとはどういうことか。

これは、自分でなんとなく書いてみたものの、自分の予想や感覚を超えてなぜか文章（作品）が勝手に一人歩きし始めていることを予想させる。書いている自分自身でもよくわからない不可解な何物かである。そういうものが、自分の予想や意識を超えて立ち上がってくる。

それをさらに「ものぐるほしけれ」が増幅する。現代でも「物狂おしい」という表現は残っている。心の平衡を失いそうになるくらいの異変、常軌を逸する、只事でないという感覚である。これも「あやしう」と響き合い、自分自身の書いた文章（作品）なのに、自分でも驚くくらい、自分でも心の平衡を失うくらいの只事でないものが（自分の中から）生まれてきたということである。

それは、それくらい変なもの・妙なもの不可解なものと読めるが、同時にここではそれくらい何かすごいもの、普通と違う特別なもの、さらには意外ですばらしいかもしれないものという可能性も示唆している。『徒然草』の冒頭に位置づく序段である。そこで、わざわざ「あやしうこそものぐるほしけれ。」と示している以上、その内実が否定的なものとだけ読むことは不自然である。「あやしうこそものぐるほしけれ」には、不可解で異常な常軌を逸したという否定的な形象性も含まれるが、何か日常を超えたすごいもの、特別なものが、この後登場しそうだという予感を読者に与える仕掛けと読める。（事実、そのとおりのものがこの後の各段で示されていくことになる。）

その上、ここでは「こそ〜けれ」という係り結びによってより強いインパクトを与えている。係り結びという二カ所が響き合うという高度な技法ゆえに、二重の強調効果がある。確かに直接には「こそ」は「あやし」を強めているのだが、係り結びの魔法によって「ものぐるほし」も強めることにもなっている。まずは「あやしうこそ」と、「あやし」にインパクトを与えている。が、同時にもう一つ「ものぐるほしけれ」と已然形になっていることで、「ものぐるほし」にもインパクトを与えている。普通なら「ものぐるほし。」と終わるところを已然形にすることで普通と違うという違和感を与える。「あやし」と「ものぐるほし」の二つが、怪しさ・物狂おしさ・異様さを相乗効果で前面に押し出していると同時に、「こそ」―「ものぐるほしけれ（已然形）」が、それらの異様さを増幅していることになる。2×2＝4と四重の効果になっている。

前半の「つれづれなるままに」「心にうつりゆくよしなし事」「そこはかとなく」「書きつくれ」の四重の緩く柔らかく軽く日常的な形象が、別の意味で四重に強められた「あやしうこそものぐるほしけれ」のインパクトのある非日常的な形象によって覆されるのである。読者は一瞬にして全く別の異質な世界に連れていかれる。

自分自身でも予想できないような、自分の心の平衡が失われるようなものが出てくることに、自分自身でも驚いている。怖くもなる。その驚き・怖さを、右のような周到なレトリックによって演出している。書くという創作行為では、自分で書いているにもかかわらず、いつの間にか意識しないままに自分でも驚くような領域に入り込んでしまっているということがしばしばある。気がついたらとんでもない世界に分け入ってしまっているということである。何かが憑依している感覚に近いのであろうか。それが、創作の醍醐味であり、面白さであり、難しさなのであろう。だから、文章や作品が生身の作者の意図や意識を超え、それ以上のもの（場合によってはそれ以下のもの）となっていく。ここでも、そういう過程が生まれつつあることを示唆している（注6）。

語り手は、この「あやしうこそものぐるほしけれ」によって、「自分自身でもわからないくらいの不思議で不可解で予測できない世界、心の平衡を失うくらいの只事でない特別の世界が、これからきっと出てきますよ」「楽しみでしょう」と読者を誘っているとも言える。ミステリアスでスリリングな誘いである。だから、読者は、「語り手自身も予測できない異様なものって何なのだろうか？」「語り手自身が心の平衡を失う、心を乱されるような特別なものってどんなもの？」といった興味と疑問をもつことになる。きっと刺激的で斬新な、しかし場合によっては無軌道でアナーキーな一線を超えるようなものかもしれないという期待ももつ。だから、読者は少しでも早くこの後を読んでみたいと思うようになる。この段は、この作品（文章）の序章としての役割を見事に担っている。

前半と後半のインパクトのある対比、前半に何重にも繰り返される軽さと謙遜、そして後半の前半を大きく裏切るような異様な感覚、柔らかさと不可解な謎。軽さとずっしりとした重さ。――という巧みな仕掛けを生かしながら、読者に大きく期待をもたせるという巧みな序段である（注7）。

ロラン・バルトは「言説の冒頭の問題が重要な問題である」と言う。その上で冒頭について次のように述べる（注8）。

冒頭は、言説の危険地帯です。語り始めるということは、むずかしい行為なのです。それは沈黙からの脱出です。（中略）構造分析の観点からすれば、出だしに含まれている暗黙の情報は何か、という問題は、極めて刺激的でしょう。というのも、言説のそうした場所は、いかなる情報にも先立たれていないからです。

この『徒然草』全体の冒頭としての序段は、右に見てきたとおり「危険地帯」にふさわしいスリリングなものである。極めて刺激的な要素を含んでいる。ジャンルは違うが『源氏物語』全体の冒頭にあたる「桐壺」の巻の「いづれの御時にか、女御、更衣あまた候ひ給ひける中に、いとやむごとなき際にはあらぬが、すぐれて時めき給ふありけり。」から始まる部分も、同様に「危険地帯」を思わせるスリリングな要素をもつ。（詳細は第六章・第1節をご覧いただきたい。）

＊

ここで生かした読みの方法（言語の力）としては、たとえば「対比的な表現構造への着目」「形象の重なりによる効果への着目」「語り手または（虚構としての）作者の人物像の推理」「読み手（群）像の推理」「肯定・否定両面から読む」「多面的な角度から読む」などがある。また、「序章としての文章（作品）内文脈上の効果」「文章（作品）冒頭のインパクトへの着目」もある。作品全体の中でこの序段がもつ意味は大きい。

〈注〉

(1) 中学校国語教科書『国語2』二〇一六年、光村図書による。本書では、文章・作品（教材）のテキストはできるだけ教科書掲載のものを使うようにした。以下同様。

(2) 冨倉徳次郎・貴志正造編『鑑賞日本古典文学・第18巻・方丈記・徒然草』一九七五年、角川書店、一四五頁

(3) 冨倉徳次郎『類纂評釈　徒然草』一九五六年、開文社、三四頁

(4) ここで「生身の作者」と言うのは、この語り手はそのまま生身の兼好ではないという前提でこの文章（作品）を読んでいるからである。『徒然草』は随筆である。随筆の語り手は、通常は生身の作者であるということにすることが多いが、正確な記録でない以上、そこには当然脚色や虚構が含まれている。それを前提に読者（群）も読んでいる。だから、この文章（作品）の語り手は、虚構としての語り手であるという前提で読み進めるべきである。そのため、ここでは歴史上の人物としての兼好を「生身の作者」としたのである。また、本書では「虚構としての作者」という言い方もしている。語り手も一つの装置であり、文章（作品）主体が語り手を使って文章・作品を成立させていると見ることができる。ただし、その文章（作品）主体は生身の作者そのものではない。生身の作者の手を離れた瞬間に、文章・作品は生身の作者とは相対的に独立した存在となる。そのためここでは「生身の作者」に対して、「虚構としての作者」という

言い方をしている。（だからと言って作者が文章・作品に対する社会的責任を免かれるわけではない。）（詳細は拙著『増補改訂版・国語力をつける物語・小説の「読み」の授業』二〇二〇年、明治図書を参照願いたい。）なお本書では説明的な文章として扱うものが随筆であることから「筆者」という言い方はせずに、すべて「作者」で統一する。

(5) 清少納言『枕草子』第三二九段（池田亀鑑他編『日本古典文学大系第19　枕草子　紫式部日記』一九五八年、岩波書店）

(6) この初段の現代語訳は、かなり差異が大きい。内田樹は「ひとり閑居して、一日硯を前に、脳裏に去来することを思いつくままに書き綴っていると、自分では制御できない何かが筆を動かしているようで、怖い。」と書いている。（池澤夏樹個人編集・内田樹他『日本文学全集07・枕草子　方丈記　徒然草』二〇一六年、河出書房新社、三六七頁）「あやしうこそものぐるほしけれ」を、「自分では制御できない何かが筆を動かしているようで」というのは上手い。私が「自分の予想や感覚を超えてなぜか文章（作品）が勝手に一人歩きし始めていることを予想させる。」と解釈したことと、かなりの程度重なる。嵐山光三郎は「たいくつしのぎに、一日じゅうすずりにむかって、つぎからつぎにうかんでくることを書くことにした。とりとめもない話だから、書くわたしのほうだってへんな気分になる。」と書いている。その後の解釈で嵐山は「というのはまっかなうそで、これは帝王学なのだ。」と書いている。そして「わたしの話にはうらがあるからね、『かげの声』をきくように。」とある。（嵐山光三郎『現代語訳「徒然草」』二〇一三年、岩波書店、一～二頁）「帝王学」かどうかは別として、「うらがある」ことはそのとおりである。本章第4節で取り上げる第五十二段「仁和寺にある法師」は、まさにそれである。

(7) 三木紀人は「この序に接した場合、一体どんな作品世界がひらかれるのか、わくわくするような予感を持たせたのではないだろうか。」と述べている。（三木紀人『鑑賞日本の古典10・方丈記・徒然草』一九八〇年、尚学図書、一〇七～一〇八頁）

(8) ロラン・バルト（花輪光訳）『記号学の冒険』一九八八年、みすず書房、一五九～一六〇頁【Roland Barthes "L'aventure sémiologique" 1985】

第2節　第一一段「神無月のころ」を読む

1 随筆には文学的な随筆と説明的な随筆がある

これから『徒然草』の四つの段を読み拓いていくが、その際に一つ留意すべきことがある。それは、この『徒然草』を含めた随筆のジャンルである。ジャンルについては第二章でも述べたが、ここでは随筆に絞って改めて考えてみたい。

現代文では、文章ジャンルとして文学的文章と説明的文章の二つを設定することが多いが、「随筆」はどこに位置づけたらよいか分類が難しい。これは、現代の文章・作品だけでなく古典でも同様である。それは、随筆にはジャンルをクロスする要素があるからである。ただし、クロスするとは言っても、随筆は、現代でも古典でも大きく文学的な随筆と説明的な随筆に分けられる。

古典では、文学的な随筆のほとんどが物語のかたちをとる。「物語型随筆」である。一方、説明的な随筆には、見方や主張、教訓を論説的に述べる「論説型随筆」、事例や事物を連続して提示しつつ見方を述べる「事例列挙型随筆」、記録を中核としつつ見方を述べる「記録型随筆」がある。（また一つの文章の中に論説的要素、事例列挙的要素、記録的要素などが同時に含まれる場合もある。）

そのジャンルにより内容、構造、表現・論理などが大きく違ってくる。それに伴い読み方も違ってくる。

物語型随筆は事件が中核にあり、それがより重要な意味をもつ。事件があるのだから、はじめに事件を導く「導入部」的な要素があることがある。「プロローグ」または「前話」である。そして、事件が展開し始める。それも前半ではまだ事件が一進一退の展開をするのに対し、後半では意外な展開になっていく場合が多い。つまり「展開部」と「山場」に分かれることが比較的多い。その後に「終結部」として後日譚や解説などが示されることもある。「エピローグ」または「後話」である。それらの要素を重視して読むと深層が見えてくる。

論説型随筆は、中心的な見方・主張・教訓が示されている部分と、それを支える根拠や具体的な事例が示されている部分とに分かれることが多い。はじめに自らの見方・主張・教訓を結論的に述べてから、その後にその根拠を示す事実や出来事などを示す頭括型がある。また先に事実や出来事を述べ、最後にそこから得られる主張や教訓を述べる尾括型もある。さらに、はじめとおわりで自らの主張や教訓を述べ、その間に事実や出来事を述べる双括型もある。これ以外にも、主張と事実をサンドイッチ的に繰り返すものもある。

事例列挙型随筆は、事例や具体的な事物が続けて示されるが、冒頭で「うつくしきもの。」などと一貫したテーマ（価値）が示されることがある。末尾さらには事例列挙の間に示されることもある。ここでは、まず事例・事物として何が選択されているかに着目する。その上で列挙の仕方の工夫に着目すると深層が見えてくる。

記録型随筆は、実際に起こった出来事を、まるで新聞記事のように述べている場合が多い。出来事の「事実提示」が核となるが、その提示の仕方にさまざまな仕掛けや工夫が隠れている。さらに、冒頭や末尾にそこから導き出される教訓やそれなりの見方などが示されることもある。それらに着目すると深層が見えてくる。

この後の第3節で取り上げる第三二段「九月二十日のころ」は、物語型随筆である。「ある人」が女のところに入っていくなどの事件が展開する。第4節で取り上げる「仁和寺にある法師」も物語型随筆である。この段では最後に「先達はあらまほしきことなり。」という教訓があるが、仁和寺の法師が起こした失敗譚としての事件が展開される。この節で取り上げる第一一段「神無月のころ」は一見具体的な事件が起こらないように見えるが、実は語り手の見方が変容していくという事件性をもっている。その意味で物語型随筆に分類できる。

それに対し、第九二段「ある人、弓射ることを習ふに」は論説型随筆である。はじめに弓の師匠が、弓の初心者は二本の矢を持って的に臨んではいけないと言う。二本あると一本目の矢をいい加減にする気持ち（なほざりの心）が生まれるからである。そして「この戒め、万事にわたるべし。」と大きく一般化し、さらに仏道修行の例を示す。二つの事例をとおして「なほざりの心」「懈怠の心」をもたないようにすべきと自らの見方を述べる。第一〇九段「高名の木登り」も、はじめに短い事例を紹介し高名の木登りの「過ちは、やすき所になりて、必ずつかまつる」という見方を示す。その後「あやしの下臈なれども、聖人の戒めにかなへり。」と語り手がそれを意味づけ、最後に蹴鞠でも同様のことがあると短く二つ目の事例を示して終わる。これも論説型随筆である。本章・第5節で取り上げる第一五〇段「能をつかんとする人」も論説型随筆である。

事例列挙型随筆は、『枕草子』の「うつくしきもの」「にくきもの」「かたはらいたきもの」などがその代表例である。記録型随筆は、第二章でも紹介したが『方丈記』などに多く含まれている。

2　第一一段の本文と構造

ここでは、第一一段を取り上げる。全文は以下のとおりである(注1)。

神無月のころ、栗栖野《くるすの》といふ所を過ぎて、ある山里に尋ね入ること侍《はべ》りしに、遙《はる》かなる苔《こけ》の細道を踏み分けて、心細く住《す》みなしたる庵《いほり》あり。木の葉に埋《うづ》もるる懸樋《かけひ》の雫《しづく》ならでは、つゆおとなふものなし。閼伽棚《あかだな》に菊、紅葉など折り散らしたる、さすがに住む人のあればなるべし。

かくてもあられけるよと、あはれに見るほどに、かなたの庭に、大きなる柑子《かうじ》の木の、枝もたわわになりたるが、周りをきびしく囲ひたりしこそ、少しことさめて、この木なからましかばとおぼえしか。

現代語訳　陰暦十月・神無月の頃、来栖野という所を過ぎて、ある山里に訪ね入ることがありましたが、遙か遠くの苔の細道を踏み分けて行くと、心細く住んでいる様子の庵がある。

木の葉に埋もれる懸樋の雫以外には、全く音もしないし訪れる人もいない。仏前の閼伽棚に紅葉などの折ちらしているのは、さすがに住む人があるからなのであろう。

こうやっても生きていくことができるのだと、しみじみ感じいって見ていると、向こうの庭に大きな柑子の木に実がなり、枝もたわわになっていて、なんとその周りを厳しく囲っている。それには少し興ざめしてしまい、この木がなかったならばよかったのになあと思われたのである。


語り手が山里の細道に入っていくと草庵があり、その懸樋を木の葉が覆っている。訪れる人もなく、静かである。閼伽棚には菊や紅葉などが置かれていて、いいなと思う。こういう所でも人は住めるものなのだなと共感していると、庭にたわわに実をつけた蜜柑の木があって、その周りを厳重に囲ってある。それに興が醒めてしまった。この木がなかったらよかったのにと残念に思ったという話である。

この段は、人物同士の関わりがあったり特別な出来事があったりするわけではない。しかし、語り手が山里の庵の様子を丁寧に見ていきながら、その見方を深めたり変化させたりしている。「語り手の見方」という事件が生まれていると見ることができる。その意味で物語型随筆である。

構造としては三部である。第一段落「神無月のころ、栗栖野といふ所を過ぎて、ある山里に尋ね入ること侍りしに、遙かなる苔の細道を踏み分けて、心細く住みなしたる庵あり。」が導入部の役割を担う。時と場の設定、そして庵の提示など事件の枠組みを説明的に述べている。「神無月のころ」という時の設定、「栗栖野といふ所を過ぎて、ある山里」という場の設定もある。また、「遙かなる苔の細道を踏み分けて、心細く住みなしたる庵あり」と庵の存在という事件の前提となる設定が示される。

　そして、第二段落で「木の葉に埋もるる懸樋の雫ならでは、つゆおとなふものなし。閼伽棚に菊、紅葉など折り散らしたる、さすがに住む人のあればなるべし」と、この庵の主人に語り手が強く共感する。具体的な出来事が起きるわけではないが、この庵と、その庵の主人への語り手の見方そのものが事件である。ここから、語り手の見方が展開し始める。展開部である。

　しかし、第三段落で「かくてもあられけるよと、あはれに見るほどに、かなたの庭に、大きなる柑子の木の、枝もたわわになりたるが、周りをきびしく囲ひたりし」と語り手の期待を大きく裏切るものを目にする。それにより語り手は「少しことさめて、この木なからましかばとおぼえしか」と落胆する。前半の共感から幻滅へと大きく見方が変化する。ここが山場である。終結部（エピローグ）はない。

　この段は、導入部―展開部（事件前半）―山場（事件後半）の三部構造と見ることができる。

導入部	時や場など事件の設定
展開部	庵の主人への強い共感（見方）
山　場	庵の主人への強い幻滅（語り手の見方の大きな変化）

❸ 語り手の庵の主人への共感

構造の読みを生かしながら少しくわしく読んでいく。

「神無月のころ」つまり陰暦の十月である。年によって違いはあるが、だいたい現在の十一月から十二月にかけての頃である。冬に向かい落ち葉が舞い、間もなく本格的な寒さがやってくる。この季節だからこそ、この後出てくる庵の鄙びた形象がより効果的に演出される。

これがもし夏や春だと勢いがある。そして、温かく過ごしやすい。「心細く住みなしたる庵」の形象性には明らかに相反する。神無月・現在の十一月、つまり冬に向かっていく季節であるために、心細さや侘しさが一層引き立つことになる。（芥川龍之介「羅生門」の季節設定とも似ている。）（生身の作者の）実際の経験に基づいているとしても、脚色があったとしても、そういう季節の効果がここでは生かされている。

「栗栖野といふ所を過ぎて」の「来栖野」は、当時の読者であれば知っていた可能性はある。現在も京都市山科区に来栖野という地名が残っている。仮にここだとすると京都の中心部から一〇キロほどの場所である。ただし、「といふ所」という言い方をしていることから、当時それほど広く知られた地名ではなかったとも考えられる。あるいは別の来栖野だったのかもしれない。そこを「過ぎて、ある山里に尋ね入る」「遙かなる苔の細道を踏み分けて」だから、来栖野からさらに奥まった場所に庵があったのである。また、「来栖野」という具体的な地名が示されることで、読者はこの話により現実味＝リアリティーを感じるという効果もある。

続いて「山里に尋ね入る」が来る。ここでの「山里」は山奥にわずかの人家がある場所という程度の意味であろう。そして「遙かなる苔の細道を踏み分けて」が続く。「遙か」というのだから、普通の遠さを越えたかなりの程度奥まったという場所である。少しミステリアスな印象さえある。

「苔の細道」の「苔」は、頻繁に人が行き来していないために広く生えている。「細道」だから普通の道などより特に細い。そこを「踏み分けて」いく。「分けて」は、草木などが生えていてそれをかき分け一歩一歩踏み固めながら進むというイメージであろうか。いずれ「踏み分けて」には閉ざされたところを分け入っていくという形象性が含まれる。

その延長線上に「心細く住みなしたる庵あり。」が来る。「心細く」の主語は庵の主人であろう。が、同時に(語り手を含み)見ている者に心細さを感じさせるような庵ということである。頑丈な造りではなく、大風が吹けば飛んでしまいそうな建物なのであろう。「庵」自体に粗末な建物という意味があるが、こういう奥まった場所に立つ建物が立派であるはずはない。「心細」さを感じさせるのは、その建物の状況からでもあろう。

ここまでで既に二重三重に俗世間から離れた隠遁者性が強調されている。

それに加えて「木の葉に埋もるる懸樋の雫ならでは、つゆおとなふものなし。」が続く。秋だから落ち葉が懸樋に積もっている。しかし、使用人もいないし、主人もあえてそれを掃除しようとしない。そこから雫が落ちる音がする。そう大きな音ではない。それ以外は一切音がしない。閑かな世界が見える。ここでの「つゆおとなふものなし」は音がしないという意味と、もう一つ掛詞として「訪《おとな》ふものなし」という意味も読める。誰も訪ねてくる人などいないということである。

そして「閼伽棚に菊、紅葉など折り散らしたる、さすがに住む人のあればなるべし。」となる。「閼伽棚」つまり仏前の棚に菊や紅葉が供えてある。庵の主人が供えたのであろう。主人のそれなりの信仰心が見える。ただし「折り散らしたる」だから、きちんと生けてあるのではなく無造作に散らすように置いてあるだけである。その無造作な感じがかえって、隠遁者性を高めている。

ここまで、「神無月のころ」から「さすがに住む人のあればなるべし。」までの三文で、「山里」「遙かなる」

「苔」「細道」「踏み分けて」「心細く住みなしたる」「庵」「木の葉に埋もるる懸樋の雫」「つゆおとなふのものなし」「折り散らしたる」、それに「神無月のころ」という季節が加わり、だいたい十以上の形象の重層的な積み重ねでこの庵の主人の隠遁者性を見事に演出している。丁寧に周到に俗世間の価値観を超越した隠遁者像を創り上げている。

だから「かくてもあられけるよと、あはれに見る」という語り手の見方・共感に読者は十分納得するという仕掛けである。語り手が感じているのは理想的な隠遁者像とも言えるが、それにいつの間にか読者はシンクロしている。共体験と言える。

4 語り手の庵の主人への失望

その強い共感の直後に大きな逆転がある。

かくてもあられけるよと、あはれに見るほどに、かなたの庭に、大きなる柑子《かうじ》の木の、枝もたわわになりたるが、周りをきびしく囲ひたりしこそ、少しことさめて、この木なからましかばとおぼえしか。

そんな俗世間の価値観を超越した理想的な隠遁者像を、大きく裏切るものが目に入ってくる。「かなたの庭に、大きなる柑子の木の、枝もたわわになりたるが、周りをきびしく囲ひたりし」である。そんな理想的な隠遁者の典型的な生活であるはずなのに、鑑賞用ではなく実を食べるために植えていると思われる蜜柑の木がある。これ自体がまずは興ざめである。それも、貧しい実が申し訳程度に少しなっているというものではない。「枝もたわわに」なるほど大きな実をしっかりつけている。明らかにここの主人はそれを取って食べようとしている。それによって、興ざめはさらに深まる。その上に周囲を「きびしく囲」っている。これは、人間または動物に実を取られないようにするためである。物欲を思わせる状態が重なっている。それで語り手はさらに一層興ざめを強めていく(注2)。

「少しことさめて」の「少し」は「わずかに」そう思ったとも読めなくはないが、ここでは婉曲表現と見た方がよい。現代でも大きく落胆しているときに「ちょっと期待外れ」という婉曲な言い方をすることはある。実際にはかなりがっくりと失望したのである。(本当に「少し」「わずか」であるなら、わざわざここで取り立てて語る必要などないはずである。)

「囲ひたりしこそ」と「こそ」がある。「この木なからましかばとおぼえしか。」ともある。この草庵の主人の隠遁者的な生活の仕方・生き方に強く共感していたからこそその失望は大きい。「こそ」「なからましかば」というレトリックからは、失望だけでなく語り手の批判的な見方が読めてくる。世俗から離れ、物欲から解放された隠遁者的な生き方を、語り手はそれほど大切にしようとしていたとも読める。

前半の仕掛けとそれを大きく裏切る逆転と、見事な仕掛けである。

物欲を超越した隠遁者的な生き方の希求という語り手の価値観が見えてくる。人間は、便利な暮らし、物質的に豊かな暮らし、楽な暮らしを望む。それも一人ではなく、たくさんの人たちと交わりながら生きたいと思う。しかし、そういう生き方を超越したいという価値観である。

5　語りの観点をずらして再読する・その1――庵の主人の隠遁者性の検討

右の読みは本文に基づくまず妥当な読みと考える。しかし、これだけだと読みとしては半分である。

この段は一貫して語り手の観点から語られた話であるが、それだけでなく別の人物からの観点、別の立場からの観点、あるいは草庵の主人の観点からこの段を読み直すこともできる。そこから何が見えてくるか。

前半から読んでみる。まず「遙かなる苔の細道を踏み分けて」である。「遙か」とはどれくらいの距離なのだろうか。「遙か」は、普通の程度を超えたような著しい距離、俗世間と大きく隔絶した距離ということである。（たとえば「鳥海山を遙かに見る。」などという文脈で使われる「遙か」である。）そう簡単には行き着けないかなりの距離かなりの奥深さと見える。

「山里」という以上、京都の町からある程度離れていることは確かであろう。既に述べたように仮に現在の京都市山科区の来栖野とすると京都市中心部から一〇キロほどの場所である。そこを「過ぎて、ある山里に尋ね入る」「遙かなる苔の細道を踏み分けて」とあるから、来栖野からさらに奥まった場所に庵があったことは間違いない。（別の来栖野であったかもしれないが。）とは言っても、本当にどれくらいの距離があったかは不明である。特に何を基準に来栖野からさらに「遙かなる」とまで言えるのかは具体的にはわからない。あるいは物理的にはそれほどの距離ではなかったかもしれない。「遙か」つまり普通の程度を超えるような距離・隔たりの甚だしさは、語り手がそう感じた、語り手にはそう思えたということだけである可能性がある。

「苔の細道」も、苔がかなりびっしりと生えていることを感じさせる表現だが、実際にはどの程度の苔が生えていたかはわからない。通常よりも著しく苔が多かったのかもしれない。ただし、普通より苔が少し多かっただけという程度なのかもしれない。細道も何を基準に特に細いと言ったのかもはっきりしない。また、「踏み分けて」と、草木の茂っている道、閉ざされているような道を踏み分けながらと言っているが、本当に踏み分けないと行き着けないような場所であったのかどうかもわからない。語り手が苔がたくさん生えている道と感じ、普通より特に細い道であると感じ、閉ざされているような道であると感じただけ、思っただけという可能性もある。実際の物理的な状況というより、語り手の主観的な意味づけによる「事実」提示である可能性がある。

「心細く住みなしたる庵」は、物寂しい頼りないということだから、この草庵の主人がそう感じながら住んでいるという意味になる。しかし、もちろん草庵の主人自身がそう感じているかどうかの証拠はない。心細い、寂しいなどとは全く感じないで、悠々自適に安らかに暮らしているかもしれない。これも語り手がそう感じた、あるいはそう感じたかったというだけである。

「木の葉に埋もるる懸樋の雫ならでは、つゆおとなふものなし。」の「木の葉に埋もるる懸樋」は、山深いので多くの木の葉が積もるとも読める。使用人などがいてきちんと手入れをしているような状態でないとも読める。いずれにしても山里深く一人で寂しく住んでいることを演出する効果がある。それを「雫」を挟み「つゆおとなふものなし。」につなげる。誰一人として訪ねてこない。それほど静かで寂しいという情景である。しかし、それをこの草庵の主人が本当に寂しいと感じているか、特に静かであると思っているかどうかの証拠は何もない。そもそも本当に誰一人訪ねてこないかどうかはわからない。これもまた語り手がそう感じている、あるいはそう感じたいと思っているだけである。

「閼伽棚に菊、紅葉など折り散らしたる」は、仏への献花である。主人の厚い信仰心を語り手が感じていることが窺える。それもきちんと揃えて献花しているのではなく「折り散らしたる」つまり無造作に置いてあるのもかえって情緒があると見ているようである。仏前への献花はよいとしても、しかし主人がそこまで考えて「折り散らした」のかどうかなどわからない。面倒だし適当な器もないので、深い考えもないままになんとなくそのまま置いただけという可能性もある。それを、「さすがに住む人のあればなるべし。」とここまでかなり高い肯定的評価をしつつ提示している。

一貫して語り手が草庵の主人を典型的な隠遁者に仕立て上げようという強いバイアスがかかっていることがわかる。確かに京都の中心からある程度は離れている。それほど人が頻繁に行き交うようなところではなく静かである。そこまではよい。しかし、主人にしてみれば、そこにただ普通にのんびりと暮らしているだけであるかもしれない。語り手は、その草庵の主人を強く自分の想像（さらに言えば妄想）によって隠遁者の典型に仕立て上げているのである。

6 語りの観点をずらして再読する・その2―語り手の失望についての検討

後半である。「かくてもあられけるよ」からは、こんな風にして住むこともできるのだなあと感心し共感している語り手が見える。語り手が共感するのは語り手の勝手である。しかし、この指示語の「かくて」は、ほとんどが前半で語り手が仕立て上げた想像上の隠遁者の典型としての「かくて」である。だから、当然次の「あはれ」も、語り手が自分で創り出した典型的隠遁者像に、自分で（いわば勝手に）共感しているというだけのものである。

にもかかわらず、「少しことさめて、この木なからましかばとおぼえしか。」となる。自分が創り上げた典型的隠遁者像にはあまりにもふさわしくない「柑子の木」が登場する。それも「枝もたわわ」である。その木の柑子を食べる草庵の主人を想像してしまう。その上「周りをきびしく囲ひたりし」とくると二重三重に興ざめ、期待外れということになる。興ざめ、期待外れの前の「興」「期待」は、語り手が勝手に創りだした隠遁者像に自分で勝手に共感したために生まれたものである。自作自演の語り手の姿が見えてくる。自己完結の妄想の世界とも言える。

草庵の主人に言わせれば、「余計なお世話」以上の何ものでもない。草庵に住みながら、なぜ蜜柑を食べることを禁じられなければならないのか。また、ここではおそらく人間より動物対策の囲いと思われる。自分が蜜柑を食べるために、動物避けの囲いを作ってなぜ非難されなければならないのか。仮に勝手に実を取る人間に対しての囲いであっても、非難される理由はない。（仮に非難が言い過ぎであるとしても）少なくとも語り手から興ざめであると断じられるいわれはない（注3）。

語り手自身は蜜柑を食べないのだろうか。おそらく普通に食べているはずである。にもかかわらず、自分が（勝手に）共感した草庵の主人にはそれを禁じていることになる。仮にそこまで思っていないとしても、買って食べたりもらって食べたりするのは許せても、自分の庭で蜜柑を育てることはこの主人には禁止しているようである。あるいは禁止しないまでも、それを期待外れだ、そんなことをしてほしくないと強く思っている。

自分で勝手に自分が理想とする隠遁者像を、草庵の主人に投影し意味づける。そして、強い共感と過剰な期待をもつ。しかし、自分が作りだした投影、意味、期待とずれているために「少しことさめて、この木なからましかば」と落胆、非難または批判する。そういう自作自演の想像または妄想による自己完結・自己満足の章段とも読めてくる。

7 さまざまな読みの可能性を追求した上での選択こそが必要

もちろんだからといって、世俗から離れ、物欲から解放された隠遁者的な生き方を大切にしようという語り手（虚構としての作者）の見方・考え方を重視する読みを全否定しようとするものではない。しかし、それに留まらないもう一つの読みの可能性にも気づく必要がある。その可能性を読まないままに、ただ物欲からの解放、それへの落胆とだけ解釈していたのでは、豊かで創造的な読みとは言えない。

その可能性をも読んだ上で、「自分は隠遁者的な生き方への共感という読みに納得する」「いや、自分は語り手の自作自演という読みを支持する」などと一人一人が選びとっていくことが重要である。さまざまな観点からの読みを追究した上で、そこから自分が選択していくことが、自立した読者・主体的な読者の在り方である。

＊

ここで生かした読みの方法（言語の力）は、まず「三部構造の関係性とその効果への着目」である。また「形象の重層性への着目」がある。「語り手をずらしてみる・替えてみる」さらに「一見『事実』と思える記述にも、語り手のものの見方・考え方がそこに含まれることへの着目」「語り手の表現・語彙への着目」もある。物語・小説で使われる読みの方法と論説文などで使われる読みの方法とが交叉している。

〈注〉

(1) 高等学校国語教科書『新編古典B』二〇二〇年、東京書籍による。段落は阿部が再構成した。

(2) 三木紀人は、これについて「幻滅の理由については、その囲いに示された主の物欲の情によるとするのと、草庵の美的調和を囲いが損なうからだとする説などがある。しかし、そのいずれかのみを採らねばならないものでもあるまい。」と述べる。（三木紀人『鑑賞日本の古典10・方丈記・徒然草』一九八〇年、尚学図書、一二八頁）確かに物欲と美的調和を損壊、ともに読めなくはない。しかし、ここでは「大きなる柑子の木」「枝もたわわ」「きびしく囲ひたりし」と三つの要素が相まって「ことさめて」いるのであるから、ただの美的調和への幻滅と読むだけでは不十分過ぎる。一義的には庵の主人の意外な物欲をそこに見たと読むのが自然である。

(3) 先行研究でも阿部のような「非難される理由はない」という方向の読みは見当たらない。『徒然草』という古典を新しい角度から読むことが、これまでいかにできていないかがわかる。しかし、そういう中で武者小路實篤は「この作者の風流心が、現實の人間の利慾心にぶつかつてがつかりしたのは、さこそで、よく氣持はわかるが、他に収入もあまりない人間が、柑子の木の實を人にとられるのを恐れるのは無理からぬことだ。」と述べている。（武者小路實篤『徒然草私感』一九五四年、新潮社、二三頁）

第3節　第三二段「九月二十日のころ」を読む

❶ 第三二段の本文と構造

これは、物語型随筆の段である。

ある人に誘われて夜通し月見をした。そのときに、その人がふと思い出してある家に立ち寄る。女のところである。外で待っていた語り手（本節では以下「私」）は、その女の庭の様子に共感する。少ししてその人が家から出てきた後に、その女は戸を押し開けて月を見ている。その振る舞いにも「私」は共感する。そのまま戸締まりをするだけだったらどんなにがっかりすることだろうとも考える。そういう女であったが、間もなく亡くなる。

本文は次のとおりである（注1）。

九月二十日のころ、ある人に誘はれ奉りて、明くるまで月見歩《みあり》くこと侍《はべ》りしに、思《おぼ》し出《い》づる所ありて、案《あ》内《ない》せさせて入り給《たま》ひぬ。荒れたる庭の露しげきに、わざとならぬにほひ、しめやかにうちかをりて、忍びたる気配《けはひ》、いとものあはれなり。

よきほどにて出で給ひぬれど、なほことざまの優に覚えて、もののかくれよりしばし見ゐたるに、妻戸をいま少し押し開けて、月見る気色なり。やがてかけこもらましかば、口惜しからまし。あとまで見る人ありとは、いかでか知らん。かやうのことは、ただ朝夕の心づかひによるべし。

その人、ほどなく失《う》せにけりと聞き侍りし。

現代語訳　九月二十日の頃、ある人に誘っていただき、夜が明けるまで月見をして歩くことがありましたが、その人が思い出される所があって、取り次ぎを請うてそこに入っていかれた。荒れている庭に露がたくさん降りていたが、わざととは感じさせない香の匂いがしっとりと薫って、世を避けて暮らしている様子が、とても心にしみた。

ほどよい時間にその人は出てこられたが、なおその家の様子が雅に思われて物陰から少し見ていたところ、女は妻戸をもう少し押し開けて月を見ているようである。もしすぐに鍵を閉めて引っ込んだなら、残念であったことであろう。送り出した後まで誰か見ている人があるとは、どうして気づくことができようか。こういった振る舞いは、ただ普段の心がけによるものに違いない。

その人は、間もなく亡くなってしまったと聞きました。

展開部—山場—終結部の三部構造と見ることができる。

「九月二十日のころ、ある人に誘はれ奉りて、明くるまで月見歩くこと侍りしに」は、その事件に至るまでの経緯つまり事件設定が書かれている。「九月二十日」という時の設定、「ある人」という人物の設定も含まれる。そして、この冒頭の一文後半の「思し出づる所ありて、案内せさせて入り給ひぬ。」で事件は動き出す。導入部的要素を含んではいるが、ここで明らかに事態が動き始めているのだから、この冒頭の一文が事件の発端である。そして、「私」は女の家の庭に「荒れたる庭の露しげきに、わざとならぬにほひ、しめやかにうちかをりて、忍びたる気配、いとものあはれなり。」と強く共感する。ここまでが展開部である。

そして、「よきほどにて出で給ひぬれど」から山場が始まる。ここで女の少し意外な行動とそれへの共感が生まれる。そして、最後の「その人、ほどなく失せにけりと聞き侍りし。」が後日譚だから終結部となる。

②「明くるまで月見歩くこと」を読む

陰暦九月二十日は、現在の十月から十一月初旬にかけてである。秋のお月見は、この時代もよく行われていたようである。その後も現在でも大事にされている。ただし、少しの間、月を見る・愛でるというのではなく、「明くるまで月見歩く」である。夜明けまで一晩中月を見ながら歩くというのである。夜明け頃の月（有明の月）が特によいからということもあるかもしれないが、本格的なお月見である。二人で話をしたりしながらゆったりと月を楽しむ。また、この後の展開のように、その途中で知っている人を訪ねるなどということもあったのかもしれない。

いずれにしても、夜通し月を見ていられる身分の者たちということである。翌日に仕事があれば、こんなことはできない。貴族かそれに準ずる裕福な身分の者でないとできない世界である。その上で、夜通し月見を楽しむだけの精神的な余裕や価値観をもっている者たちの世界でもある。

二人はその意味で身分や立場も近いが、価値観もそれなりに共有している可能性がある。そうでなければ一晩中二人で月見などしないはずである。そういう価値観がまず冒頭で示され、それが前提となってこの後の出来事が始まる。その意味で一晩中見ていたいほど月を愛でたいという感覚と、この後の女の家の庭の様子や人知れず月を見上げる姿への共感とは、自然につながっていくとも読める。

③女の生き方・人物への強い共感

その女の庭はきちんと手入れされ整っているわけではない。「荒れたる庭」と言うのだから、草はかなり伸びている。木も刈り込まれていない。雑草も生えている。それでも、と言うより、それだからこそかえってよいと意外な見方を示す。

ただし、「荒れたる庭」とは言っても、本当に荒廃した庭ではない。草がひどく生い茂り、見苦しいまでに荒れていたら、いくらなんでも語り手は「いとものあはれなり。」とは評価しないはずである。きちんと手入れされているわけではない。雑草も少しくらいは生えている。木々もきちんと刈り込まれてはいない。かといって荒れ地のようになっているわけでもない。その庭の草に夜露がたくさん付いている。そして、それほど強くはないが、ごく自然な程度に焚いた香の匂いがする。それらがかえってひっそりと目立たないように暮らしていることがわかり、なんとも共感できるということである。

普通は雑草が生えていたり木々が刈り込まれていないより、きちんと整った方がよいと思う。香もそれなりに匂った方がよいという見方もあるだろう。しかし、語り手は、きちんとしすぎているよりも、少し荒れた感じくらいの方がわざとらしくなくてよいと評価する。また、香も匂うか匂わないかくらいの方がよいと評価する。この女は、自分が懇意にしている「ある人」の恋人である。そのことでバイアスがかかり、「私」の見方をより肯定的なものにしているとも考えられる。

いずれにしても、きちんと手入れされてはいない。だからと言って荒廃というような乱れ方ではない。香もわずかに匂うほどの控えめなものである。そういうバランスに「私」は共感する。庭は手入れされていた方がよい。香はそれなりに匂った方がよい。――という一般的な常識を覆す新しい見方の提案である。

そして、男が帰ったからといってすぐに引っ込むのではなく、綺麗に出ている月を愛でようとする。その感覚にも共感する。おそらく「ある人」は、自分が今月見をしている途中であることをその女に告げているであろう。とすると、自分もその人と同じように月を愛でたいと思ったという意味ももつ。それも含めた「私」のその女への共感と読める。

「やがてかけこもらましかば、口惜しからまし。」と、そのまま出てこなかったらあまりにも残念であると述べる。この女性への共感をこの一文で強めている。そして「あとまで見る人ありとは、いかでか知らん。」つまり誰にも見られていないのに、そういう行為に及んだことを評価する。見られていることを意識してそれなりに雅なことをする人はどこにでもいる。この人は、見られていないのにそういう風雅な行為をする。そして「かやうのことは、ただ朝夕の心づかひによるべし。」と、普段からの心構えの大切さを述べる。そこまでこの女性を高く評価している。そういう普段の心構えが、こういうところに出るという教訓でもある。

そして、そういう生き方・感受性をもったすばらしい女性であったのに、そう時間が経たないうちに亡くなってしまう。年齢は定かではないが、おそらくまだ若い可能性が高い。「私」の気持ちは直接書かれていないが、「たいへん残念なことである」「気の毒に」という見方が文脈から読みとれる。「佳人薄命」「美人薄命」というおそらくは当時からあったであろう文化文脈を踏まえ、それと響き合わせようとしているとも読める。

4 それにしても謎が多い──見えてくる二つの謎

右のように読んでいくことは大切である。しかし、ここでもそれだけでいいのかという疑念が一方ではある。丁寧に読んでいくと、ここには大きく二つの謎がある。

第一の謎は、「ある人」は、なぜ連れの「私」がいるのに、「私」を待たせてまで女のところにわざわざ入っていったのかということである。「思し出づる所ありて」であるとしても、なぜわざわざ今日のこの日に女のところを訪ねるのか。一人で月見をしているのならそういうこともあるだろう。しかし、「私」という連れがいるのに、それを門前の路上に待たせてまでどうして女のところに立ち寄ったのか。一方、「私」も「私」である。なぜそこでただ待っていたのか。「そういうことなら私は先に行きます」とか「それでは今日はこれでお別れしましょう」などの選択肢はあったはずである。

そもそも「よきほどに」というのは、どれくらいの時間なのだろうか。現代で言う「ほどよい時間」ということだが、具体的にはどれくらいの時間なのか。「ある人」が女の家にわざわざ訪ねる以上、お茶を飲んで帰るというはずはないであろう。男が恋人である女のところに夜訪ねているのだから、二人がすべきことは決まっている。とすると、十分~二十分という短い時間である可能性は低いだろう。少なくとも三十分以上、数十分以上、あるいは一時間以上かもしれないし場合によってはそれ以上かもしれない。

家の外でただ待つ時間としては、少々長すぎる時間である。それを「私」は何の迷いも躊躇もなく、「よきほど」として平気で待っている。待たせる方も待たせる方だが、待つ方も待つ方である。これをどう読み解いたらよいのか。

仮に「ある人」がこの女と世間話だけをしてすぐに出てきたと仮定したとしても、門前の路上に連れである「私」を残したまま女のところに入っていくという行動はやはり不可解である。世間話だけであったとしても、供の者に案内をさせて女のところに入る。挨拶をして世間話をして、また別れを言って出てくる。五分、十分ということはない。少なくとも三十分以上はかかる。仮に三十分であっても、「私」を路上に放置して女のところに行く。やはり不自然さは消えない。

第二の謎は、「ある人」が女の家から出てきた後のことである。「私」は「なほことざまの優に覚えて、ものかくれよりしばし見ゐたる」とある。少しの時間、その女の様子を覗いて見ていたのである。しかし、このとき、「ある人」つまりこの男はどこにいたのだろうか。仮にその男がそこにいたとすると、その男の前で平気で「私」はその女を覗いていたことになる。これもおかしな話である。

覗き見は、普通は一人でこっそりとするものである。供の者がいたとしても、それは自分の使用人だから問題はないだろう。ここでは「誘はれ奉りて」と敬語まで使う知り合いがそこにいた可能性がある。そういう文脈で「かやうのことは、ただ朝夕の心づかひによるべし。」と女に共感している「私」だが、この覗き見には不可解なところがある。

5 二つの謎をどう読み解くか

まず第一の謎、なぜ連れの「私」がいるのに、「ある人」はそれを待たせてまで女のところにわざわざ入っていったのかについてである。

一つの可能性として、当時、連れだって月見などをしている際にも、連れを待たせても女のところに通うようなことを許容するような習慣・慣例があったということである。同じ身分や立場の者同士ということでは難しいかもしれないが、一方が著しく身分が高いとか二人が特別の関係であるとかといった事情がある場合に限ってそういうことがあったということである。確かに「私」は、「誘はれ奉りて」と敬語を使っている。だから、その程度の勝手な振る舞いは許されたという可能性である。

ただし、ほんのわずかな時間であれば別だが、短くても三十分、長ければ一時間以上、見ず知らずの家の門前の路上で待つということは、仮に特別な相手であったとしても不自然である。（仮にそういう習慣があったとしても、少なくとも私（阿部）なら待たない。）

もう一つの可能性は、このときの月見も終盤にさしかかり、「私」との別れ際に「ある人」が女の家に入ったということである。そこで「私」と「ある人」とは別れた。しかし、「私」は興味があって（勝手に）待っていたということである。ただし、待っていたことは「ある人」には知らせていないだろうから、その人が女の家から出てきたときにはどこかに隠れていたのかもしれない。そう考えると、第二の謎も解けることになる。「ある人」は、「私」がいることに気づいていない。その人が去った後に、「私」は女を覗き見していたことになる。

ただし、これもそこまでして他人の情事を外で待つものかという疑問が湧く。今回は、たまたまその女が妻戸を開けて月を愛でていたから待った甲斐はあったとしても、普通は待っていても何事かが起こるわけではない。これも少々不可解である。やはり「ある人に誘はれ奉りて、明くるまで月見歩くこと侍りしに、思し出づる所ありて、案内せさせて入り給ひぬ。」からも、また「よきほどにて出で給ひぬれ」からも、「私」と別れて女のところに入っていったとは解釈しにくい。月見の途中で「私」を待たせて女のところに入っていったと読む方が自然である。

次は、第二の謎、「私」が覗き見をしていたとき「ある人」はどこにいたのかについてである。

一つ目は、今述べたとおり、「ある人」と別れた後に「ある人」に知られないように「私」が覗いていたという可能性である。二つ目は、「ある人」は、「私」が女の様子を覗き見することを許したという可能性である。一緒に一晩中月見をするような仲であるから「私」の人柄は熟知している。だから、それくらいのことは許したということである。そして、三つ目は、「ある人」が家を出て門に至るまでのわずかな時間に覗いたという可能性である。その女の家がどの程度の広さかはわからないが、家の戸口を「ある人」が出てから、「私」が待つ外の門に到着するまでにわずかな時間があった。その間に「私」が女を覗いていたということである。江戸時代に書かれた絵画『徒然草画帖』の第三二段では「ある人」が門に到達する直前の姿があり、その横で女を覗いている「私」が描かれている（注2）。この可能性に近い解釈と推察できる。

いずれと読むのが適切かは読者によって違ってよいが、いずれも不可解さは残る。一つ目の解釈は、既に述べたとおり、わざわざそこまでして他人の情事を外でただ待つのかなど複数の疑問が残る。二つ目しても、その男が覗き見ることを許したというのも不自然ではある。そして、三つ目の解釈も、家の戸口を出てから外の門に「ある人」が到着するまでのわずかの間に女が妻戸を押し開け月を見ることができたかどうか。またそこまでの広さの家であったのかも含め疑問が残る。狭い家であれば、「ある人」から「私」が覗いている姿を見られてしまう可能性がある。

第一の謎も第二の謎も、まだ解けない。

そもそもこれまでの先行研究で、こういった謎をほとんど取り上げてこなかったことにまずは驚く。古典への過剰な「信頼」、あるいは古典の「神聖化」がその背景にある可能性がある(注3)。

6　二つの謎について推理を組み立ててみる

二つの謎をこの段の成立事情（創作過程）という観点から検討してみる。この段の出来事が全くの創作であるとしたら話は別だが、これに近い経験を「私」（語り手）（または生身の作者）がしているという前提で、この段の成立事情を推理してみたい。

まずこの段は「ある人」と「私」が二人で月見に出かけた設定にしているが、実は「私」一人で月見に出ていたという可能性である。つまり、この「ある人」は「私」自身であって、それをまるで別の人であるかのように描いた可能性である(注4)。自分の経験を「友達が」「知人が」「ある人が」というかたちで話すということは日常でもある。ましてや脚色や一定の虚構を含む随筆の世界ではそれは十分にありうる。そう考えれば、連れの「私」を長い時間待たせるという不自然さの謎も解けるし、女を「私」が覗いた謎も解けてくる。

それならば、自分を主人公にそのまま書けばよかったとも言えるが、そうなると自分の体験を暴露することになる。今仮にも出家をしているという身分の自分が、そういうことをしたと暴露したくなかったという可能性である。自分を「ある人」として、自分以外の人物が女のところに行き、退出した後に女の様子を垣間見したという作り方もあったかもしれないが、そうなると（「私」はそこにいないという前提なのだから）すべて伝聞というかたちを取らざるをえなくなりリアリティーが弱くなる。また、描写の切れ味が悪くなる。

二つ目は、「ある人」に「私」がこの話を聞いて創作した可能性である。その人が夜、女のところに通った。庭は手入れされず荒れていたが、それがかえってよいと思った。また、自分が帰った後の女の様子を覗いたが、そのとき女が月を愛でている姿を見て心を動かされた。――などの話を直接本人から聞いたということである。それを、そのまま伝聞のかたちで書くと説得力が弱くなるので、「私（自分）」がその人と一緒に月見をして見た・感じたというかたちにしたということである。

三つ目の可能性は、「私」と「ある人」は確かに存在したが、二人は知り合いであったり連れであったりしたのではなく、偶然通りがかりに出会ったということである。より正確に言えば「ある人」は「私」のことを知らない。「私」が「ある人」が女の家に入っていくのを、月見の途中で偶然に目撃した。それに興味をもった「私」は、その女の庭を覗いて見る。なかなか情緒がある。それならばと興味をもった「私」は男が出てくるのを待ってみる。するとやがて男が出て来る。「私」はその男に気づかれないようにして男が去った後に女の家を覗き見する。すると、女が月を愛でている。それにまた共感したということである。

ただし、この三つ目とすると、既に述べたとおり「私」が外で一定時間ただじっと待っていたということになる。見ず知らずの人物が出てくるのを外でかなりの時間待っていたことになる。その点無理があるかもしれない。

これらのうちのいずれの可能性が高いと見るかは、読者が選択することである。ただより面白いのは一番目の可能性であろうか。いずれにしても、この段には破綻と言える要素が含まれている。ただし、破綻していてもこの段はなおかつ面白い。

この段をめぐって、右のような推理を本文に基づいて展開していく古典の授業は、おそらくは子どもたちにとって刺激的なものとなるはずである。男女の交わりが含まれるので、そのあたりの配慮は十分必要だが、そういう推理は古典を読む醍醐味の一つである。

7 「やがてかけこもらましかば、口惜しからまし」と本当に思うものなのか

段の終わりころに「やがてかけこもらましかば、口惜しからまし。」とある。確かにそのまま引っ込んでいないで月を愛でようとする姿勢に共感したこととの関係で、こういう感想をもつことはありうる。

しかし、既に前半で「いとものあはれなり。」と共感している女性である。ここで、もし姿を現さなかったとしても、「私」が本当に「口惜しからまし。」と思ったかどうかかなり疑わしい。ちょっと興味があって覗いていたら、たまたまその女性が月を愛でている姿が見えた。そこでさらに共感を強めたのである。仮にそのとき妻戸を開けなくても「口惜しからまし。」と本当に思ったかどうかは疑わしい。

通常は、真夜中に男が帰った後に、女性が妻戸をわざわざ開けて月を愛でることをするとは思いにくい。九月つまり現在の十月から十一月と言えば、京都でもそれなりに真夜中は寒いはずである。そこまでしない場合の方が多いはずである。そう考えると、わざわざ妻戸を開けて月を愛でている姿がとてもよかったとまでは思っても、「やがてかけこもらましかば、口惜しからまし。」そのまま妻戸を開けなければ残念だとまで言うのは、やや言い過ぎであるとも言える。その女性の振る舞いのすばらしさを強調するためのレトリックであろうが、少なくとも額面どおりに受けとることはできない。

＊

ここで生かした読みの方法（言語の力）としては、まず「三部構造の関係性と効果への着目」がある。また、「人物像・語り手像の推理」もある。そして「事件展開の在り方の吟味・批評」がある。ここでは特に「事件（出来事）の中につじつまの合わない部分・不整合な部分はないか」という方法を使っている。矛盾、不整合、疑問、謎などへの着目である。

〈注〉

(1)　高等学校国語教科書『高等学校国語総合古典編改訂版』二〇二〇年、三省堂による。段落は阿部が再構成した。

(2)　住吉具慶『徒然草画帖』一六七八年、東京国立博物館蔵

(3)　「5」で「そもそもこれまでの先行研究で、こういった謎をほとんど取り上げてこなかった」と述べたが、そういう中で横井博は、この段は「仮構的に設定された世界だと言ってもよい」と指摘した上で「本段では、『ある人』が『入り給』うた後、兼好はどこにいたのか。『物のかくれよりしばし見ゐたるに』というが、そんなことが（ある人との関係からみて）可能であったたか。そうした素朴な疑問がおきるのを禁じ得ない。」と述べている。ただし、それ以上の追究はしていない。（横井博「徒然草の鑑賞（序段）」有精堂編集部『徒然草講座　第二巻　徒然草とその鑑賞Ⅰ』一九七四年、有精堂、一〇九〜一一〇頁）

(4)　塚本哲三は、この段について「兼好が貴人のお伴をして實見した所といふのであるが」「自分自身がした事——月の夜に訪問して、歸りがけに一寸木蔭か何かへ立止つて様子を見てゐると、主人の方でも、それとは知らずに、しばらく月を眺めてゐた、して其の主人は間もなく死んで了つた、といふのを、凡て第三者に託して書いたもののやうに考へられる。この主人は勿論女である。」と述べている。（塚本哲三『徒然草解釋』一九二五年、有明堂書店、一二〇頁）

第4節　第五二段「仁和寺にある法師」を読む

❶ 第五二段の本文と構造

第五二段全文は以下のとおりである（注1）。

仁和寺にある法師、年寄るまで石清水《いはしみづ》を拝まざりければ、心うく覚えて、あるとき思ひたちて、ただ一人、徒歩《かち》より詣《まう》でけり。極楽寺《ごくらくじ》・高良《かうら》などを拝みて、かばかりと心得て帰りにけり。

さて、かたへの人にあひて、「年ごろ思ひつること、果たしはべりぬ。聞きしにも過ぎて、尊《たふと》くこそおはしけれ。そも、参りたる人ごとに山へ登りしは、何事かありけん、ゆかしかりしかど、神へ参るこそ本意《ほい》なれと思ひて、山までは見ず。」とぞ言ひける。

少しのことにも、先達《せんだち》はあらまほしきことなり。

現代語訳　仁和寺にいる法師が、年を取るまで石清水を参拝したことがなかったので、それをつらいことと思って、あるとき思い立って、ただ一人で徒歩で詣でたのである。

極楽寺・高良神社などに参拝して、これだけだと思って帰ったのであった。

さて、その後、そばにいた同僚にむかって、「長年思っていたことを、果たしました。聞いていた以上にとても尊くていらっしゃった。それにしても、お参りをする人みんなが山に登って行ったので、そこに何事があったのか、知りたいとは思ったが、神に参拝することが本当の目的だと思って、山の上までは見なかった。」と言ったのである。

少しのことにも、案内人はあってほしいものである。

せっかく石清水八幡宮にお参りに行ったのに、石清水八幡宮そのものには行かずに付属する極楽寺や高良神社などを石清水と勘違いして、それで帰ってきてしまったという失敗譚である。滑稽とも読めるし、生真面目そうな法師が可哀想だとも読める。いずれにしても語り手（虚構としての作者）は、「少しのことにも、先達はあらまほしきことなり。」と最後に教訓化している。

この段は物語型随筆であり、構造としては展開部―山場―終結部の三部である。

冒頭の「仁和寺にある法師、年寄るまで石清水を拝まざりければ、心うく覚えて、あるとき思ひたちて、ただ一人、徒歩より詣でけり。」から出来事が始まっている。「仁和寺にある法師、年寄るまで石清水を拝まざりければ」は、それまでの経緯であるから前話（導入部）的な要素をもつ。ただし、後半の「心うく覚えて、あるとき思ひたちて、ただ一人、徒歩より詣でけり。」で事態は動き出している。前半は導入的要素を含んではいるが、冒頭がそのまま事件の発端である。展開部からすぐに物語が始まる。続く「極楽寺・高良などを拝みて、かばかりと心得て帰りにけり。」も展開部である。

次の「さて、かたへの人にあひて、『年ごろ思ひつること、果たしはべりぬ。聞きしにも過ぎて、尊くこそおはしけれ。そも、参りたる人ごとに山へ登りしは、何事かありけん、ゆかしかりしかど、神へ参るこそ本意なれと思ひて、山までは見ず。』とぞ言ひける。」が山場となる。ここで大きく事態が変化する。法師が極楽寺や高良神社に行ってきたという話ではなかった。実は本人はそれを石清水八幡宮の本社と思って帰ってきてしまったことが明らかとなる。もちろん石清水のことを知っている読者は「極楽寺・高良などを拝みて、かばかりと心得て帰りにけり。」の時点で「何か変だ」と感じているかもしれない。しかし、はっきりと法師の勘違いであるとまでは確信できていない場合が多いだろう。ここで、法師の大きな勘違いが顕在化する。

そして、最後の一文「少しのことにも、先達はあらまほしきことなり。」で、この出来事を教訓化する。ここが終結部（エピローグ）である。

❷ 生真面目で一途な法師の失敗譚

この法師、かなりの早とちりである。京都に住みながら、そこからそう遠くない石清水八幡宮が山上にあることを知らない。それを愚かと見ることもできる。初めての参拝ならば事前に調べたり人に聞いたりして情報を集めてから出かけるべきとも言える。語り手が言うとおり「先達」つまり案内人を立てるという方法もあったのかもしれない。その意味で法師の滑稽な失敗譚として読める。

ただ一方で、生真面目で信仰心が強く憎めない人物とも読めそうである。長年、石清水八幡宮に参拝しなかったことを「心うく覚え」ている。信仰心の強い真面目な性格とも読める。そして、京都に帰ってからは、同じ法師仲間に「年ごろ思ひつること、果たしはべりぬ」と話す。「心うく」ともつながる強い信仰心が読める。

また、当時、京都から石清水へは船で行くことが多かったようだが、この法師は「徒歩より」である。観光でもないのに船などで行くことは信仰上ふさわしくないと思った可能性がある。到着してからも「参りたる人ごとに山へ登りしは、何事かありけん、ゆかしかりしかど、神へ参るこそ本意なれと思ひて、山までは見ず。」と、「本意」つまり本来の目的は参拝なのだから物見遊山のような寄り道はしないと思い、そのまま帰ってきている。ここからも生真面目で信仰心の厚い法師像が見えてくる。

当時、石清水は一般の人にとってはちょっとしたテーマパークであった。そういう物見遊山と自分は違うのだという自負が、この法師にはあった。だから「神へ参るこそ本意なれと思ひて、山までは見ず。」という行動を選択したと読める。法師の自負あるいは一途さが読める。同時に法師の気負いのようなものも見える。

別の角度から人物像を追うと、「徒歩より」から、この法師は船賃を払うだけの経済的余裕がなかったのかもしれないという推測もできる。一定の年齢になるまで二十キロ程度しか離れていない石清水八幡宮に参拝したことがないということは、それほど高位の僧侶ではない可能性もある。さらに言えば「ただ一人」ということから、供を連れたりする身分ではないらしい。案内人を雇ったりする余裕もなかったのかもしれない。

いずれにしても、「先達はあらまほしきことなり。」という一般的な教訓を述べてこの段は終わる。信仰心の厚い真面目な法師がせっかく石清水八幡宮に参拝に行ったのに、案内人がいないばかりに勘違いをして極楽寺・高良神社だけを参拝して帰ってきてしまった。そういう失敗譚を示しつつ最後に教訓を述べる。

3 滑稽な失敗譚と教訓という読みだけでいいのか

右のような読みは、一つの妥当な読み方である。こういうことさえ読んでいない古典の授業も少なくないはずである。しかし、これだけでいいのかという疑問も湧いてくる。

まず、この法師の失敗の原因は、本当に「先達」つまり案内人がいないことなのかという疑問が生まれる。京都市内から石清水八幡宮までだいたい二十キロ程度であろうか。二十キロとはいっても昔のことである。初めての道程だから、仁和寺から石清水八幡宮までの道程で迷うこともある。もし法師がここまでの道に迷ったのだとしたら「先達はあらまほしきことなり。」と言えるかもしれない。

しかし、この法師は道に迷ってはいないようである。一人だけで石清水八幡宮がある場所にたどり着いていると思われる。だとしたらこの法師の失敗の本質は、本当に案内人の有無にあるのかという疑問が生まれる。

石清水八幡宮が山上にあることを知らなかった法師の愚かさは確かに読めるが、仮にそうであったとしても、この法師がたとえば「なにゆゑみな山に登る」と誰か一人にちょっと問いさえすれば、この勘違いは解決していたはずである。数秒で済む話である。「神へ参るこそ本意なれ」は法師の一途さともとれるが、山上に自分が知らない何か参拝すべき対象があるかもしれないとこの法師はなぜ考えなかったのか。仮に参拝の対象でないものかもしれないと思ったとしても、一言問うてもよかったはずである。その上で信仰とは無縁の物見遊山的対象であれば、行かずにそのまま帰ってくればよいだけである。「自分は物見遊山の者たちは違うのだ」というこの法師の過剰な力みがそこにあったと見ることもできる。

そう見ると、この失敗は「先達」不在の問題というより、この法師の思慮のなさ、想像力の欠如という問題から生まれたと見ることもできる。必要以上の力み、気負いの問題でもある。誰かにちょっと問うことさえしないと述べたが、気後れして誰かに問うことができなかったという可能性もある。そうなると、わずかに問うことさえできない法師のコミュニケーション能力の欠如の問題とも言える。

そう考えると、ただ勘違いをした滑稽な法師という人物像を超えて、思慮のなさ、想像力のなさ、必要以上の力み、コミュニケーション能力の欠如という融通の利かない人物像まで見えてくる。生真面目さや信仰心の厚さというと聞こえがいいが、柔軟性のない頭の固さである。つまり、想像力やコミュニケーション能力のない愚かで融通の利かない人物の起こした失敗譚とも読める。

いずれにしても、この段のエピソードは「先達はあらまほしきことなり。」とはかなりの程度整合しない。とすると、最後の一文は、一見この段のテーマ（総括的主張）であるかのように書かれているが、それはポーズでテーマは別のところにあったと見るしかない（注2）。

なぜ「先達はあらまほしきことなり。」などと不整合な教訓を、取って付けたように最後に提示したのか。

4 なぜ「仁和寺にある法師」なのか

それを読み解くために、この段のもう一つの疑問（謎）について考えたい。

冒頭の「仁和寺にある法師」である。仮に「先達はあらまほしきことなり。」という教訓を訴えるためであったら、わざわざ「仁和寺」という具体的な寺院名を挙げる必要はなかったはずである。「ある法師、年寄るまで石清水を拝まざりければ、」と始めればよいはずである。

そこから何が読めるのか。もちろん実在する具体的な寺、その法師という設定・人物像の方が、よりリアリティーがあるという見方も成り立つかもしれない。当時も今も実在する寺。それも、有名で多くの人たちが間違いなく知っている寺。そこの法師であるとなると、現代の新聞記事のように信憑性がある。リアリティーをもたせるために具体的な名称を示したという可能性である。

しかし、『徒然草』の他の段を見ても、そこまで実在の人物の身分や名前を具体的に挙げていないものもある。リアリティーだけでは疑問は解けない。なぜ具体的な寺院を挙げているのか。それもなぜ仁和寺なのか。

仁和寺にとって、こういう法師がいるというエピソードは、間違いなく不名誉なはずである。大伽藍をもち門跡（住職）を皇族から迎えるほどの「由緒正しき」寺である。その寺の法師が、たとえたった一人であるとしても、こういう愚かな行動を起こしているということを暴露していることになる。ここからは、（虚構としての）作者に仁和寺を批判しようとする意図があったという可能性が読めそうである。そう見ると、これは今で言う「暴露記事」に近いと見ることもできる。生真面目ではあるが、早とちりで滑稽とさえ言える法師。さらには、思慮のなさ、想像力のなさ、必要以上の力み、コミュニケーション能力の欠如という融通の利かない人物。そういう人物が仁和寺の法師の一人として存在するという暴露である。

仮にそうだとすると、なぜ不整合な「先達はあらまほしきことなり。」という一文を最後に置いたのかである。

「先達はあらまほしきことなり。」があることで、「これは仁和寺の法師を貶めたり批判したりするものではないのですよ。そういう一般的な教訓を言いたかっただけなのですよ。誤解ないように。」という言い訳になっている。だから、万が一、仁和寺またはそこに近い者たちから、仮にクレームが来たとしても弁解ができるという仕掛けである。（おそらくそんなクレームは実際にはなかっただろうが。）また、あまり暴露や批判などだけだと、読者群に共感してもらえないかもしれないという配慮あるいは戦略があったとも読めなくはない。

だから「先達はあらまほしきことなり。」は二重に読めるのである。一つはそのまま「案内役はあってほしいものだ。」という教訓的な読みである。そして、もう一つは、右に述べたとおり仁和寺批判、法師批判をカモフラージュするための、言い訳のための仕掛け（ポーズ）という読みである。こういう読みの在り方をロラン・バルトは「二重の解釈」と述べる。そして、こういう二重性は「雑音」であり「逆コミュニケーション」であるとも述べ、「文学は、結局、《雑音》の芸術である」としている（注3）。

いずれにしても、文章（作品）成立の同時代に『徒然草』を読んでいた読者の大部分は、そういう仕掛けを見抜き「愚かな仁和寺の法師」の話と読んでいた可能性が高い。（第1節・序段で検討したこの文章の読者（群）のことを考えると、それはそう不自然なことではない。）書き手の側も、読み手がそのように見抜いてくれることを想定していたはずである。もちろん『徒然草』に読み慣れていない一部の読者は、そのまま「案内人の必要性を述べたもの」と解釈したかもしれないが。

この段の次の第五三段に「これも仁和寺の法師」と、別の愚かな法師たちが紹介されている。稚児が出家する名残に仁和寺の法師たちが酒宴をもったが、酔った法師が鼎《かなえ》を頭にかぶる。ところが、鼎を抜こうとすると全く抜けない。はじめは面白がっていたが、どうしても抜けなくなり大騒ぎとなる。無理に抜こうとするので、血が流れ顔が腫れてしまう。割ることもできない。医者に連れていってもどうすることもできない。最後は、藁を首に入れて無理矢理抜いたが、耳や鼻がとれてしまう。その後も煩っていたという話である。気の毒な話とも言えるが、これも仏門の僧侶が酒宴をもち、酔った勢いであり得ない失敗をするという暴露記事に近い。

この段も「ある法師」ではなく「これも仁和寺の法師」である。二つの段を見ると、(虚構としての)作者が仁和寺に対して好意的であったとはとうてい思えない。知名度の低い寺ではない。大伽藍をもつ「由緒ある」有名な寺である。経済的にも豊かであり権威もある。(虚構としての)作者のそういう対象への批判的な姿勢が垣間見られる。

『徒然草』の中には「聖人」「上人」と呼ばれる者たちへの揶揄や批判がいくつもある。第二三六段「丹波に出雲といふところあり」で始まる文章では、聖海上人の失敗談が出てくる。狛犬が逆向きに置かれているのを見て「深き故あらん。」と涙を流して感心している。周りの者に「いかに殿原、殊勝の事は御覧じ咎めずや。無下なり。」とまで言って、そのことをありがたがらないことを非難する。しかし実は、これは「さがなき童どもの仕りける」つまり子どもたちのただのいたずらであったことがわかる。「上人の感涙いたづらになりにけり。」という顛末となる。偉そうにして「上人」とまで言われる権威のある宗教者が、ただの子どものいたずらに、生半可な理屈づけをして涙まで流して感心しているという揶揄であり批判である。

仁和寺の僧侶たちも、もちろん宗教者である。しかし、仁和寺は権威もあり富もある寺であり、みんながみんなでないにしても、当時世俗的な享楽を味わっていた者もいたかもしれない。(もちろん現在の仁和寺のことではない。)仮に一部の者であったとしても宗教者として許せないという気持ちを、この文章(作品)主体、虚構としての作者、さらには生身の作者がもっていたということはありうる。そういう事情がこの段の成立の背景にあったと仮定することもできる。

以上のように読んでみると、この段のもっているかもしれないしたたかな戦略・仕掛けが見えてくる。

＊

ここで生かした読みの方法（言語の力）としては、まず「三部構造の関係性とその効果への着目」がある。また「事件展開と終結部（教訓）との関係性への着目」がある。その中でもここでは特に「事件展開と終結部（教訓）との間に不整合はないか」を生かした。「先達はあらまほしきことなり」と教訓を述べているが、それと直前の事件展開と整合しない要素はないかという観点で吟味していく。それによりバルトの言う「二重の解釈」が生まれてくる。「表現の差異性を使って比較し読み深める」「別の表現可能性との差異を読む」という方法も使っている。「仁和寺にある法師、年寄るまで石清水を拝まざりければ」を、「ある法師、年寄るまで石清水を拝まざりければ」と比較した。それが固有名詞がもつ意味の検討につながっている。さらには「（虚構としての）作者のものの見方・考え方の吟味・批評」も使っている。

〈注〉

(1)　中学校国語教科書『国語2』二〇二〇年、光村図書による。

(2)　吉川秀雄は最後の一文について「仁和寺の坊さんの面白い失策話を書くのが、この文の趣意である。最後の一行は一寸思ひついた自分の考えを附記したにすぎない。」と述べている。（吉川秀雄『新譯徒然草精解』一九四九年、精文館、一四五頁）的を射た読みである。ただし、ただの「附記」ではないが。

(3)　ロラン・バルト（沢崎浩平訳）『S／Z』一九七三年、みすず書房、一七〇〜一七一頁【Roland Barthes "S/Z" 1970】

第5節　第一五〇段「能をつかんとする人」を読む

1 第一五〇段の本文と構造

芸能の上達論である。多くの人が陥りがちな傾向を鋭く指摘しながら、一方では意外で斬新な提案をする。それも、三つの段落それぞれ角度を変えた指摘で説得力を強めている。そして、芸能に限らず広い分野に応用できる上達論である。さらには時代を超え現代でも十分通用する優れた上達論でもある。

典型的な論説型随筆である。

第一五〇段全文は以下のとおりである(注1)。

能をつかんとする人、「よくせざらんほどは、なまじひに人に知られじ。内々《うち》よく習ひ得て差し出でたらんこそ、いと心憎からめ。」と、常に言ふめれど、かく言ふ人、一芸も習ひ得ることなし。いまだ堅固《けんご》かたほなるより、上手《じやうず》の中に交じりて、誹《そし》り笑はるるにも恥ぢず、つれなく過ぎて嗜《たしな》む人、天性その骨《こつ》なけれども、道になづまず、みだりにせずして年を送れば、堪能《かんのう》の嗜まざるよりは、つひに上手の位に至り、徳たけ、人に許されて、並びなき名を得ることなり。

天下のものの上手といへども、初めは、不堪の聞こえもあり、無下《むげ》の瑕瑾《かきん》もありき。されども、その人、道の掟《おき》て正しく、これを重くして、放埒《はうらつ》せざれば、世の博士《はかせ》にて、万人の師となること、諸道変はるべからず。

現代語訳　芸能を身につけようとする人は「うまくできないうちは、なまじ人に知られないようにしよう。内々でよく習得してから人前に出ていくようにすることこそが、大変奥ゆかしいのであろう。」と常に言うようだが、そのように言う人は、一芸も習得することはない。

まだ全く不十分なころから、上手な人の中に交じって、悪口を言われ笑われても恥ずかしがらず、平気で過ごして打ち込む人は、天性の素質はなかったとしても、その道において停滞することなく、勝手気ままにしないで年を送れば、才能はあるが心を打ち込まない人よりは、最終的には上手の位に至り、人格も高くなり、人に認められて、比べることのない名声を得るのである。

天下に知られた名人であっても、はじめは下手だという評判もあり、ひどい欠点もあった。けれども、その人がその道の定めを正しく守り、これを重んじて、いい加減にすることがなければ、世の大家として万人の師となる。そのことは、どの道であっても変わるはずはない。

段落のとおり、本論1—本論2—本論3の構造である。序編や結びにあたるものはない。一貫した主張があって、それを三つの違った角度から述べ説得力をだんだんと増していく構造である。

はじめに、「能をつかんとする人」と、これから述べていく話題（論題）を提示している。続いて「なまじひに人に知られじ。内々よく習ひ得て」などと「言ふ人は」と、芸を始める際にしばしば人々が陥りがちな傾向を見事に言い当てる。そして、そういう人は「一芸も習ひ得ることなし。」と強く否定する。まずは読者が陥りがちな状況をかなりの確度で提示し、直後にそれを強く否定する。効果的な始まり方である。

それを受け、第二段落ではそれでは具体的にどうすればよいかという方法を提示する。「いまだ堅固かたほなるより、上手の中に交じりて、誹り笑はるるにも恥ぢず、つれなく過ぎて嗜む」ことが重要であると言い切る。「誹り笑はるるにも恥ぢず」と普通誰でも経験したくないことをあえてしなければいけないと断言する。続けて「天性その骨なけれども」と、才能や資質がなくてもよいと言う。読者は意外に感じる。と同時に、それなら自分でもできるかもしれないと思う仕掛けである。突き放したり、ぐっと引きつけたりしながら読者の心をつかむ。「道になづまず、みだりにせずして年を送れば」はじめから巧みな者よりかえって「上手の位に至」ると、逆転の構図まで示す。そして、そうしていけば「徳たけ、人に許されて、並びなき名を得る」と高いゴールまで示す。説得力を高めるための仕掛けが何重にも仕掛けられている。

説得力を高める仕掛けはまだ続く。第三段落では、今度は「天下のものの上手」と、既に上手つまり名人・大家となっている人たちのことを述べる。そういう人でも「初めは、不堪の聞こえもあり、無下の瑕瑾もありき。」である。そういう人たちだって初めは評判が悪かったりひどい欠点があったのだとやや暴露的に第一段落・第二段落の自分の主張を裏づけていく。既に名人・大家になっている人たちのことだから、未来を予想するだけよりも実証的でありより説得力が増すことになる。もちろんただ名人・大家になったわけではない。自分が言うように「道の掟て正しく、これを重くして、放埒」しないでいくことが大切と述べる。そして、最後に「諸道変はるべからず。」と、これは特定の芸の道に限ったことではないと広く一般化・普遍化して終わる。

2 「常に言ふめれど」と一般に陥りがちな傾向をまずは指摘

少しくわしく読んでいく。

まず第一段落で「常に言ふめれど」と、一般に陥りがちな傾向をずばり指摘する。自分の持論をすぐ述べるのではなく、まずは読者（群）が陥りがちな傾向を明快に提示する。

「よくせざらんほどは、なまじひに人に知られじ。内々よく習ひ得て差し出でたらんこそ、いと心憎からめ。」と、私たちは確かに思いがちになる。習いはじめは、誰でもうまくできない。だから、人に知られないで、人に見せないで内々で学ぼうとする。ありがち陥りがちな傾向を指摘される。読者は「そう言われてみれば自分にも思いあたる節がある」「自分もそういう傾向があったかもしれない」「自分もそうかもしれない」とはっとする。読者をどきりとさせる始まり方でもある。

その上で「かく言ふ人、一芸も習ひ得ることなし。」と厳しく全否定をする。「かく言ふ人、上達遅し。」などくらいでもよかったかもしれないが、そうは言わず強烈に「一芸も習ひ得ることなし。」と断言する。それでは、全くだめだ、何も身につかないという全否定である。こちらの方がインパクトが強い。仮に人に見せまいと思って内々で練習している人でも、少しは上達しているかもしれない。しかし、その可能性にはあえて触れないで、「一芸も習ひ得ることなし」と言い切っている。それが説得力を増している。

「自分もそうかもしれない」と思った読者は、「だとすると、今までの自分は全く一芸も身につかないのかもしれない」と大きく心を揺さぶられる。常識を大きく破る斬新な見方の提示である。

❸「誇り笑はるるにも恥ぢず」とより具体的な上達法に進む

第二段落では第一段落を受け、それではどうすればよいかを提案する。第一段落で強いショックを与え一度突き放してから、今度は「こうすればいいのだ」というより具体的な代案を示す。うまい仕掛けである。

「いまだ堅固かたほなるより、上手の中に交じりて、誇り笑はるるにも恥ぢず、つれなく過ぎて嗜む」と提案する。まだ全く未熟なうちから「誇り笑はるるにも恥」じないことが大切と説く。普通はけなされたり笑われたりすることを恐れる。忌避する。誰でも、できるだけそういう経験はしたくないと思う。だから、一文にあるとおり「なまじひに人に知られじ。内々よく習ひ得て」と考えるのだが、「謗り笑」われても、「恥ぢず」気にしないで続けることが大切と述べる。これもまた第一部の延長線上にある斬新な見方である。

ここでは、多くの人が避けるであろう方法をあえてぶつけている。ただし、それだけでは読者はついてこなくなるから、次に「天性その骨なけれども」と、才能や資質がなくてもと意外なことを言い出す。そうであっても私の言うようにやっていけば、最終的には「堪能」つまり巧みな人を追い抜いて、「つひに上手の位に至り、徳たけ、人に許されて、並びなき名を得る」と読者の心を鷲づかみにする。

どういうことに熟達しようとするかは別としても、そういうとき多くの人は自分には「天性その骨なけれ」と思うものである。そこで、第一段落で衝撃を受けて落ち込みかけている読者の心をつかむ。「それなら自分でもできるかもしれない」という気持ちになってくる。そのため、「上手の中に交じりて、誹り笑はるるにも恥ぢず、つれなく過ぎて嗜む」こと、そして「道になづまず、みだりにせずして年を送」ることの大切さが際立つことになる。一方で読者の経験や心理をしっかり掴みながら、一方では意外で斬新な提案をする。

第二段落は一見経験主義的のようにも見えるが、ただ繰り返せばいいと言っているわけではない。一つは「上手の中に交じりて」が位置づいている。上手な人たちの前で自分を晒せと言っている。そういう人たちは、けなし笑うかもしれないが、それで終わるとは限らない。その過程で、上手たちはその人のどこが弱いのか、どこに不十分さがあるのかを指摘してくれることがある。また、ここはけなされたがここはけなされなかったという違い、ここは笑われるがここは笑われないという違いから学ぶこともできる。

私の専門の教師教育論に引きつけてこれを読み直すと、納得できる部分が多くある。教員養成課程の学部生・大学院生のときはもちろんだが、採用試験に合格し教員となった後も、機会あるごとに大学教員・先輩・同学年・同僚たちから自分の授業を見てもらう。当然、その度に厳しい指摘がある。まさか罵ったり笑ったりはしないとしても、それなりに傷つくこともある。それでも、繰り返し他の教師の前で授業を提示することが重要である。そういう過程で教師の専門性が高まっていくことが多い。上達しようとして一人で努力することも大切である。しかし、それでは限界がある。繰り返し授業を見てもらうことでこそ授業の力量が高まる。「つれなく過ぎて嗜む」も実は重要である。いろいろな指摘を受ける。罵られ笑われると感じることもある。傷つくこともある。しかし、それで二度と見せなくなるというのでは確かに上達しない。そのときは傷ついたりがっかりしたりしたとしても早めに気持ちを切り替え、また挑戦し見てもらうということも確かに大切である。その粘り強さが鍵となるという側面が確かにある。

さらに注目すべきは、「天性その骨なけれども、道になづまず、みだりにせずして年を送れば、堪能の嗜まざるよりは、つひに上手の位に至り、徳たけ、人に許されて、並びなき名を得ることなり」である。「天性その骨な」し、つまり素質がない者と、「堪能」素質がある者とを取り上げ比較している。普通は、素質がある者が有利で、ない者が不利と考える。しかし、「いまだ堅固かたほなるより、上手の中に交じりて、誹り笑はるるにも恥ぢず、つれなく過ぎて嗜む」ことでそれは大きく逆転できると断言している。

これも教師教育の際に私がよく学生たちに強調することの一つである。はじめから子どもたちを引きつける力がある学生、またしゃべりが上手く子どもたちを引きつける力がある学生は確かに有利である。しかし、その素質に安住して丁寧な研究や研修を重ねることを怠りがちになることがある。どう子どもたちの気持を引きつけたらよいかわからない、子どもたちを引きつける話し方がうまくできないという学生の方が、いろいろと研究をし工夫をし準備をする。授業づくりの事前研究もより周到に行う。それを重ねているうちに、教師として力量が逆転することはしばしばある。

「つひに上手の位に至り、徳たけ、人に許されて、並びなき名を得る」も、四重の強調表現になっている。

「つひに上手の位に至り」だけでもいいはずだが、「徳たけ」つまり人徳も備わると、上達を超えた人格的な高みにまで言及する。さらに「人に許されて」つまり人々に認められる。そして「並びなき名を得る」つまり群を抜いた名声、トップクラスの名声を得るとまで言う。ただ上手くなるではなく、「つひに上手の位に至り」+「徳たけ」+「人に許されて」+「並びなき名を得る」と四重に持ち上げることでさらに説得力を増す。

❹「天下のものの上手」の事例を示し説得力を増す

「天下のものの上手といへども」と、これからのことではなく、今度は既に上手になっている人の事例を紹介する。「私が言っているのは、ただの予測だけではないのですよ。既に上手になっている人の事例からも間違いないのですよ」と実証的に語っていく。これも説得力を増す仕掛けである。

「初めは、不堪の聞こえもあり、無下の瑕瑾もありき。」は、さきほどの「誇り笑はるる」と重なる。これを、既に上手と言われる人の修行時代も実際にそうであったと確認する。そういう人たちも「不堪の聞こえ」下手と言われたときもあった。「無下の瑕瑾」で「無下」とまで言って、これより下はないというくらいの欠点・不十分さとここでも強調する。そういう人たちははじめから才能があり、うまくいっていたに違いないと普通は思いがちである。それをも見事にひっくり返す。もちろんその逆転の発想が説得力を増す仕掛けである。

そして、ここで注目したいのが、「その人、道の掟て正しく、これを重くして、放埒せざれば」である。それまで笑われても罵られても、下手と言われてもひどい欠点が見えても、それでも「道の掟て正しく」つまりその分野の「掟」を守る。ここで「掟」は、ただの決まり・ルールではない。その分野でそれなりに定められている基本の型のようなものと読める。「守破離」という言葉があるが、まずはその分野の基本の型を丁寧に習う。「守」である。「道の掟て正しく、これを重くして、放埒せざれば」つまりそれをしっかりと大切にする。いい加減にしない。まずは、その型のとおりにやってみる。基本をしっかり身につけるということである。上手の中で場数を踏み、その中で多くを学ぶ。同時に基本の型もしっかり踏襲するという上達論になっている。教師教育でも、まずは優れた授業をたくさん見る。そして真似をするというのが、基本的な授業づくり上達法である。そのとおりやってみても、はじめはなかなか思いどおりにできないものだが、だんだんできるようになる。その先に、今度は「守破離」の「破」と「離」がある。この段では特に「破」と「離」についての言及はない。そこが少し残念であるが、「守」の大切さ、基本や型の大切を丁寧に示している。

ここでは、さきほどの「上手の位」「徳」「人に許され」「並びなき名」とはまた違った強調をする。「世の博士」と「万人の師」である。

そして最後に「諸道変はるべからず。」と述べる。これらは特定の道の上達論に限らずに、すべての道の上達論に応用できるものだと述べ、大きく一般化をしつつ文章を終える。

5 三要素を重ねながら説得力を増す仕掛け

再度構造的に振り返ると、はじめに「内々よく習ひ得て差し出でたらん」という一般の人が考えがちな陥りがちな見方、読者が思いあたる見方を示す。そして、それだと「一芸も習ひ得ることなし。」と強く激しく否定する。ここで、ガツンと読者を突き落とす。この第一段落だけでも、かなりインパクトがある。

その上で次に「それならばどうすればいいか」という筋道を示す。ここでも一般の人が考えがちな、貶され笑われることを恐れる気持を先取りし、それを否定しつつ方法を提示していく。「上手」の人たちに交じり誇られ笑われることの大切さ、それでも平気でいられることの大切さを述べる。さらに「天性その骨なけれども」と「堪能」とを比較し、「つひに上手の位に至り、徳たけ、人に許されて、並びなき名を得る」と、そこに逆転の構図をドラマチックに示す。第一段落の「一芸も習ひ得ることなし。」とは全く逆ベクトルの方向を示し、読者を大きく引きつける。それまでの見方をより具体的なかたちで説き直し、重層的に主張を強める。と同時に新しいことも示す。説得力が二倍も三倍も増していく仕掛けである。

最後に既に上手になっている人の修行時代を実証的に取り上げる。これも、名人は初心者の頃からそれなりの巧みであったはずという通念をひっくり返す。そして「道の掟」を大切にすることを勧める。第一段落、第二段落を受けつつ、第三段落ではまた新しい観点で主張を前面に出す。

ちゃぶ台返しをしつつ、三倍、四倍と波状的に主張を前面に出しながら説得力をどんどん高め、読者の心を鷲づかみにしていく。第一段落→第二段落→第三段落と、構造的に説得力を増していく見事な仕掛けである。

また、論説的随筆の中でも、この段は特に現代にも通じる普遍的要素を含んでいる。ここでは教師教育に引きつけて読んできたが、小中高の古典の授業では、たとえば子どもたちの学習上達法や部活動の上達法などに引きつけて読み直すこともできる。

＊

ここで生かした読みの方法（言語の力）としては「三部構造の関係性と効果への着目」「自らの主張に説得力をもたせるための仕掛けを読む」がある。そのために、さまざまな角度からさまざまな表現で二重三重に見方を展開する。それを具体化すると「事実の取捨選択の妥当性」「取捨選択を貫く一貫性」などの方法となる。

〈注〉

(1) 高等学校国語教科書『新編古典B』二〇二〇年、教育出版による。

第四章 『枕草子』を読み拓く

第1節 第一段「春はあけぼの」を読む

1 第一段の本文と構造

第一段の本文は以下のとおりである(注1)。

春はあけぼの。やうやう白くなりゆく山ぎは、すこしあかりて、紫だちたる雲のほそくたなびきたる。

夏は夜。月のころはさらなり、闇もなほ、蛍の多く飛びちがひたる。また、ただ一つ二つなど、ほのかにうち光りて行くもをかし。雨など降るもをかし。

秋は夕暮れ。夕日のさして山の端《は》いと近《ちか》うなりたるに、烏《からす》の寝どころへ行くとて、三《み》つ四《よ》つ、二つ三つなど、飛びいそぐさへあはれなり。まいて雁《かり》などのつらねたるが、いと小さく見ゆるはいとをかし。日入り果てて、風の音、虫の音《ね》など、はた言ふべきにあらず。

冬はつとめて。雪の降りたるは言ふべきにもあらず、霜のいと白きも、またさらでもいと寒きに、火などいそぎおこして、炭もて渡るもいとつきづきし。昼になりて、ぬるくゆるびもていけば、火桶《ひをけ》の火も白き灰がちになりてわろし。

現代語訳　春はあけぼの。だんだんと白くなっていく山ぎわが、少し赤く明るくなって、紫がかった雲が細くたなびいている。

夏は夜。月が出ているときは言うまでもないが、月のない闇であってもやはり蛍が多く飛び違っている様子。また、ほんの一つ二つなどほのかに光っていくのも趣がある。雨などが降るのも趣がある。

秋は夕暮れ。夕日がさして山の端にとても近くなった頃に、烏が寝どころへ行くというので、三つ四つ二つ三つなど、飛び急ぐのでさえしみじみと感じられる。まして雁などが列を作っているのが、とても小さく見えるのはとても趣がある。日が沈みきっての風の音や虫の声などは、また言うまでもない。

冬は早朝。雪の降っているのは改めて言うまでもなく、霜が真っ白なのも、またそうでなくても、とても寒いときに、火などを急いで熾して、炭を運んでいる情景もぴったりくる。昼になって、寒さが緩んでくると、火桶の火も白い灰ばかりになって見苦しい。

事例列挙型随筆である。まずは構造を読んでいく。

構造としては、そのまま春・夏・秋・冬の四部である。春・夏・秋・冬という四部仕立ては、古今和歌集の部立てでも使われるようによくある形式である。それを踏襲しつつ、『枕草子』らしい独自性を発揮している。春・夏・秋・冬に共通する点と、逆に差異がある点とを丁寧に見ていくと、構造の特徴が見えてくる。

まず共通する点は、「春はあけぼの。」「夏は夜。」「秋は夕暮れ。」「冬はつとめて。」と、各季節の冒頭でその季節のよさを、事物や風景ではなく時間帯というかたちで提案していることである。これは、それ以前のたとえば「春は花（桜）」などといったステレオタイプを超えるものである。

また、それらがいずれも体言止めになっている。それも「○○は」と言わば問いかけがあり、それに「あけぼの」「夜」「夕暮れ」「つとめて」と答える「問い→答え」の形式である。「春と言えば→それはあけぼの！」「夏と言えば→それは夜！」「秋と言えば→それは夕暮れ！」「冬と言えば→それはつとめて！」（でしょう。それ以外にないでしょう。）と、助詞の「は」と体言止めで取り立てて強調している。それが四回繰り返される。

繰り返しという点では、春と秋と冬は、「○○は○○○○」と、三音と四音、合計七音になっている。夏は「○○は、○○。」と三音＋二音で五音だが、広く見ると七五調の始まり方と見ることができる。形式と音数が相まって共通性・反復性を感じるという仕掛けである。

それぞれの季節で「あけぼの」「夜」「夕暮れ」「つとめて」を提示した後に、「雲」「蛍」「烏」「霜」などより具体的な対象に移っている点も共通している。さらに、この四つの部分の各モチーフは、多くが「たり」（している）や「いく」など、現在進行形のかたちで提示されている。「蛍の多く飛びちがひたる」つまり「蛍がたくさん飛んでいる」というように（静止画ではなく）動画のかたちで示される。春の「たなびきたる」、秋の「つらねたる」、冬の「降りたる」も同じである。また、「白くなりゆく」「うち光りて行く」「寝どころへ行く」という「いく」「ゆく」も現在進行形の動画である。冬の「炭もて渡る」も、炭を持って通っていく動きのある画面である。動画的な生き生きとした提示という点でも共通性がある。

春については、①「やうやう白くなりゆく」山ぎわが少しずつだんだんと白くなってくる→その次に②その白が強くなってきた空が「すこしあかりて」少し明るくなって同時に赤みを帯びてくる→さらにその次に③「紫だちたる雲のほそくたなびきたる」紫色の雲が細くたなびきはじめる——と、ここもまた動画的要素を含む。

以上のような共通性があるが、これらの共通性があるからこそ、次のような差異性も効果的に生きてくる。

まず、「あけぼの」「夜」「夕暮れ」「つとめて」と季節ごとに選択している時間が違う。

春の明け方→夏の夜→秋の夕暮れ→冬の早朝と変化をつけている。また、朝と夜で二対二になっている。そして、昼を選択していない。昼はあえて強調し提案するほどのこともないということなのだろう。確かに朝や夕方・夜に比べると昼は少々平凡と言えるのかもしれない。

また、各季節のモチーフの選択の仕方にも大きな違いがある。春は「山ぎは、すこしあかりて、紫だちたる雲のほそくたなびきたる」とかなりの遠景である。ダイナミックなワイド画面になっている。それに対し夏は、闇や雨という全体的な状況を提示しつつも「蛍の多く飛びちがひたる」「ただ一つ二つなど、ほのかにうち光りて行く」などとぐっと近景、目の前のクローズアップの画面になる。そして、秋は「山の端いと近うなりたるに、烏の寝どころへ行くとて、三つ四つ、二つ三つなど、飛びいそぐ」「雁などのつらねたるが、いと小さく見ゆる」とまた遠景になる。春ほどではないにしても、空のかなり遠いワイド（ルーズ）の風景である。最後の冬は、「雪の降りたる」という全体的な状況の提示も前置き的にあるものの、「火などいそぎおこして、炭もて渡る」とか「火桶の火も白き灰がち」など再び近景になる。これは夏以上の近景、アップである。

ワイドな遠景→近景にアップ→ワイドな遠景→一層近景にアップ――というメリハリの効いた距離感である。これも、単調さを避け、読者を楽しませることに寄与している。なお、春・夏・秋は遠近は別として戸外であるのに対し、冬は室内が中心となる。冬は寒いので、戸外を見る機会が減る。雪景色以外はそれほど珍しい対象も風景もない。それゆえ室内の意外なよさ・面白さに焦点を絞ったと読める。さらに、それと関連して、春・夏・秋で取り上げているのは、ほぼ自然の情景・現象であったり動物であったりする。それに対し、冬だけは、室内ということもあり、女官たちが「炭もて渡る」様子、その炭が「昼になりて、ぬるくゆるびもていく」様子と、人間の営みに関わるモチーフに変わっている。

❷「春」を読む

春・夏・秋・冬を、それぞれくわしく読んでいく。まず春である。

春はあけぼの。やうやう白くなりゆく山ぎは、すこしあかりて、紫だちたる雲のほそくたなびきたる。

既に述べたとおり、それまでは「春」と言えば「花」つまり桜がその代表であり象徴であった。それを、「あけぼの」という意外なモチーフで代表させるということが斬新である。時間帯ということでは、夏・秋・冬も同じだが、その中でも春の「あけぼの」が一番インパクトがある。

それも、既に述べたとおり体言止めにしている。これは、現代でも「車はトヨタ。」「文具はコクヨ。」などのキャッチコピーと同じ効果である。「春はあけぼのをかし。」などと冒頭から語ってしまうと説明くさくなりインパクトが弱くなる。何も説明しないで「春はあけぼの。」と体言で言い切ることで、「あけぼの」に形象が焦点化され印象が強くなる。もちろん「をかし」などといちいち説明をしなくても読者はそれで理解できる（注2）。

ここで選択されているのは、同じ朝でも「あけぼの」である。その後の記述にあるとおり、まだ暗い夜が明けてこれから少しずつ白々と明るくなってくる。そこに「紫だちたる雲のほそくたなびきたる。」紫の雲が見える。白と紫の見事な組み合わせである。確かにその時間帯の景色は美しい。また、間もなく東の地平線に太陽が出てくる、その日の出を期待させる時間でもある。美しく、うれしさや期待がもてる時間である。

春は「あけぼの」こそがよいという見方は別の意味ももっている。あけぼのという時間帯の東の空の景色そのものが魅力的ということはあるが、同時に春という季節とあけぼのはかなりの程度形象性が重なる。春は、冬の寒さからやっと解放されるありがたい季節である。京都の冬は厳しい。その厳しさから温かくなり心も浮き立つ。それは、長い暗い夜から解放される夜明けと重なる要素がある。夜は闇の時間帯であり、恐ろしさ危うさを内包する。それが、朝になればそこから解放される。それだけでなく、夜は温度も低い。日が出てくると寒い状態から少しずつ温かくなってくる。冬から春への移り変わりと、夜から明け方への移り変わりとがシンクロしていると読むことができる（注3）。

そのあけぼのの風景を見ると、「やうやう白くなりゆく」だから暗闇から少しずつ光が差してくる。だんだんと明るくなってくる。「山ぎは、すこしあかりて」は、山の稜線が少しずつ赤くなってきている状態である。「あかりて」は「赤りて」とも「明かりて」とも解釈できる。先行研究の多くは「明かりて」つまり明るくなってとしている。それももちろん成り立つ。ただし、「赤りて」という表現も当時からあった。「あかりて」の前に「白く」があり、後に「紫だちたる雲」が来る。前後に色彩を示す言葉があるということから、ここを「赤りて」と見ることで一貫性も生まれる。赤と言っても、まだ白に少し色が付いただけだから「すこし赤りて」である。ただし、「明かりて」を退けるものでもない。明るくなってきて、少し赤みが見えてきてと読んでもよいはずである。まだ完全に明るいという状態ではない。この後には太陽が見えるのだが、まだ見えていない。

そして「紫だちたる雲のほそくたなびきたる」と来る。最後に紫色をした雲である。この紫は、直前を「赤りて」と見ると、赤みが強い紫かもしれない。太陽につながる紫である。薄い白→濃い白→薄い赤→（やや赤みがかった）紫―という色彩の変化である。まるで着物や色紙の柄のようでもある。繊細に色彩を愛でる感覚と言える。一方ではグラデーション的な動画にも見える。

これは、この時間帯だけに見ることができる幻想的な世界である。ただし、それは「ほそくたなびきたる」

という状態の方がよい。分厚い紫では台無しである。（分厚い雲だと、そもそもこんな色にはならないかもしれないが。）細めに長く引くように見える。この控えめがよいということである。

　この景色は、まだ暗いうちから起きて待っていないと見ることのできないものである。多くの女官はまだ起きていないかもしれない。（一部の下級女官は起きて仕事をしていたとしても、そういう風景を見ている余裕はない。）この時間帯はまだ宮廷も静かである。人の話し声や立ち動く姿も見えない。そういう状況の中だからこそ発見できる意外な美しさである。時間帯で季節を代表させていることも斬新だが、このあけぼのという時間帯とその景色も提案性が高い。読者が意外に感じる提案である。

　それにしても、せっかくなのだから太陽が見え始めるもう少し後の時間の方がよかったのではという見方もありうる。同じ朝でもなぜ「あけぼの」という時間帯を選んだのか。たとえば「朝ぼらけ」は「あけぼの」より少し後の時間帯で、太陽の一部が見え始めている。少し時間帯は広くなるが、「春はあした。」にして、その後紫の雲から太陽が顔を覗かせるうれしい風景を提案してもよかったとも思える。

　何と言っても「あけぼの」には、太陽がこの後に完全に出てくることへの期待感がある。空が少しずつ白くなってくるのも少し赤みを帯びてくるのも、太陽の力による。間もなく太陽が姿を見せることはわかっている。太陽が待ち遠しい。太陽そのものはまだ見えない。その前兆だけが感じられるという際どい時間帯である。ここでは、太陽そのものが見え始めるよりも、まだ見えないで期待をもっている時間帯の方がかえって魅力的ということなのである。また、夜明けの日の出と言うと、既にそのよさは一般に知られている。春初日の一月一日「元旦」の「旦」は地平線に日が昇ってくる象形文字である。春の日の出では、当たり前過ぎて提案性がない。しかし、太陽の姿が見えるその直前のわずかな時間、またその美しさ。その方がずっと意外性がある。と、同時に「そう言われてみればその時間、そしてその情景、いいかもしれない」と思わせる効果である。この第一段の夏・秋・冬のモチーフの取り上げ方にもつながる意外性である。

これは、この後取り上げる第一四五段「うつくしきもの」のモチーフ選択とも近似する。それまでよいと思われてきた完全なもの・完全な状態よりも、不完全さ不十分さを含む状態の方がより情緒があるという見方である。これは『枕草子』全体をかなりの程度貫くテーマの一つと言える。また、時代が下がるが『徒然草』の一三七段「花は盛りに月は隈なくを見るものかは」とも共通する要素でもある。

色彩としても、日の出では右に見てきたような色彩やグラデーション、動画的変化は十分には味わえない。太陽そのものが登場する直前の変化だからこそ味わえるものである。そういう計算もあったはずである。

❸「夏」を読む

夏は次のとおりである。

夏は夜。月のころはさらなり、闇もなほ、蛍の多く飛びちがひたる。また、ただ一つ二つなど、ほのかにうち光りて行くもをかし。雨など降るもをかし。

春の「あけぼの」に比べると、「夏は夜。」にはそこまでの意外性はない。京都の夏は、地理的な条件もあり耐えがたい暑さが続くことがある。それが夜になるとかなり和らぐ。「夏は夜」がよいというのは、現代でも感じられる感覚である。オリジナリティーは「夜」そのものより、この後登場するモチーフたちにある。

「月のころはさらなり。」つまりその夏の夜に月が出ているときは、言うまでもなくよいと言う。これも現代の感覚に近い。夏の夜の月は美しい。ただし、おそらくこれは月の美しさというだけではない。当時が現代と大きく違うのは、照明が極めて限られた世界だったことである。月がなく暗闇の夜は、危険と隣り合わせの状況である。心理的な恐ろしさもある。当時の闇は現代では想像できないくらいのネガティブな状態である。それを月が解消してくれる。月の出ている夜ならば、それなりに安心していられるという意味もある。

だから、闇は嫌われる。しかし闇夜であっても「蛍が明るく飛んでいればなかなかいいと思わない？」と提案する。「闇もなほ、蛍の多く飛びちがひたる。」である。「多く」とあるのは、蛍一匹の照度が低いからである。多くの蛍が飛んでいれば、闇であってもいいと語る。これも、闇は好きではない、闇はつまらない、闇は怖いという見方に対する一つの新提案である。

しかし、提案はそこでは終わらない。一匹の照度が低い蛍だから、たくさん飛んでいた方がいいと思うのが普通である。しかし、そうとは限らないとも言う。「ただ一つ二つなど、ほのかにうち光りて行くもをかし。」と来る。明かりとしては弱いけれども、そういう少しぼやっとした一～二匹の蛍の明るさもまた情緒があると新しい見方を提示する。これも「少しでも明るい方がいい。暗いのはいや」という常識的な見方を裏切る新しい見方である。これにも読者は「そう言われてみれば、確かにそれもいいかもしれない」と思う。太陽がまだ見えない夜明け、細い紫の雲などと相通じる見方でもある。

語り手は、闇への拒否反応に対して「蛍が多く飛んでいれば闇でもいいと思わない？」と提案する。しかし、自らそう提案しておいて、その直後に「ただ一つ二つなど、ほのかにうち光りて行くもをかし」とそれを覆すような提案をする。すべて自作自演だが、弁証法的とも言える論理展開が効果を上げている。

最後に「雨など降るもをかし。」と来る。夜の雨だから、おそらく曇っていて月は見えない。暗闇である。その上、雨だから傘を差していたとしても濡れる。特に履き物や着物の裾などはかなり濡れる。泥も付く。普通は嫌われるはずである。「それでも、夏の夜の雨ならば、それなりにいいと思わない？」と提案する。夏であれば、少々濡れても体は冷たくならない。暑かった日の夜であれば、気持ちがいいくらいである。もし、蒸し暑い夏の夜であったとしても、雨が降っていればそれなりに涼しさ、爽やかさがある。「夏の夜限定で雨の夜でも悪くない。それどころかかえってそれがなかなかいい。」という新提案である。

　夏の書かれ方の構造を振り返ってみたい。

　夏は、誰もがよいと思う「月のころ」と、誰もが嫌う「闇」との対比から始まる。そして「蛍の多く飛びちがひたる」という状態なら闇夜でもいいのではと提案する。次に「蛍の多く飛びちがひたる」とは逆の「ただ一つ二つなど、ほのかにうち光りて行く」様子を前面に出し「をかし」と高く評価する。ここも「多く飛びちがひたる」と「ただ一つ二つ」との対比である。そして、おそらくは「月のころ」との対比で「雨など降る」を示している。雨の場合、普通は月は出ない。そして、これも「をかし」と評価する。重層的に対比が生かされている。

　「月のころ」については「さらなり」つまり「言うまでもない」という言い方をしているのに対し、「闇」については「なほ」という副詞を使っている。また、「ただ一つ二つなど、ほのかにうち光りて行くもをかし」と「も」という助詞を使っている。「なほ」は、「そうであったとしても」と否定的に見られている場合にそれをあえて肯定する場合に使う。「も」には列挙のニュアンスもあるが、この「も」は秋に烏で出てくる「さへ」に近い。普通はあまり評価されない、または否定的に評価されているものを「あまりよく思われていないかもしれないけれども、それもいいよね」と言うときに使う「も」である（注4）。

　そう見ると、「月のころ」という、それまで多くの人たちによいものだと認められてきた対象と、「闇もなほ」「うち光りて行くもをかし」「雨など降るもをかし」という、それまであまりよいものとはされてこなかった対象とに、モチーフが分類できることがわかる。もちろん語り手（虚構としての作者）が提案したいのは後者である。それまでの常識や見方を打ち破り異化してみせる。それに読者が共感しなければ、この新提案は失敗である。しかし、多くの読者が「そう言われてみれば、そうかもしれない」「確かに、そう言われるとそう思えてくる」と反応してくれれば新提案は成功である。『枕草子』では、それぞれの段の新提案が後者のような反応で迎えられてきたから長く高い評価を得てきたのである。

4「秋」を読む

秋は、次のとおりである。

　秋は夕暮れ。夕日のさして山の端《は》いと近《ちか》うなりたるに、烏《からす》の寝どころへ行くとて、三《み》つ四《よ》つ、二つ三つなど、飛びいそぐさへあはれなり。まいて雁《かり》などのつらねたるが、いと小さく見ゆるはいとをかし。日入り果てて、風の音、虫の音《ね》など、はた言ふべきにあらず。

「秋は夕暮れ。」も、「夏は夜。」と同様に「春はあけぼの。」や「冬はつとめて。」ほどの意外性はない。秋の夕暮れの美しさは現代でも童謡になっているくらいだが、当時も秋の夕暮れの美しさ、夕焼けの美しさは認知されていたはずである。だから、ここでもオリジナリティーは「夕暮れ」そのものでなく、登場するモチーフにある。

まず「烏」が登場する。現代でも烏は一般的に嫌われ者の部類に入る。『枕草子』の中でも「鳶、烏などの上は見入れ聞き入れなどする人、世になしかし。」（鳶や烏などは、見入ったり聞き入ったりする人はいないだろう。）（第三九段）とある。当時も好かれていなかったようである。（それは助詞「さへ」からもわかる。）

烏は、ごみを散らかしたり、時には人に襲いかかってきたりする。体も大きく黒く、姿形も美しいとは言いにくい。鳴声もかわいらしいとは言い難い。だから、昔も今も烏は、どちらかと言うと嫌われ者に入るのだろう。

しかし、そういう烏でも、秋の夕暮れの烏は「あはれ」であると評価する。これは、かなり大胆な提案である。「闇」も蛍が「ただ一つ二つなど、ほのかにうち光りて行く」も夜の「雨」がよいというのもかなりの新提案だが、「烏」はそれらを凌ぐ斬新な提案である。八咫烏《やたがらす》のような神格化された烏は別として、普通の烏を「あはれ」とまで評価した文章（作品）はこれ以前はないはずである。

ただし、ただ烏が「あはれ」と言っているわけではない。秋の夕暮れ限定である。それも、次の四つの条件を付けている。いわば「条件つき『あはれ』」である。これがこの段のうまさである。

まず、「夕日のさして山の端いと近うなりたる」ときに登場する烏という条件である。オレンジ色の夕焼けに、烏たちの黒いシルエットが見える。オレンジと黒のコントラストという鮮やかな色彩感覚である。次に「寝どころへ行く」烏である。語り手や当時の読者たちから見ると、ちょうど東山などの山に帰っていく烏である。つまり、飛び去る烏、自分たちの所から離れていく烏である。もし、これがこちらに向かってくる烏だと失格である。第三は、「三つ四つ、二つ三つなど」、つまり数羽の烏だからよいと言う。烏は群れを作ることがあるが、もし大群の烏だとすると秋の夕暮れであっても、山へ帰る烏たちであっても不合格である。そして、第四は「飛びいそぐ」烏である。ゆっくりゆったり飛んでいるのではない。日が暮れるので、真っ暗にならないうちに急いで寝床つまり巣に帰る。去っていく烏である。だから、短い間にいなくなり消えてしまう。わずかな時間だけの烏である。長く旋回したりしてぐずぐず近くにいる烏も駄目なのである。

これら四つの条件をしっかりと示した上で、あの嫌われ者の烏で「さへ」、秋の夕暮れのこういう烏は「あはれ」しみじみとして情緒があると高く評価する。これも、読者にとっては新鮮な驚きである。「あの烏を『あはれ』だなんてどういうこと！」と思いつつ、「でも『夕日のさして山の端いと近うなりたるに』『寝どころへ行くとて』『三つ四つ、二つ三つなど』『飛びいそぐ』烏。なるほど、もしかしたらいいかもしれない」と思ってしまう。周到な仕掛けである。

その上で雁を登場させる。雁が連なって飛んでいる姿は、漢詩の世界でも日本の先行文学でも肯定的な形象として評価されてきている。これを「まいて」と前置きした上で「雁などのつらねたるが、いと小さく見ゆるはいとをかし。」と評価する。だから、これは新提案ではない。しかし、ここで雁を登場させることで、雁と同格とまではいかなくても、ある程度まで肩をならべるくらいにまで烏を持ち上げることになっている。字数は烏は約六十字、雁は約三十字で圧倒的に烏の描写が丁寧である。明らかに烏に焦点が当たっている。

ここで注意すべきは、雁の「つらねたるが、いと小さく見ゆる」である。雁はあの「大造じいさんとガン」（椋鳩十）のガンである。近くで見るとかなり大きい。小鳥などと違ってかわいいとか可憐とか言えるものではない。雁は、近くではなく遠くを群れで一直線に連なったりV字型に連なったりする姿が美しい。「いと小さく見ゆる」つまり、かなり遠景だからこそ「をかし」となる。

しっかりと古典の世界を踏まえた雁の連なる姿のよさを示しつつ、全く意外な烏の姿のよさを提案するという仕掛けである。対比的効果であるし「私は古来いいと言われている鳥たちのことを知らないで言っているわけではないのですよ」「十分知っている上であえて新提案をしているのですよ」という断りとも読める。

そして、「日入り果てて、風の音、虫の音など、はた言ふべきにあらず。」が来る。

「日入り果てて」で、「秋は夕暮れ。」という時間帯指定をあえてずらしている。秋の風の音、秋の虫の音もここで出しておきたい。しかし、夕暮れだとまだ風の音が印象的でない。虫の声もまだ十分でない。「日入り果てて」暗くなってからの方がそれらのよさが際立つという演出である。暗いために視覚的な要素は後退する。聴覚が研ぎ澄まされ、秋の風が草木を揺らす音が聞こえる。そして、暗い中で秋の夜長を虫たちが綺麗に鳴く。ただし、これらは、語り手（虚構としての作者）のオリジナルではない。既に秋の風、秋の虫は先行文学でも評価されてきた。それを再度出している。一つには「鳥」と「雁」だけでは、少し単調になると計算した可能性がある。また、それまでの日本の秋らしさも、彩りとして演出したかったとも読める。オリジナルでないから、ここは「言ふべきにあらず。」となっている。ここは「言葉にできないほどすばらしい。」と現代語訳することもあるが、「あえて言うまでもない。」「言うまでもなくすばらしい。」としておいた方が文脈的にも構造的にもよい（現在公にされている現代語訳には、その二つともがある）(注5)。

秋を構造的に読み返すと、「まいて」「言ふべきにあらず」を伴った多くの人たちによいものと認められてきた雁と風の音・虫の音と、「寝どころへ行くとて、三つ四つ、二つ三つなど、飛びいそぐさへあはれなり。」という「さへ」を伴った新提案としての烏とに分かれる。もちろん力点は後者にある。強烈な異化である。

5 「冬」を読む

「冬」は以下のとおりである。

冬はつとめて。雪の降りたるは言ふべきにもあらず、霜のいと白きも、またさらでもいと寒きに、火などいそぎおこして、炭もて渡るもいとつきづきし。昼になりて、ぬるくゆるびもていけば、火桶《ひをけ》の火も白き灰がちになりてわろし。

まず「つとめて」は、それ自体提案性がある。「春」の「あけぼの」に近い。京都の冬は寒い。底冷えがする。とすると、冬で一番ありがたいのは朝ではなく、晴れていれば少し温かくなる昼間である。しかし、そういう単純な心地よい時間帯を冬のよさの代表とはしない。

「つとめて」つまり早朝は、この後出てくる炭を熾す、それを配る、炭を継ぎ足すなど一連の動きが生まれる時間である。食事の準備と食事、そして片づけという動きもある。昼になると「火桶の火も白き灰がち」になることに象徴されるように弛緩し、その動きは止まってしまう。

また、普通は冬の寒さはいやがるものだが、語り手は冬はしっかり寒い方が冬らしいと言っているとも解釈できる。寒さが視角的に確認できる「雪の降りたる」様子が「言ふべきにもあらず」つまり言うまでもなくよいと言っているのは、そういう見方が含まれるとも読める。そして、早朝の雪は、まだ中途半端に溶けてもいないし人の足で踏み荒らされてもいない。風景としても美しい。これらも選択理由の一つかもしれない。

そして仮に雪が降らなくても霜でもなかなかよいと評価し、さらに霜がなくたっていいのだと続ける。そして、そういうとても寒いときに女官たちが「火などいそぎおこして、炭もて渡る」様子・姿も、とても「つきづきし」と評価する。「つきづきし」は、似つかわしい、ふさわしいという意味である。なかなかそのときの情景としてぴったりくる。なかなか絵になっているということである。

おそらく上級の女官たちは床に座ったまま（あるいは寝床から）のローアングルで、下級女官たちが立ち急ぐ姿を見ている。それは、冬になれば毎日見慣れているどうということもない当たり前の日常的風景である。誰もそんなことは気にもしない。特に意識したりしない。しかし、ここではあえてその様子・動きをフォーカスして、「どう、しっかり見てみると、なかなか絵になってると思わない？」と提案する。誰一人、気にも留めないで見過ごしている日常の風景を、あえて取り出しフォーカスし、それを「つきづきし」と意味づけてみる。これも斬新な提案である。こういった当たり前の情景、動き、瞬間を切り取って「つきづきし」などと意味づけた者はこれ以前にはいないはずである。

「いそぎおこして」とある。なぜ急いでいるのか。おそらく上級女官たちは「早く赤く熾きた炭を持ってきてほしい」と思っている。それに応えるには、ゆっくりなどしていられない。「早くしなさいよ！」「まだ来ないの！」という上級女官たちの声が聞こえてきそうである。その意味で「いそぎおこして」の「いそぎ」は、直接には火を熾すにかかっているが、「炭もて渡る」にも心理的にはかかっていると読める。火を熾すのも急いでいるのだから、その真っ赤になった炭を配ることも急いでいないはずはない。その小走りの急いでいる（少し慌てているかもしれない）下級女官たちの姿がなかなかぴったりくる。絵になっていると見たのである。

これも読者たちは、普段そんなことには全く気に留めたりすることなどないのに、「そう言われてみれば絵になるね」「なるほど、そう見ると、その様子もなかなかだね」と共感する。

そして、最後に「昼になりて、ぬるくゆるびもていけば、火桶の火も白き灰がちになりてわろし。」が来る。これもかなりの意外性である。ここでも秋同様に、「つとめて」から「昼になりて」と時間ずらしをしている。ずらしたことで、「火桶の火」が「白き灰がちにな」る。「つとめて」の炭は、間違いなく真っ赤に燃えている炭たちである。それと真逆の炭が登場する。時間帯が早朝のままだと、これほど見事な対比は生まれない。

真っ赤に熾った炭と火が消えかかっている白い炭との対比。語り手はもちろん真っ赤に熾った炭が好きなのである。そして、その熾った炭を含む情景を「つきづきし」と評価したことに対し、今度ははっきりと「わろし」と断言する。弛緩した残骸のような白っぽくなった炭への強い否定的評価である。

この「火桶の火も白き灰がちにな」っている様子を取り上げていること自体も大きな提案である。さきほどの女官たちの姿もそうだが、この昼になって炭が白く灰がちになることについても、誰も気に留めたりはしない。これも、日常のなんということもない当たり前の風景である。よいとか悪いとか評価する対象でさえない。誰もそういうことを意識することなどない。それを、ここではあえて立ち止まり切り取りフォーカスし読者に示す。それを取り上げるだけでも新提案である。

そして、それをあえて「わろし」と言い切る。昼になって炭を継ぎ足さなければ、やがて白く灰がちになるのは当たり前の現象である。嬉しいわけではないが、特にいやだとか見栄えが悪いだとかみっともないなどと普通は感じない。その灰が何かの事情で外に出てしまって床を汚すとか着物を汚すとかすれば、不快とは思うだろう。しかし、火桶の中の灰が白くなることを特に否定的に見ることはない。それを「わろし」と言い切る。

右のような対比の効果があることは十分認められるが、それにしても、ここまで春・夏・秋・冬と四季の肯定的な風景、様子、対象を続けて述べてきて、ここであえて否定的なモチーフを取り上げていることをどう見たらよいのか。たとえば「真白き雪に稚児の足跡、二つ三つ見えたるもをかし。」など、無難に終わってもよかったかもしれないとも考えられる。

一つにはここでは否定的に評価するモチーフをあえて取り上げることによって、「私はただ何でも目についたものを『いいね』『感動するね』と言っているだけではないのですよ」ということを言っておくためにここで「灰がち」の炭をあえて提出したという読み方ができる。「私も、いやだと思うもの、みっともないと思うものもあるのです」と示しつつ、しっかりと冷めた目、多様な目も示したかったということである。

もう一つの可能性は、この第一段の序章的役割ということである。この後『枕草子』では、「うつくしきもの」「ありがたきもの」と肯定的に評価できるものと同時に、「すさまじきもの」「にくきもの」など否定的に評価しているものも提示している。その予告的な役割という読み方である。

冬を俯瞰的に見直すと、「言ふべきにもあらず」と言われている「雪の降りたる」様子のグループがまずある。ここには「霜のいと白きも、またさらでも」も入るかもしれない。これらは、以前からよいと思われているものである。それに対し「炭もて渡るも」には意外性がある。ここで「も」が出てきているが、これは夏で使われている「闇もなほ」の「も」と同じである。否定的に評価されているものを「それもいいと思わない？」「それもいいよね」という意味で使っている。「炭もて渡る」様子は特に否定的に思われているわけでもない。しかし肯定的にも思われていない。もともと誰も気に留めていない無関心の対象である。無関心の対象、誰も気に留めていないような「炭もて渡る」だが、そこに目を留めてみると「それもいいと思う」「それもいいよね」ということである。新しい見方を提案するという点では、夏の「も」や秋の「さへ」に極めて近い。

そして、「火桶の火も」の「も」は、誰も気に留めないような「火桶の火」の「白き灰がち」に目を留め、今度は逆に「それって、いやだよね」「につかわしくないよね」と否定的に評価する。ベクトルは逆だが、取り立てによる新提案としての「も」としてはこれまでの「も」と同様の効果である。

ここも夏・秋同様、大きく二グループに分かれる。

6 第一段を再度俯瞰する―二つのグループの関係と役割

既に読んできたことを、再度構造的に俯瞰し直すと次のようなことが見えてくる。

夏・秋・冬と、それぞれモチーフを二つのグループに分類することができると述べてきた。

夏は、第一グループが、「さらなり」が伴う「月のころ」である。第二グループは、「なほ」「も」を伴う「蛍の多く飛びちがひたる」「ただ、一つ二つなど、ほのかにうち光りて行く」「雨など降る」である。

秋は、第一グループが、「まいて」を伴う「雁のつらねたる」様子そして「はた言ふべきにあらず」を伴う「風の音、虫の音」である。第二グループが、「さへ」を伴う「烏」である。

冬は、第一グループが「言ふべきにもあらず」を伴う「雪の降りたる」である。ここに「霜のいと白き」を入れてもよいかもしれない。第二グループは、「も」を伴う「炭もて渡る」様子と「火桶の火」である。これを表にすると次のようになる。第一グループは、「さらなり」「まいて」「言ふべきにあらず」とあると

	夏	秋	冬
第一グループ [既に定説となっている美]	**月のころ**はさらなり	まいて**雁などのつらねたる** **風の音、虫の音**など、はた言ふべきにあらず	**雪の降りたる**は言ふべきにもあらず **霜のいと白き**も
第二グループ [語り手独自のオリジナルの美]	**闇**もなほ、**蛍の多く飛びちがひたる** また、**ただ一つ二つなど、ほのかにうち光りて行く**もをかし **雨など降る**もをかし	烏の寝どころへ行くとて、三つ四つ、二つ三つなど、飛びいそぐさへあはれなり	火などいそぎおこして、**炭もて渡る**もいとつきづきし **火桶の火**も白き灰がちになりてわろし

おり、それ以前に多くの人たちによいものと認められてきたモチーフ群である。それに対し第二グループは「も」「さへ」とあるとおり、それ以前は否定的に見られてきた、あるいは気に留められることさえなかったモチーフ群である。それを「こういう様子、姿、情景も、よくよく見てみるとなかなかいいと思わない？」と、大胆に提案をしている。既に述べているとおり第二グループこそ語り手（虚構としての作者）のオリジナルの新提案である。それもかなり挑発的・刺激的な大胆な提案、驚きの提案である。

ただし、だとすると第二グループだけをこの段で提示してもよさそうにも思える。しかし、それだけだと、常識的な見方がないために、第二グループの提案性が際立たない。対比的に第一グループも同時に提示することで、第二グループの鮮やかさが浮き出てくる。また、第二グループだけだと、やや単調になる危険がある。従来の見方の確認と新しい見方が組み合わせられて示されることで、段全体が豊かさをもつ。さらには、「私は古来いいと言われているモチーフを知らないで言っているわけではないのですよ」「十分知っていて、ここではあえて新しい提案をしているのですよ」という断りとも読める。これまでの感覚・価値観をしっかりと踏まえ評価しつつ新しい見方を提案すると言うことでより説得力を高めるという仕掛けである。

ただ、春だけは、はじめから第二グループにあたる新提案のみを示す。既に読んだとおり朝でも日の出ではなく、その前の「あけぼの」にしている点が新しい。ここは、対比的手法を用いないでストレートに新しい「あけぼの」という提案、「やうやう白くなりゆく」→「山ぎは、すこしあかりて」→「紫だちたる雲のほそくたなびきたる」という提案をしている。

＊

ここで生かした読みの方法（言語の力）としては、まず「四部構造の関係性と効果への着目」がある。「事例（事実）の取捨選択の在り方の着目」「事実・事例の配置の仕方の効果への着目」「列挙されている事例（事実）の一貫性と差異性への着目」もある。「一貫性をもつ二グループの二項対比への着目」「文法的な仕掛けへの着目」もある。具体的には「『も』『さへ』『まいて』などの助詞・副詞の効果への着目」「体言止めの効果への着目」である。「文化的前提と歴史的前提への着目」もある。さらには「（虚構としての）作者のものの見方・考え方の吟味・批評」「異化作用への着目」も使っている。

〈注〉

(1)　中学校国語教科書『国語2』二〇二〇年、光村図書による。

(2)　阿部秋生はこの文体について「現代のキャッチフレイズなどによく見られる語法」と述べている。（『枕草子評釈』（国文学評釈叢書）東京堂、一九五八年、四六頁）

(3)　北村季吟はこの始まり方について「はるはよろづの物生ずる初めなれば、發端にかけり。此發端に、春は曙を賞していへる、少納言の心あらはれて、枕双紙一部の形容もこもり侍るべし。」と述べている。「春」と「曙」がシンクロしているという指摘である。（北村季吟『春曙抄』一六七四年／『枕草子春曙抄（杠園抄）』（日本文学古註釈大成）日本図書センター、一九七八年、一四頁）

(4)　たとえば『明鏡国語辞典』には助詞「も」についての説明中に「ある物事（特に極端な物事や高い評価を表す物事）をとりたてて、通常は成立しないがと一歩引く気持ちを添えながらも、この場合は大いに成立すると主張してその文意を強める、…（で）さえも。…といえども。…でも。」とある。（北原保雄『明鏡国語辞典』第二版、二〇一〇年、大修館書店）

(5)　たとえば塩田良平はこの「風の音、虫の音など、はた言ふべきにあらず。」を「風の音や蟲の鳴聲など（のかなしさは）いまさら、言うべきかぎりではない。」と訳している。（塩田良平『日本古典鑑賞講座・第九巻・枕草子』一九五八年、角川書店、七一頁）

第2節　第一四五段「うつくしきもの」を読む

1　第一四五段の本文と構造

第一四五段の本文は以下のとおりである（注1）。

うつくしきもの、瓜《うり》にかきたる児《ちご》の顔。雀《すずめ》の子の、ねず鳴きするにをどり来る。二つ三つばかりなる児の、急ぎてはひ来る道に、いと小さき塵《ちり》のありけるを、目ざとに見つけて、いとをかしげなる指《および》にとらへて、大人ごとに見せたる、いとうつくし。頭《かしら》は尼そぎなる児の、目に髪のおほへるを、かきはやらで、うちかたぶきてものなど見たるもうつくし。

大きにはあらぬ殿上童《てんじやうわらは》の、装束《さうぞ》き立てられてありくもうつくし。をかしげなる児の、あからさまに抱《いだ》きて遊ばしうつくしむほどに、かいつきて寝たる、いとらうたし。

ひひなの調度。蓮《はちす》の浮き葉のいと小さきを、池より取り上げたる。葵《あふひ》のいと小さき。何も何も、小さきものは、みなうつくし。

いみじう白く肥えたる児の、二つばかりなるが、二藍《ふたあゐ》の薄物など、衣長《きぬなが》にてたすき結ひたるが、はひ出《い》でたるも、また、短きが袖がちなる着てありくも、みなうつくし。八《や》つ、九つ、十ばかりなどの男児《をのこご》の、声は幼げにて文《ふみ》読みたる、いとうつくし。

鶏のひなの、足高に、白うをかしげに、衣短《きぬみじか》なるさまして、ひよひよとかしがましう鳴きて、人のしりさきに立ちてありくもをかし。また、親の、ともに連れて立ちて走るも、みなうつくし。かりのこ。瑠璃の壺《つぼ》。

現代語訳　かわいらしいもの。瓜にかいてある稚児の顔。ネズミのような鳴き声を出すと雀の子が踊るように近寄ってくる姿。二つ三つばかりの稚児が、急いで這ってくる道筋に、とても小さい塵があったのを、目ざとく見つけて、とてもかわいい指でつまんで、大人一人一人に見せるのは、とてもかわいらしい。髪の毛をおかっぱ頭にしている稚児が、目に髪の毛がかぶさるのを、払いのけないで、頭を傾けて何かを見ているのなどもかわいらしい。

あまり大きくはない殿上童が、大袈裟に装束を着飾らせられて歩く姿もかわいらしい。かわいらしげな稚児を、ちょっと抱いて遊ばしてかわいがるうちに、抱きついたまま寝た姿は、とても愛らしい。

ひな人形の道具。蓮の浮き葉のとても小さいのを、池から取り上げたの。葵のとても小さいの。どれもどれも、小さいものは、みんなかわいらしい。

色が白くてとても太った稚児で、二歳くらいなのが、二藍のうすものなどを丈長に来て、たすきをかけた姿ではい出てきているのも、また、短い着物で袖ばかりが目立つのを着て歩くのも、みなかわいらしい。八つ、九つ、十くらいの男の子が、幼げな甲高い声で漢籍を読んでいるのは、とてもかわいらしい。

鶏の雛が、足が長く見えて、白くかわいい感じで、丈の短い着物を着ているような様子で、ぴよぴよとやかましく鳴いてきて、人の後先に立って歩くのもかわいらしい。また、親鳥が、一緒に連れて立ち走るのも、みんなかわいらしい。水鳥の卵。瑠璃の壺。

これは、事例列挙型随筆である。

前述の本文の段落構成は、多くの全集や教科書などで示されているものである。いずれ段落は教材化の過程で設定したものである。そこで、それをあえて次のように再構成してみた。(句読点も一部変えてある。)

うつくしきもの。(A)

瓜《うり》にかきたる児《ちご》の顔。雀《すずめ》の子の、ねず鳴きするにをどり来る。(B)

二つ三つばかりなる児の、急ぎてはひ来る道に、いと小さき塵《ちり》のありけるを、目ざとに見つけて、いとをかしげなる指《および》にとらへて、大人ごとに見せたる、いとうつくし。頭《かしら》は尼そぎなる児の、目に髪のおほへるを、かきはやらで、うちかたぶきてものなど見たるもうつくし。大きにはあらぬ殿上童《てんじやうわらは》の、装束《さうぞ》き立てられてありくもうつくし。をかしげなる児の、あからさまに抱《いだ》きて遊ばしうつくしむほどに、かいつきて寝たる、いとらうたし。(C)

ひひなの調度。蓮《はちす》の浮き葉のいと小さきを、池より取り上げたる。葵《あふひ》のいと小さき。何も何も、小さきものは、みなうつくし。(D)

いみじう白く肥えたる児の、二つばかりなるが、二藍《ふたあゐ》の薄物など、衣長《きぬなが》にてたすき結ひたるが、はひ出《い》でたるも、また、短きが袖がちなる着てありくも、みなうつくし。八《や》つ、九つ、十ばかりなどの男児《をのこ》の、声は幼げにて文《ふみ》読みたる、いとうつくし。(E)

鶏のひなの、足高に、白うをかしげに、衣短《きぬみじか》なるさまして、ひよひよとかしがましう鳴きて、人のしりさきに立ちてありくもをかし。また、親の、ともに連れて立ちて走るも、みなうつくし。かりのこ。瑠璃の壺《つぼ》。(F)

前頁のように再構成すると、モチーフのまとまりによる一定の構造が見えてくる。

Aで、まず「うつくしきもの」と、この段でこれから列挙していくテーマを大きく示す。

その上でBで、「瓜にかきたる児の顔」「雀の子」を取り上げる。次にCで、「二つ三つばかりなる児」「頭は尼そぎなる児」「大きにはあらぬ殿上童」「をかしげなる児」と人間の子どもを取り上げる。BもCも、子どもである点で同一である。ただし、Bは顔が描かれた植物と動物であるのに対し、Cは人間の子どもとなる。

後半のDは、「ひひなの調度」「蓮の浮き葉」「葵」と人間の子どもから事物、植物に変わる。Eで再び「肥えたる児」「八つ、九つ、十ばかりなどの男児」と人間の子どもに戻る。最後にFで、「鶏のひな」「かりのこ」「瑠璃の壺」と、動物、事物に移る。

A「うつくしきもの」の提示の後は、↓B植物（事物）と動物↓C人間の子ども↓D事物と植物↓E人間の子ども↓F動物と事物となっている。サンド

A	うつくしきもの	（テーマ提示）
B	瓜にかきたる児の顔、雀の子	（植物・動物）
C	二つ三つばかりなる児 頭は尼そぎなる児 大きにはあらぬ殿上童 をかしげなる児	（人間の子ども）
D	ひひなの調度 蓮の浮き葉、葵	（事物・植物）
E	肥えたる児、八つ、九つ、十ばかりなどの男児	（人間の子ども）
F	鶏のひな、かりのこ、瑠璃の壺	（動物・事物）

イッチ型にして変化をつけ、単調になることを避けている(注2)。

モチーフの数としては、動物、植物、事物の方が多いが、文字数としては、人間の子どもの記述の方が多い。なんと言っても人間の子どもの描写が丁寧である。特に描写が濃いのは、CとEの人間の子どもである。ただし、Fのひよこの描写も濃い。

それらを貫く要素としては、①子ども・雛など生育途上のものであること　②小さいものであること――の二点が挙げられる。さらにくわしく読んでいくと、それ以外の一貫性も見えてくる。(それについては本節「7」で詳述する。)

表現を俯瞰すると、A「うつくしきもの」という体言止めで始まり、直後のB「児の顔」の体言止めと「雀の子の、ねず鳴きするにをどり来る」の連体形でそれを受けている。連体形は「をどり来るけしき」という意味で体言止め的な効果を含んでいる。

その後、C新しいモチーフに対し「いとうつくし。」「うつくし。」「いとらうたし。」と評価する。体言止め・連体形から、通常の文体への移行である。ただし、ここでは「うつくし」を繰り返しても単調になるので、「いと」を付けたり、助詞の「も」を付けたり、「らうたし」に変えたりしている。

次に、D「取り上げたる」「葵のいと小さき」と、連体形が続く。これも体言止め的効果である。それを受けて「何も何も、小さきものは、みなうつくし。」と畳みかける。

Eで「みなうつくし。」「いとうつくし。」と、通常の評価をする文体に戻る。

Fでは、「をかし。」「みなうつくし。」という評価の通常文体を続けつつ、最後に「かりのこ」「瑠璃の壺」と体言で締める。

体言止めおよび連体形と、評価を含む通常の文体とをバランスよく(やはりサンドイッチ的に)配置している。評価を含む文章も「いとうつくし」「うつくし」「いとらうたし」「みなうつくし」「をかし」など変化をつけ、単調な重なりになることを避けている。「いとうつくし」は二回出てくるが、箇所が離れている。「みなうつくし」も二回出てくるが、これも一定の距離がある。何より一回目の「みなうつくし」は「何も何も、小さきものは、みなうつくし。」と畳みかける表現で二回目の「みなうつくし」とはニュアンスが違う。

2「うつくしきもの」と「瓜にかきたる児の顔」「雀の子」を読む

ここから少しくわしく読んでいく。
まず、冒頭部分である。

うつくしきもの。
瓜《うり》にかきたる児《ちご》の顔。雀《すずめ》の子の、ねず鳴きするにをどり来る。

この段は、「うつくしきもの。」という体言止めから始まる。これは『枕草子』では定番の始まり方の一つだが、ここでもこれが効果的である。体言止めにすることで、説明臭さをなくし読者にインパクトを与えている。はじめに体言止めでタイトルあるいはラベルあるいはテーマを提示している。
「うつくしきもの」は、その意味でこれから語り始めることの予告である。「さあ、これから『うつくしきもの』について語り始めますよ」と読者に告げている。また「これから示すものはすべて『うつくしきもの』ですよ」とはじめに最重要のテーマを結論的に示しているとも言える。さらには問いでもある。「これから『うつくしきもの』を挙げていきますよ」「どんなものが登場すると思いますか?」と読者に問いかける効果ももっている。予告であり、テーマ・結論であり、問いかけでもあるこの一語によって読者の期待を高める。

もし先に多くのモチーフやその描写が置かれ、最後に「いずれもみなうつくし。」などと終わったとしても内容としては変わらないが、問いかけや期待の効果は消えてしまう。また、一つ一つのモチーフがどのような一貫性でつなげられているかもわかりにくい。「うつくしきもの」とはじめに提示されていることで、一つ一つがここに収斂されることが予め読者にわかる。

「うつくしきもの」は、「かわいいもの」の意である。日本の「カワイイ文化」は海外でも人気だが、それにつながる感覚である。愛らしい、愛しいなどともつながる。「うつくし」は、時代によっては現代に近い「きれい」という意味で使われたり、「立派だ」という意味で使われることもあった。しかし、少なくともこの段の「うつくし」は、登場するモチーフから逆算しても明らかに「かわいい」「可愛い」「カワイイ」である。

当時の男性が実権を握っていた政治、社会、文化では、おそらく軽視されている。あるいは無視されている価値である。当時のほとんどの男たちが気がつかない斬新な価値を、ここで見事に切れ味よく提示している。

「うつくしきもの」を受けて、まず登場するのは「瓜にかきたる児の顔」である。瓜におそらくは女官たちが子どもの顔をかいたのであろう。瓜はすぐに腐ってしまうものだから一時の遊びに過ぎない。子どもっぽい軽い遊びである。戯れ事であり、女性たちの世界でも普通は特に取り立てて述べるほどの対象ではない。取るに足らない行為であり対象である。しかし、そういうものこそがいいのだと、あえて取り上げ「うつくしきもの」のモチーフの第一に置く。

「雀の子の、ねず鳴きするにをどり来る。」のこの雀の子は、おそらく雛のときから人間が餌をやって人間を親だと思うようにして育てたものだろう。「ねず鳴き」はネズミの鳴き声のようにチュッチュッと音を出すことである。人間がその音を出すと、餌をもらえると思って寄ってくる。それも「をどり来る」だから、うれしそうに喜んで急いで近づいてくるのである。ただし、まだ雛鳥だから歩くにしてもたどたどしい。不格好などたばたとした動作のはずである(注3)。「瓜にかきたる児の顔」まではないが、これも特に珍しい対象、珍しい情景ではないはずである。人間が育てた雀の子も、ねず鳴きという行為も、雀の子がうれしそうに人間に寄ってくる光景も、そう珍しいものではない。それを「うつくしきもの」の第二に置く。

いずれも、通常は価値として特に取り立てて評価するようなものではない。顔をかいた瓜とたどたどしくて鳥としてはスマートさのない雀の子。大多数の人は、そこそこかわいいと感じたとはしても、せいぜいがその場で軽く口にする程度で文章に取り立て書き記し評価しようなどとは考えない。しかし、ここでは「うつくしきもの。」の直後につまりモチーフ提示の最初に「瓜にかきたる児の顔。雀の子の、ねず鳴きするにをどり来る。」をあえて取り立て、そのかわいらしさを高く評価する。軽い意外性がある。

戯れ事、そしてスマートさのない不格好な様子だが、「そう言われてみると、そういうもの、確かにかわいい！」などと読者は思う。むしろ戯れ事であったり不格好であったりするからこそ逆にかわいらしい。これも、第一段「春はあけぼの」の「火など急ぎおこして、炭もて渡るもいとつきづきし。」の発想と重なる。通常は見過ごされている対象を、あえてフォーカスし取り上げそのよさを提案している。

「瓜にかきたる児の顔」と「雀の子」を評価しているとは言っても、瓜と雀の子のことである。それらが「うつくし」と言われて「確かに」「そのとおり」と思っても植物と小動物である。「うつくしきもの。」という少し振りかぶった体言止めでのオープニングに比べると対象・事象としては軽い。しかし、それが肩の力を抜いて、この後を読んでいくことができる効果を生んでいる。

仮に「うつくしきもの。」という予告・テーマ提示の直後に「二つ三つばかりなる児の、急ぎてはひ来る道に、いと小さき塵のありけるを、目ざとに見つけて、いとをかしげなる指にとらへて、大人ごとに見せたる」

などが来ると、濃い描写で文も長く重くなる。「うつくしきもの。」という問いに、まずは「瓜にかきたる児の顔。」「雀の子の、ねず鳴きするにをどり来る。」と軽く答えておく。その後に少し長めのより本格的な描写をもってくる。そのことで、読者のこの段への入り方をより軽やかで滑らかにするという効果が生まれている。

❸「二つ三つばかりなる児」「頭は尼そぎなる児」「大きにはあらぬ殿上童」「をかしげなる児」の登場

軽い入り方から、いよいよ本物の児の登場である。

二つ三つばかりなる児の、急ぎてはひ来る道に、いと小さき塵《ちり》のありけるを、目ざとに見つけて、いとをかしげなる指《および》にとらへて、大人ごとに見せたる、いとうつくし。

「二つ三つ」と言っても数え年だから、現在の満年齢とかなり違う。「はい来る」つまり這い這いをしているのだから、現在の二歳未満つまり0歳から一歳とみるのが自然である(注4)。この子どもは今、這い這いをしているが、なぜか急いでいる。小さい塵を見つけたからか、何か別の目的があったのか。いずれにしてもゆっくり這うのではなく急いで這っている姿がかわいいのである。小さい塵だから大人や少し大きな子どもはそんなものに注目などしない。気に留めさえしない。そういうものをわざわざ面白そうに見つける。「目ざとに見つけて」は、普通は見つけないようなものを児は見つけたということである。それは、「小さき塵」つまりゴミである。「汚い！」「そんなもの拾って！」と嫌悪することもあるかもしれない。しかし、ここではかえってそれがかわいいと評価する。

また、「いとをかしげなる指」つまりとてもかわいい指と表現する。塵を持った児の指先に、語り手の視線がクローズアップで焦点化されている。もちろん読者も一緒にクローズアップで見ている。その指先の塵をそこにいた女官たちに「見て見て」という感じで次々見せる。その姿がかわいらしいと言う。

ここでは、子どもの一連の様子が時系列で描かれている。まず①「二つ三つばかりなる児」が「急ぎてはひ来る」カットである。次にその過程で②「いと小さき塵のありけるを、目ざとに見つけ」る。それを③「いとをかしげなる指にとらへ」る。そして、そこからさらに移動してそこにいた④「大人ごとに見せたる」である。動画のようである。物理的な時間としては、わずかだが、それを丁寧に描写する。おそらく視点は低い。語り手はそばに座って低い姿勢で見ているという視点である。そして、「いとをかしげなる指にとらえて」はクローズアップである。優れて映像的である。

これも、また特別な出来事ではない。幼い子どもがいれば日常では珍しくもない出来事である。かわいいとは思っても、普通はそれをあえて取り立てて語るようなことはしない。まして文章に評価しつつ書くことなどということはない。それを、あえて取り上げている。「こういうものにこそ注目したい」「注目してほしい」という提案である。

ただし、これは、直前の「瓜にかきたる児の顔。雀の子の、ねず鳴きするにをどり来る。」の異化とは少し違う。「瓜にかきたる児の顔。雀の子の、ねず鳴きするにをどり来る。」は、普通は特に取り立てるほどのものではないものを、あえて焦点化しているだけである。それに対し、この「二つ三つばかりなる児の、急ぎてはひ来る道に、いと小さき塵のありけるを」は、普通取り上げないだけでなく、塵を拾ってくるのだから人によっては嫌悪し否定的に捉えるかもしれない対象である。それをあえて取り上げ、否定的どころか肯定的に評価している。落差はより大きい。

次に「尼そぎなる児」が出てくる。

頭《かしら》は尼そぎなる児の、目に髪のおほへるを、かきはやらで、うちかたぶきてものなど見たるもうつくし。大きにはあらぬ殿上童《てんじやうわらは》の、装束《さうぞ》き立てられてありくもうつくし。をかしげなる児の、あからさまに抱《いだ》きて遊ばしうつくしむほどに、かいつきて寝たる、いとらうたし。

「尼そぎ」は、京人形のように髪の毛を肩くらいで切りそろえた髪で、直前の「二つ三つばかりなる児」より子どもの年齢は上がる。ここで注目しているのは「目に髪のおほへる」様子である。目に髪がかかっているというのは、本来は望ましくない不完全な状態である。しかし、それがかえってかわいらしいと評価する。その上「かきはやらで」とそのままにしている。気にしないで目に髪がかかったままでいる。不完全な状態が解消されずに継続する。これもかえってかわいいと言う。さらに「うちかたぶきて」首を傾けている状態である。これは、特別なものではないが、まっすぐ背筋の伸ばしている状態に比べると不完全とも言える。少なくとも大人はそういう状態を長く続けることはない。この児は、「かきはやらで」「ものなど見たる」だから、一瞬ではなくそういう状態を続けているらしい。しかし、それが逆にかわいいと評価する。

不完全なもの、不完全な状態は、普通大人であれば一瞬でも早く解消したいと考える。しかし、そんなことを全く気にしないで、目に髪がかかり続けている。首も傾げたまま。「子どもならそれがかえってかわいいと思わない？」とここでも提案している。

これは、母親であったり子どもが好きな者であれば、かわいいと感じることはあるだろう。ただし、これもそうは感じても、それを「かわいいでしょう」とあえて多くの人たちに同意を求めたりはしない。まして文章に価値づけしつつ記すことなど普通はしない。

次の「大きにはあらぬ殿上童の、装束き立てられてありくもうつくし。」の「殿上童」はさらに年齢が上かもしれない。しかし、「大きにはあらぬ」だから、それほど体が大きくない。幼さがまだある。「殿上童」の「殿上」という呼称がまずは大人びている。実際には幼いのに「殿上」とは大袈裟な不釣り合いな印象である。

それが「装束き立てられ」る。「装束」は、装束をきちんと身につけることである。ここで注目すべきは「立てられ」である。ここで「立てられ」は特に目立っているようにとか、少し大袈裟な感じでということである。そこまでするのかと思われるほど過剰にというニュアンスがある。「さわぎたてる」「はやしたてる」の「たてる」に近い。まだ幼いのに、大人のように少し大袈裟に感じられるほどに過剰な感じで着せられ飾り立てられている。これも、否定的に見れば、不釣り合いな、不完全なものである。少しみっともないとも言える。しかし、それがかえってかわいらしいと提案している（注5）。

「をかしげなる児の、あからさまに抱きて遊ばしうつくしむほどに、かいつきて寝たる、いとらうたし。」で再びより小さい児に戻る。「をかしげなる」は、かわいいも含まれるが、ここでは顔かたちが美しく見える児ということであろう。少しの間抱いてあやしているうちに、大人の胸に抱かれたまま寝てしまったのである。「かいつきて」だから、眠ってはいても大人の衣服を手でしっかりとつかんでいる様子であろう。「いとらうたし」もかわいいということだが、守ってやりたいという感覚だろうか。（「らうたし」は「労甚し」から来ている。世話したい守りたいというニュアンスが加わる。）

これは、さきほどの「二つ三つばかりなる児」が塵を大人に見せることなどよりさらによくあることであろう。しかし、ここでもあえて取り上げ、そのかわいさを評価する。ここには、「かいつきて」と、児をぐっと抱きかかえている身体感覚と、またそこに児の手がしっかりと握られている身体感覚とが直接に伝わってくる。

④「何も何も、小さきものは、みなうつくし」のインパクト

次に「ひひなの調度」「蓮の浮き葉のいと小さきを、池より取り上げたる」「葵のいと小さき」の三つを提示し、「何も何も、小さきものは、みなうつくし。」と述べる。

ひひなの調度。蓮《はちす》の浮き葉のいと小さきを、池より取り上げたる。葵《あふひ》のいと小さき。何も何も、小さきものは、みなうつくし。

「ひひなの調度」は、雛人形遊びのミニチュアの道具や家具である。そして蓮と葵の小さい葉を取り上げる。ここで重要なのは、「何も何も、小さきものは、みなうつくし。」である。これは、直前の三点だけでなく、これまでの瓜、雀の子、そして人間の子どもたちも含んでいると見てよい。

ここは「何も、小さきものは、みなうつくし。」とすることもできた。「すべて小さきものは、みなうつくし。」とすることもできた。「何も何も」という一見稚拙に感じられるような繰り返し表現がもつ効果が重要である。「何も何も」は口語的でもある。ここで取り上げている「うつくしきもの」に対応するモチーフたちのもつ日常性と親和性が高いとも読める。また、「何も何も」と言うことで、左を見て「これも」、右を見て「これも」、また別の所を見て「これも」と、次々に目移りしながら「うつくしきもの」を探し見つけている姿をより擬態語的にイメージするという効果も見えてくる。稚拙とも感じられる表現が、語り手の目移りする姿・視線を生き生きと感じさせている。

小さいことは、一般的には好ましくない望ましくないと思われる場合が少なくない。特に子どもであったり、

雛であったりすれば、不完全・未完成・未熟である。ここで登場するモチーフはその要素をもっているものがほとんどである。しかし、大きかったり完全であったりするより、その方がかえってよいと「うつくし」という観点から高く評価する。もちろんそれも提案であり異化である。

5 「いみじう白く肥えたる児」と「八つ、九つ、十ばかりなどの男児」の不均衡の価値

「いみじう白く肥えたる児」が登場する。

いみじう白く肥えたる児の、二つばかりなるが、二藍《ふたあゐ》の薄物など、衣長《きぬなが》にてたすき結ひたるが、はひ出《い》でたるも、また、短きが袖がちなる着てありくも、みなうつくし。八《や》つ、九つ、十ばかりなどの男児《をのこご》の、声は幼げにて文《ふみ》読みたる、いとうつくし。

これも現在の満年齢で一歳前後の幼児である。「二藍」青色と紅色の二色の藍で染めた薄物を着ている。「衣長」つまりだぶだぶの着物である。「たすきがけ」もかわいいが、このだぶだぶもかわいい。逆に「短きが袖がち」つまり短すぎてツンツルテンになっている子どもも、それがかえってかわいい。

ここでも、不完全さ、不均衡、アンバランスがかえってかわいい、よいと評価する。

そして、「八つ、九つ、十ばかりなどの男児の、声は幼げにて文読みたる、いとうつくし。」が来る。現代では小学校下学年くらいの年齢である。学問を始めた頃であろう。この「文」は漢籍つまり中国の古典である。それを読んでいる。と言っても、ただ音読しているだけで意味はほとんどわかっていない可能性が高い。「声は幼げ」は甲高い子どもっぽい声である(注6)。中国古典だから大人の世界というだけでなく、知的で教養のあ

る知識人の世界である。それをまだ声変わりの前の甲高い声の子どもが、意味もわからずにただ言われたとおり音読している。これも、また大きなギャップ、不均衡、アンバランスである。

ここが「男児」なのは、男性の方がより早いうちから学問を身につけるようにと育てられることによる。もちろん女性でも漢籍に通じている者もいるし高い教養をもつ者もいる。しかし、おそらくは当時女性は隠れて密かに学んでいた可能性が高い。それに対し、男性は学ぶことを常に奨励され、その過程を高く評価する価値観があったのだろう。だから、この子どもも他の人たちの耳に入るほど大きな声で音読していたのである。

そういうものを耳にした際に、「意味もわからないのに子どもが漢籍を読むなんて生意気だ」という見方もあるかもしれない。しかし、語り手は、逆にその意外さ、不均衡がかえって「いとうつくし」特にかわいいと高く評価する。

「八つ、九つ、十ばかりなどの男児」とあるのは、声だけが聞こえて姿が見えていないという可能性が読める。遠くに聞こえる漢籍を音読する声、その甲高い声にかわいらしさを感じたのである。

6 最後に「鶏のひな」「かりのこ」「瑠璃の壺」

人間の子どもでは終わらない。三度、動物・事物を登場させる。

　鶏のひなの、足高に、白うをかしげに、衣短《きぬみじか》なるさまして、ひよひよとかしがましう鳴きて、人のしりさきに立ちてありくもをかし。また、親の、ともに連れて立ちて走るも、みなうつくし。かりのこ。瑠璃の壺《つぼ》。

「鶏のひな」の「足高」で「衣短なるさま」が示される。これは、フワフワとして白い毛の下にすっと足が長めに見えている。体のバランスの割には足が長く見える。そして、まるで小さい子どもが丈の短い着物を着ているように見えると表現する。これは、さきほどの「短きが袖がち」と共通の不完全さ・不均衡である。動物だが「衣短なるさま」と擬人的にそのかわいさを表現しているとも読める。

そして「ひよひよ」という擬声語が示され、人の周りをうろうろと歩く姿が描写される。これは、人間に育てられたために、人間を親と思って付いて歩くのである。「人のしりさきに立ちてありく」の「しりさき」は「しり」と「さき」が組み合わされた擬態語的な表現で、人の足下の後に行ったり前に出たりという様子が動画的に見えてくる。「かしがましう」は騒がしくうるさいということだが、ここではそれがかえってかわいい。「かしがましう」

ここでは「をかしげに」と「をかし」と繰り返しがある。ユーモラスなひよこの様子・動きを共感をもって描く。そして、そういう不均衡、落ち着きのなさ、うるささなどがかわいいと提案する。

「親の、ともに連れて立ちて走る」ひよこの姿も捉えている。それもかわいい。これらも、日常的な当たり前の珍しくもない光景であるが、それをあえて取り上げ評価する。

これで終わってもよいはずだが、一番最後に「かりのこ」「瑠璃の壺」を置く(注7)。「かりのこ」は、カルガモなど水鳥の卵である。普通の卵よりずっと小さい。「瑠璃の壺」はガラス製の当時としては高級の壺である。ここでは、大きい壺ではなく、おそらくは薬などを入れる手のひらに乗るような小さな壺であろう。宮廷らしい雅さが見えてくる。

この終わり方も、「瓜にかきたる児の顔。雀の子の、ねず鳴きするにをどり来る。」という軽い始まり方に対応した軽い終わり方である。また、「これで終わってもいいけれど、最後にちょっと言わせて」「最後にちょっと付け足しますよ」という茶目っ気も感じられる。

る。

7 第一四五段を再度俯瞰する──異化効果ということ

こう読んでくると、「うつくしきもの」という第一四五段の一貫性が見えてくる。この段を貫くテーマである。

第一に、取り上げられているモチーフがいずれも日常的で、特別なもの・特別なことではないという点である。特に宮廷の中では、珍しいとか特別だとかというものではない。見慣れた事物・光景などである。子どもたちの姿や様子、動物や植物、調度なども見慣れたものである。あえて言えば、最後の「瑠璃の壺」くらいが珍しいのかもしれないが、とは言え宮廷にいれば見たことくらいはあるかもしれない。

繰り返し述べているように随筆の本質の一つはそこにある。見慣れている、聞き慣れている日常の事物や出来事をあえて取り上げ取り立て、それを新しい視点・新しい価値で見直してみる。異化という新提案である。

第二に、見慣れているだけでなく、それ自体たいした対象でないもの。あるいは、通常の価値観では取るに足らないもの。さらにはつまらないと思われるようなものがモチーフになっていることである。「瓜にかきたる児の顔」も「雀の子の、ねず鳴きするにをどり来る」もひよこたちの姿・様子も、普通ではそこに価値を見出し評価することはない。そもそも通常はそういうものには気を留めることさえない。

第三に、見慣れている、取るに足らないというだけでなく、通常は否定的に見られる可能性のあるもの、好ましくないと思われる可能性をもつものをあえてモチーフとして取り上げていることである。「二つ三つばかりなる児」が「小さき塵」を大人に見せているが、既に述べたとおり塵は要するにゴミである。汚い・不潔と捉える人もいるはずである。しかし、その行為をかわいいと評価する。「尼そぎなる児」が「目に髪のおほへるを、かきはやらで」も、大人の観点ではみっともない、きちんとしていないという不完全さである。「殿上童の、装束き立てられて」も、特に「立てられ」に見られるように過剰な大袈裟な状態である。児が「衣長」であったり「短き袖」がちであったりするのも不均衡・不格好・不完全な状態である。たどたどしくもある。「八つ、九つ、十ばかりなどの男児の、声は幼げにて文読みたる」も、不釣り合いであり生意気でもある。それらをかわいいと評価する。

第四に、小さいもの・小さいことをよしとする点である。「何も何も、小さきものは、みなうつくし。」とあるとおりだが、既に述べたように小さいということをどちらかと言うと好ましくないと思う傾向がおそらく当時はあったはずである。不足している。不十分である。足りない。未熟である。弱い。至らない。未完成である。――という感覚である。子どもや雛であれば、それが未熟や不完全さにもつながる。そういう価値観ではなく、かえって小さい方がよい、かわいいと提案する。ここには、大きいこと、立派であることが必ずしもよいとは限らないという見方が内包されている。

見慣れている、取るに足らないと思われている、むしろよくないとさえ思われている対象について、新しい別の見方をする。「うつくし」という価値を発見する。提案するという異化作用が見えてくる。発見的認識と言える。

第一段「春はあけぼの」と似た異化作用である。『枕草子』の多くの段がそれを強く含んでいる。この異化は、この後歴史的にたとえば『徒然草』の第一三七段「花は盛りに、月は隈なきをのみ、見るものかは」に代表されるような見方・考え方につながっていく。桜は満開でないときこそが味わい深い。月も満月でないときこそ趣があると異化してみせる。さらには男女の関係も会っているときだけがいいわけではない。むしろ会いたい会いたいと思っているときの方がいいとまで言う。もちろん『徒然草』全体が、異化に満ちている。

それが現代のたとえば向田邦子の随筆にまでつながってくる。「海苔巻きの端っこ」では、誰も気に留めない海苔巻きの端っこや伊達巻きの両端、パンの耳などこそがいいと高く評価する。そして「こういうところが好きで仕方がない。／何だか貧乏たらしくて、しんみりして、うしろめたくていい。」と、この感覚を積極的に楽しんでいる(注8)。また「花底蛇《かていのじゃ》」では、花を活けるというごく普通の行為を「花をいけるということは、やさしそうにみえて、とても残酷なことだ。花を切り、捕らわれびとにして、命を縮め、葬ることなのだから。花器は、花たちの美しいお棺である。」と意味づける。強引で強烈な異化だが、新しい見方に驚きつつも共感してしまう(注9)。いずれも日常的で見落としてしまいそうな何気ないモチーフを切れ味よく異化している。

随筆という文学様式（ジャンル）そのものがそういう力を備えている。第一四五段「うつくしきもの」は、個性的で特殊でユニークなものばかりだが、同時に高い典型性をもっている。

＊

ここで生かした読みの方法（言語の力）としては、まず「モチーフのまとまりとモチーフの相互関係を構造的に把握する」がある。たとえば、「植物・事物」のまとまりと、「人間の子ども」のまとまりが見えてくる。そして、それらが「B植物（事物）と動物→C人間の子ども→D事物と植物→E人間の子ども→F動物と事物」とサンドイッチ型に示されるという構造が見えてくる。また、それらも総体として「うつくしきもの」として大きな一貫性をもっていることが見えてくる。そこでは「事例（事物）の取捨選択の在り方への着目」「別々のモチーフ・モチーフ群に含まれている一貫性と差異性への着目」という方法が生かされている。そして、「日常的なモチーフをどのように異化しているかに着目する」も、大切な読みの方法である。さらには「（虚構としての）作者のものの見方・考え方の吟味・批評」も使っている。

〈注〉

(1) 高等学校国語教科書『新高等学校古典B』二〇二〇年、明治書院による。

(2) 広田正は「植物→動物→子供→調度→植物→子供→動物→静物と変化をもたせ、各群への移行も連想的関連で結ばれている様である。」と述べている。(広田正「第一四五段『うつくしきもの』」有精堂編集部編『枕草子講座3・枕草子とその鑑賞Ⅱ』一九七五年、有精堂、一〇七頁)

(3) 広田は「頼りない足取りでやって来る雀の子」と読んでいる。(前掲書(2)に同じ、一〇六頁)

(4) 数え年では、生まれた時点で一歳となり、その後正月を迎えるごとに二歳、三歳と歳を重ねる。十月生まれの子どもだと、二回目のお正月では生後一年二ヶ月だが数え年で三歳となる。満年齢では一歳である。

(5) 広田は「衣服や行為の不調和な点を述べているが、それらはかえって子供のかわいらしさを一層引き立たせる結果になっている。」と述べる。(前掲書(2)に同じ、一〇七頁)

(6) 萩谷朴は、この声を「まだ声変わりせぬボーイソプラノともいうべき読書の甲高い声が、愛らしく聞こえたのである。」と述べる。(萩谷朴『枕草子解環三』一九八二年、同朋舎出版、三七三頁)

(7) 「瑠璃の壺」は、テキストによっては「舎利の壺」つまり骨壺になっていることがある。これについて萩谷は「元来小粒の仏舎利を納める為の舎利の壺は小型でよく、その材質が瑠璃であろうと、金銅であろうと、小さくて愛らしい意味で『うつくし』と形容するに足りるから(中略)「さりのつぼ」とする本文転化も生じた」と述べている。その上で舎利の壺は「当時においては、愛らしいと賞玩する対象とは為し得ないないし、また、それは小さいとは限らない」などの理由から「やはり、舎利器でなく、上質の瑠璃で作られた小さな壺を考えるべきであろう。」と述べている。(前掲書(6)に同じ、三七〇頁)

(8) 向田邦子「海苔巻きの端っこ」『父の詫び状』一九八七年、文藝春秋

(9) 向田邦子「花底蛇《かていのじゃ》」『男どき、女どき』一九八五年、新潮社

第3節　第二八〇段「雪のいと高う降りたるを」を読む

1　第二八〇段の本文と構造

第二八〇段の本文は以下のとおりである（注1）。

雪のいと高う降りたるを、例ならず御格子《み》まゐりて、炭櫃《すびつ》に火おこして、物語などして集まりさぶらふに、「少納言《せうなごん》よ、香炉峰《かうろほう》の雪いかならむ。」と仰せらるれば、御格子上げさせて、御簾《みす》を高く上げたれば、笑はせたまふ。

人々も、「さることは知り、歌などにさへ歌へど、思ひこそよらざりつれ。なほ、この宮の人には、さべきなめり。」と言ふ。

現代語訳　雪のとても高く降り積もっているときに、いつもとは違い御格子を下ろし申し上げて、炭櫃に火を熾して、話しなどをして集まっておりますと、中宮は「少納言よ、香炉峰の雪はどんなであろうかね。」と仰られるので、私が下の者に御格子を上げさせて、御簾を高く上げたところ、中宮はお笑いになる。

人々も、「そういう詩は誰でも知り、歌などにさえ歌っているが、そういう意味だとは思いもよらなかった。やはり少納言はこの中宮仕える人として、しかるべき人なのであろう。」と言う。

これは、物語型随筆である。短い段であるが、確かに事件が展開する。一定の物語的な構造もある。冒頭の一文「雪のいと高う降りたるを、例ならず御格子まゐりて、炭櫃に火おこして、物語などして集まりさぶらふに、『少納言よ、香炉峰の雪いかならむ。』と仰せらるれば、御格子上げさせて、御簾を高く上げたれば、笑はせたまふ。」からすぐに事件が動き出す。

その一文前半の「雪のいと高う降りたるを、例ならず御格子まゐりて、炭櫃に火おこして、物語などして集まりさぶらふに」には、季節、天候、場、事件設定などが書かれている。導入部（プロローグ）的役割である。ただし、この一文の中盤では中宮が「少納言よ、香炉峰の雪いかならむ。」と語りかけている。中宮のこの語りかけで事態は動き始める。この中宮の語りかけが事件の発端的な意味をもつ。同時にこの部分が展開部的な役割をもつ。そして、この一文後半でそれに少納言が応えて御格子を下の者に上げさせ、自らも御簾を高く上げる。それを見た中宮が笑う。この少納言の行動と中宮の笑いは意外性を含んでおり、これが山場的役割をもつ。つまり、冒頭の一文が、導入部的設定、展開部的役割、意外性のある山場的役割の三つの要素を含んでいることになる。そして最後の一文でその出来事を意味づける。人々が「さることは知り、歌などにさへ歌へど、思ひこそよらざりつれ。なほ、この宮の人には、さべきなめり。」と絶賛したことを紹介する。これが終結部（エピローグ・後話）である。

構造としては、事件―終結部（エピローグ）という二部構造である。ただし、右に述べたとおり、はじめの一文に導入部的要素、展開部的要素、山場的要素が同時に含まれる。

2　中宮と少納言の教養と二人の関係性

ここでは『白氏文集』の中の「香炉峰の雪」が登場する。その中でも次の部分との関わりが深い（注2）。

日高睡足猶慵レ起
小閣重レ衾不レ怕レ寒
遺愛寺鐘欹レ枕聴
香炉峰雪撥レ簾看
匡廬便是逃レ名地
司馬仍為二送老官一
心泰身寧是帰処
故郷何独在二長安一

日高《ひたか》く　睡《ねむ》り足りて　猶《な》ほ起くるに慵《ものう》し、
小閣《せうかく》　衾《きん》を重《かさ》ねて　寒《かん》を怕《おそ》れず。
遺愛寺《ゐあいじ》の鐘《かね》は　枕《まくら》を欹《そばだ》てて聴《き》き、
香炉峰《かうろほう》の雪《ゆき》は　簾《れん》を撥《かか》げて看《み》る。
匡廬《きやうろ》は便《すなは》ち是《こ》れ　名《な》を逃《のが》るる地《ち》、
司馬《しば》は仍《な》ほ　老《らう》を送《おく》るの官為《くわんた》り。
心泰《こころゆた》かに　身寧《みやす》きは　是《こ》れ帰処《きしよ》なり、
故郷《こきやう》　何《なん》ぞ独《ひと》り　長安《ちやうあん》に在《あ》るのみならんや。

この四行目の「香炉峰の雪」が、この段で登場する。ここでは直接には「香炉峰雪撥簾看」が対応しているが、二行目の「小閣重衾不怕寒」も中宮は意識している可能性がある。ふとんを重ねているので、寒くても大丈夫ということである。このときの宮中も「雪のいと高う降りたるを、例ならず御格子まゐりて、炭櫃に火おこして」寒くないようにしている。普通は寒くて外の景色を見ようとは誰も思わない。それを意識して中宮は「しかし、少々寒くても景色を見たい」「あの雪が降って寒いときも、白楽天は寒さをおそれずに香炉峰の景色を見たのと同じように」という意味を込めて言ったとも考えられる。

「香炉峰の雪」の一行だけを覚えていても、詩全体を知らなければそこまでは理解できない。このとき中宮がそこまで意識していたか、少納言がそこまで考えていたかどうか証拠はないが、知っていた可能性が高いと見てよい。それをも含んだ事後の中宮の笑いと読むと、この段がより立体的に見えてくる。

それをも含んでこの詩を十分に知っている者でないと、中宮の謎かけには応えられない。「少納言よ」と何人もの女官がいる中から少納言を選ぶ。もちろん少納言はこの詩を知っている。それだけでなく「香炉峰の雪いかならむ。」と言っているということは、「簾を撥げて看る」に引っかけて謎を出したとすぐに理解する。だから、何も言わずにそばにいた女官に御格子つまり間仕切りの戸を跳ね上げさせ、さらに巻いてあるカーテンの役割をしている御簾を上げる。そこで外の景色が見えるようになる。

「さることは知り、歌などにさへ歌へど、思ひこそよらざりつれ。」とあるのは、『白氏文集』のこの詩は有名だから知っている人が多い。この詩のことを中宮が言おうとしているらしいことまでは、一定の教養をもっている者なら理解できるかもしれない。しかし、それが「外を見たい」という謎かけであるとまで気がつく人はいないということである。（右に述べた「小閤重衾不怕寒」まで意識しているとは思いつかないという意味も含まれているかもしれない。）(注3)

これは「なほ、この宮の人には、さべきなめり。」とあるとおり、少納言の教養の高さ、賢さ、咄嗟の判断力によるものである。もちろんそういう知的な謎かけをアドリブで行うことができた中宮の教養の高さ、賢さも読める。また、おそらく中宮は少納言が詩を理解しているだけでなく、自分の謎がわかるという自信があった。

「少納言よ」と、大勢の人たちがいる中で名指しで謎かけをする。詩そのものを少納言が知っていることを中宮は十分承知していたであろうが、理解するだけでなく、そこまで中宮の意図を汲みとる力が少納言にはあることを予測してのことである。それくらい少納言のことを信頼していたということである。そういう中宮と少納言の関係である。ここからは中宮と少納言の教養の高さが見えてくるだけでなく、二人の関係の強さ、絆の強さも伝わってくる。中宮にとって少納言はかけがえのない存在であり、少納言の方もそれを知っていてしっかり中宮の期待に応えようとしていた。

最後の一文「人々も、『さることは知り、歌などにさへ歌へど、思ひこそよらざりつれ。なほ、この宮の人には、さべきなめり。』と言ふ。」と、自分が自画自賛するのではなく、人々がそう言っていたと婉曲に自分への高い評価を述べるかたちをとっている。それにより説得力・信憑性を増す効果が生まれている。

❸ もう一つの切り口から事件を読む

右のような読みは、それとして十分に成り立つ。ただし、もう一つ別の切り口、観点からこの段を読み直してみたい。

「少納言よ、香炉峰の雪いかならむ。」というこの中納言の問いかけがアドリブであると右で述べたが、本当にこの問いかけは完全なアドリブだったのだろうか。もちろん台本や脚本があったということではない。しかし、これまでこういうやり取りを一度もしたことがない中で、今回初めて突然に中宮が少納言にこういう問いを発したのかどうかは検討の余地がある。これだけ読むと全くの予想外の問いに即座に見事に応えた少納言という印象だが、そうではない可能性があるのではないか。

「少納言よ」と、おそらくは大勢の人たちがいる中で中宮が名指しで謎かけをする。詩そのものを少納言が知っていることを中宮は十分承知していたであろうが、万が一にも少納言がその謎の意味を理解することができないで、即座に機転を利かせられなかったら大変である。自分のお気に入りの少納言に大きな恥をかかせることになる。中宮自身の恥にもなる。場も気まずい雰囲気になってしまう。

とすると、中宮は、以前にもこれに近いやり取りを何度か少納言との間でしていて、ここで少納言が期待どおりに応えるというかなりの自信があったと見る方が自然である。この「香炉峰の雪」をめぐってのやり取りかどうかはわからないが、こういった謎かけ的な対話を中宮と少納言は既に以前に何度かしていた。だから、ここでも、この程度の謎かけならば少納言は気がつくに違いないという確信があったということである。

これまでに『白氏文集』のこの「香炉峰の雪」の文章を二人で共有する機会が何度かあったことも間違いない。中宮が、少納言の直接の手ほどきで『白氏文集』を講読していた可能性さえある。その少納言が「香炉峰の雪」の謎に気づかないはずはないという確信である。そして、それに加え何も言わずに行動で御格子と御簾を上げさせることも、これまでの二人の関わり・やり取りの経験から確信があったということである。

そういうやり取りがいけないなどと言うつもりはない。二重の確信があったにしても、この絶好の状況で咄嗟に「少納言よ、香炉峰の雪いかならむ。」と問いかける中宮の賢さは読める。それに応えた少納言の賢さも読める。ただし、それはそれなりのこれまでの二人の対話・やり取りの経験の延長線上にあった可能性が高いということである。その意味で、やや辛口に言えば、アドリブ的要素はあったにしても「出来レース」的要素があったとも言える。

このやり取りを中宮の少納言への「試験」のようなもので、それに見事に合格した少納言というような解釈をしている研究者がいるが、それは読み違いである(注4)。仮に「試験」だとしても、何度も練習問題を繰り返していて、答えられることがほぼ確実な状態での「試験」に近い。

それを周囲の女官たちは、全くのアドリブと理解した可能性は高い。だから、わざわざ「さることは知り、歌などにさへ歌へど、思ひこそよらざりつれ。なほ、この宮の人には、さべきなめり。」と、過大とも言える評価をしている。確かに『白氏文集』の「香炉峰の雪」に引っかけて御簾を上げてほしいという中宮の謎かけとまで気がつくことができる者は清少納言以外にいないことは間違いない。いずれこれまでの経験があったとしても、こういう場面でそれを咄嗟に理解して間髪入れず御簾を上げさせるという行動に出られること自体は高く評価すべきことではあろう。しかし、「思ひこそよらざりつれ。」と考えるのは、中宮とそういう対話ややり取りをこれまでしたことのない女官たちが、そういう文脈を知らないままに二人のやり取りをまるでマジックのように見て感心しているということなのであろう。周囲が気づいていない「隠された事実」があったはずである。そう見ると「なほ、この宮の人には、さべきなめり。」という評価も、そこまでの事情を知らない者のかなり過剰なものであった可能性が高いとも言える。

4 「なほ、この宮の人には、さべきなめり。」をどう読むか

右の読みとも関わって、この最後の一文をどう読んだらよいのか。

人々も、「さることは知り、歌などにさへ歌へど、思ひこそよらざりつれ。なほ、この宮の人には、さべきなめり。」と言ふ。

「これは少納言のてがら話や自己顕示ではない。ただ虚心に事実を述べただけだ」といった評価がこれまでの大勢である。たとえば石田穣二は「こういう文章を自讃とかあるいは自己顕示とか見ることは真相を突いていない。もっと素朴なものである。定子の後宮について、あったままを書くというのが作者の立場である。」と述べている(注5)。しかし、仮にこういった「事実」があったとしても、それをあえて選択し、この段の最後にこういう形で記したのは少納言自身である。言うまでもなく、そこには明確な取捨選択がある。

右で述べたように「さることは知り、歌などにさへ歌へど、思ひこそよらざりつれ。」は、これまでの中宮と少納言の対話・やり取りをほとんど知らない者たちの（かなりの程度の）思い込みである。少納言はそういうことを十分承知の上で、あえてこの評価をここで前面に出していることになる。

そして「なほ、この宮の人には、さべきなめり。」という評価も、他の者の言葉であるとしても、なぜ少納言自身がここで自ら紹介するのか。確かに少納言としては中宮との関係ということで、かなりうれしかった出来事なのあろう。この段が中宮の死後に成立したかどうかにもよるが、もし生前にこの部分が完成し回し読みされたり引き写されたりしていたとしたら、中宮にこのことを伝えたかったという思いもあったのかもしれない。

しかし、他の人の言葉の引用というかたちを取っているとしても、自分のことを「中宮に仕えるものとしてはこうでなくてはならない」または「中宮に仕えるものとしてふさわしい」とまで言わせるのは、自画自賛、自慢話以外の何ものでもない。たとえば『枕草子』の第一二二段では「はしたなきもの、こと人を呼ぶに、我ぞとさし出たる。」とある。ここは「こと人」ということではないが、「さし出たる。」姿そのものである。

その意味でこれはかなり『枕草子』らしくないとも言える。(虚構としての)作者(清少納言)らしくないとも言える。ただし、それはさすがの作者も、こと中宮と自分との関係に関わることとなると、なりふり構わずここまで書きたくなってしまった。書かずにいられなかった。そういう強い思いがあるということである。そう見ることで、かえって清少納言が人間的にそして魅力的に見えてくる。

5　実は読者(群)が試されている

「少納言よ、香炉峰の雪いかならむ。」は、中宮が少納言に出した問いである。しかし、これは同時に読者に出された問いでもあると見ることができる。前半だけを読んで、これは中宮が少納言に御格子や御簾を上げてほしいと言っているとわかった読者はどれだけいるか。これは、当時(同時代)でもそれ以降現代でも同じである。おそらくは、「ほとんどの人が気がつかないでしょうね」という仕掛け、読者への挑戦とも読める。

また、段の最後に中宮が笑うが、『白氏文集』の「香炉峰の雪」を知っていないと、なぜ笑ったのか、なぜこの出来事が面白いのかはわからない。これは、右の問いよりは少し易しいが、当時（同時代）でもそれ以降でも、読者（群）にその知識・教養があるかどうかを問われている。

後者の中宮の笑いについては、さすがに当時の上級の女官たちのかなりの人たちは理解できたはずではある。とは言え、『白氏文集』の「香炉峰の雪」を読んでいても、それがここでどういう意味をもっているかに気づかない読者もいたであろう。そういう問いかけを、この文章（作品）はしていることになる。その意味で、この文章（作品）は語り手（虚構としての作者）の読者（群）に向けた「試験」であり、挑戦である。

それもこの段の仕掛けであり、この段を読む面白さでもある。人によっては嫌らしいキザな仕掛けと感じられるかもしれないが、少なくとも当時の読者には、そういう仕掛けも楽しみの一つであったはずである。現代でも、それを嫌らしいとみるか、それを面白いとみるか、評価が分かれるところである。

＊

ここで生かした読みの方法（言語の力）としては、まず「二部構造の関係性と効果」がある。そしてここでは「文章（作品）内文脈とともに文章（作品）外文脈に着目する」が特に重要である。文章（作品）外文脈として『白氏文集』の「香炉峰の雪」が重要な意味をもつ。これは、暗黙の前提としてこの文章（作品）の読者は、それを知っているはずということでもある。また、中宮と清少納言のこれ以前のこういった漢詩文などの文学に関する教養についての共通理解という文章（作品）外文脈もある。また、それを含む二人の関係性も文章（作品）外文脈と言えるかもしれない。そして、ここでは「文章（作品）の読者への挑戦」という切り口で読むこともできる。『白氏文集』の「香炉峰の雪」そのものは知っていても、その詩全体のどこまでを知っているかは読者によって違う。「どこまでご存じですか？」「どこまでこの意味がわかりますか？」という挑戦が隠れているとも読める。その意味で「文化的前提と歴史的前提への着目」も関係する。さらに「（虚構としての）作者のものの見方・考え方の吟味・批評」もある。

〈注〉

(1)　高等学校国語教科書『国語総合改訂版古典編』二〇二〇年、大修館書店による。

(2)　白居易『白氏文集・巻一六』（岡村繁『新釈漢文大系99・白氏文集三』一九八八年、明治書院）

(3)　「思ひこそよらざりつれ」の対象、つまり何を思うことなのかをめぐり萩谷朴は、先行の三つの解釈を示している。一つ目は「白詩そのもの」、二つ目は「御簾をかかげる」こと、三つ目は「中宮のご意向」である。その上で萩谷は三つ目が最も適すると述べる。確かに三つ目を「思ひ」の対象に含めないとこの謎かけの醍醐味はなくなる。もちろん三つ目には、一つ目「白詩そのもの」と二つ目「御簾をかかげる」ことも含まれている。（萩谷朴『枕草子解環五』一九八三年、同朋舎出版、二二三～二二四頁）

(4)　石田穣二は、「なぞを出されたのは中宮なのであって、ためされたのは清少納言である。実際、これは試験のようなものだったのかも知れない。」と述べている。（『鑑賞日本古典文学・第8巻　枕草子』一九七五年、角川書店、三七四頁）

(5)　前掲書(4)に同じ、三七四頁

第五章　『平家物語』を読み拓く

第1節　「祇園精舎の鐘の声」冒頭を読む

1 「祇園精舎の鐘の声」の本文と構造

『平家物語』の冒頭である。本文は以下のとおりである（注1）。

祇園精舎の鐘《かね》の声、諸行《しよぎやう》無常の響《ひび》きあり。娑羅双樹《しやらさうじゆ》の花の色、盛者必衰《じやうしやひつすい》のことわりを表す。おごれる人も久しからず、ただ春の夜《よ》の夢のごとし。たけき者もつひには滅《ほろ》びぬ、ひとへに風の前の塵《ちり》に同じ。遠く異朝《いてう》をとぶらへば、秦《しん》の趙高《てうかう》、漢の王莽《わうまう》、梁《りやう》の周伊《しうい》、唐《たう》の禄山《ろくさん》、これらは皆《みな》、旧主先皇《せんくわう》の政《まつりごと》にも従はず、楽しみを極《きは》め、諫《いさ》めをも思ひ入れず、天下の乱れんことを悟《さと》らずして、民間の愁《うれ》ふるところを知らざつしかば、久しからずして、亡《ばう》じにし者どもなり。近く本朝《ほんてう》をうかがふに、承平《しようへい》の将門《まさかど》、天慶《てんぎやう》の純友《すみとも》、康和《かうわ》の義親《ぎしん》、平治《へいぢ》の信頼《のぶより》、これらはおごれる心もたけきことも、皆とりどりにこそありしかども、間近くは六波羅《ろくはら》の入道前《にふだうさきの》太政大臣平朝臣《たひらのあつそん》清盛公と申しし人のありさま、伝へ承《うけたまは》るこそ、心も詞《ことば》も及《およ》ばれね。

現代語訳　祇園精舎の鐘の音は、諸行無常の響きを立てている。釈迦入滅の際に白い花を咲かせたという娑羅双樹の花は、その色で盛者必衰の摂理を説いている。おごり高ぶる人も長くそれが続くわけではない。ただ春の夜の夢のようなものである。勇猛な者も、ついには滅んでしまう。まったく風の前にある塵と同じだ。

遠く日本以外の例を尋ねてみると、秦の趙高、漢の王莽、梁の周伊、唐の禄山、これらは皆、主君であった前の皇帝の政治にも倣おうとしないで、楽しみを極め、周りの諫言にも耳を貸さないで、天下が乱れようとしていることを悟ることなく、人々の憂慮も知らないままだったので、久しくなく短い間に滅びてしまった者どもである。

近く日本の例を調べると、承平の将門、天慶の純友、康和の義親、平治の信頼、これらはおごり高ぶる気持ちも、勢いの盛んな勇猛さも、皆いろいろとそれぞれにもっていたが、短い間に滅びた者どもである。また、最近では六波羅の入道前太政大臣平朝臣清盛公と申した人のおごり高ぶる有様を伝え聞き申し上げると、全く想像することもできず、言い表すこともできないほどのものである。

右の三段落設定は阿部による。この部分の構造を俯瞰してみる。

「祇園精舎の鐘」から始まる第一段落で、まずは「祇園精舎の鐘の声、諸行無常の響きあり。娑羅双樹の花の色、盛者必衰のことわりを表す。」と、「ことわり」つまり人間・社会の原理を示している。続く「おごれる人も久しからず、ただ春の夜の夢のごとし。たけき者もつひには滅びぬ、ひとへに風の前の塵に同じ。」は、「久しからず」「つひには滅びぬ」と前半を別の表現で繰り返している。ここも人間・社会の原理である。それを受けて、第二段落・第三段落ではその具体例を示す。第二段落は「遠く異朝をとぶらへば」と海外特に中国の具体事例を示し、第三段落は「近く本朝をうかがふに」と日本の具体事例を示している。

第一段落で示した「諸行無常」「盛者必衰」「おごれる人も久しからず」「たけき者もつひには滅びぬ」という世の摂理を、第二段落と第三段落で論証するかたちである。その意味で主張を述べている第一段落と、それを論証している第二段落・第三段落の二部構造と見ることができる。

第一段落の第一文「諸行無常」「盛者必衰」→第二文「おごれる人も久しからず」「たけき者もつひには滅びぬ」というかたちでの繰り返しの後に、第二段落で国外の具体例→第三段落で国内の具体例と展開する。一貫した主張を、より説得力が増すように繰り返しつつ発展させているかたちとも読める。

また、第一段落の第一文と第二文は、「祇園精舎」「諸行無常」「娑羅双樹」「盛者必衰」と漢語表現が目立っているが、第三文と第四文は「おごれる人も久しからず」など和語表現のみになっている。第二段落と第三段落も、概ね和語表現である。

表現はさまざまな工夫を凝らしているが、言い方を変えつつも内容に一貫性があり、その意味でシンプルであるとも言える。この部分は『平家物語』の序章と言えるが、文学的要素と同時に論説的要素を色濃くもつ。

2 「祇園精舎の鐘の声」第一段落を読む

次の第一段落は、特によく知られている。

祇園精舎の鐘《かね》の声、諸行《しよぎやう》無常の響《ひび》きあり。娑羅双樹《しやらさうじゆ》の花の色、盛者必衰《じやうしやひつすい》のことわりを表す。おごれる人も久しからず、ただ春の夜《よ》の夢のごとし。たけき者もつひには滅《ほろ》びぬ、ひとへに風の前の塵《ちり》に同じ。

「祇園精舎の鐘の声」「響き」という具体的な音から動き出すオープニングである。「諸行無常」を挟みつつも、鐘の「声」「響き」と聴覚を刺激する形象である(注2)。具体的・描写的な形象がより前面に出ている。

「祇園」は、インドの寺で釈迦のために建てられ、釈迦自身もそこで説法を行った。「精舎」はその僧院である。その僧院の無常堂の四隅にある鐘は、僧侶が臨終の際に鳴り響き「諸行無常、是生滅法、生滅滅已、寂滅為楽」を説くと涅槃教にある。だから、「祇園精舎の鐘の声、諸行無常の響きあり。」は、完全なオリジナルではなく先行する仏教の経典の一部を引用していることになる。

「諸行無常」は、すべてのものは、少しの間もとどまることなく変化していくということである（ここで「行」は「行い」ではなく、「つくられたもの」の意）。仏教の根本的な思想の一つに位置づく。元来はすべてのものは常に変化し留まらないということで肯定的・積極的な意味も含まれている。しかし、日本文化の流れの中では滅びてしまう、なくなってしまうという否定的な意味で捉えられることが多い。ここでも、この後「盛者必衰」や「おごれる人も久しからず」などとあるように、明らかに否定的な意味で「諸行無常」が位置づけられている。

続いて「娑羅双樹の花の色」が登場する。聴覚から視覚への変化である。「娑羅双樹」は実在の植物だが、ここでは釈迦の入滅の際に四方に植えられていた沙羅双樹のことである。釈迦入滅とともにその花が白く枯れたと言われる。その花の白い色が、「盛者必衰」の摂理・道理を表しているとある。「盛者必衰」は勢いが盛んな者は必ず衰えるということである。「生者必滅」という言葉もあるが、ここでは勢いが盛んな者たちも必ずそう遠からずその勢いが衰えていくということである。「おごれる人も久しからず」などからもそれはわかる。この言葉は、仏教経典の『仁王経《にんのうぎょう》』に出てくる。これも仏教の思想の一つである。ここでは「盛者必衰を表す」ではなく、「盛者必衰のことわりを表す」と「ことわり」を入れている。強く哲学的な原理、一般法則として位置づけていることになる。こういうところが、この部分を『平家物語』を貫く思想的予告といった感覚で捉えさせてしまうことにもつながっているのかもしれない。

この二文で読者（聞き手）は、格調の高いそして難解な漢語表現によって一気に仏教の世界に誘われることになる。「祇園精舎の鐘の声」「娑羅双樹の花の色」と仏教世界の出来事が述べられ、続いて「諸行無常」「盛者必衰」と仏教思想が示される。文体としても「祇園精舎」「諸行無常」「娑羅双樹」「盛者必衰」といういずれも四字の漢語である。漢語は、もちろん日本語ではあるがもともと中国から輸入された言葉である。和語と違い非日常的な形象性を含む。漢語特有のリズムも前面に出てくる。

だから、これらの意味がわかる読者（聞き手）はもちろん、少々意味がよくわからない読者（聞き手）も、それなりにこの作品世界に引き込まれ、いつの間にか説得されていく。ここで漢語は非日常的で知的な雰囲気を醸し出している。「祇園精舎」「諸行無常」「娑羅双樹」「盛者必衰」は文字を見てもわかりにくいが、声で聞いているだけだとさらに理解しにくくなる。しかし、難解である方がかえってありがたく感じ、信憑性があるように思い込んでしまうという効果もある。とは言え、なんとなく「諸行無常」とか「盛者必衰」は聞いたことがあるなとは思うかもしれない。「よく意味はわからないけど、何かすごい」「難しそうだが、ありがたい教えみたいだ」と思わせる仕掛けでもある。それが、「おごれる人も久しからず」「たけき者もつひには滅びぬ」と比較的わかりやすい和語で理解が促進され、説得力を増していくことになる。

また、ここには、漢語から中国文化、そして「祇園精舎」「娑羅双樹」からインド文化を感じる仕掛けもある。中国文化、インド文化というと出所が明確なようだが、当時の読者（聞き手）にとっては、（その立場や身分や教養による差異はあるが）そこまで具体的な世界ではなく、今生きている現実の世界とは違う別の世界を想起させるものだった可能性が高い。特別な世界、神秘的な世界、場合によっては見たことのないあの世、来世を感じる場合もあったかもしれない。一層ありがたみが出てくる。そういった巧みなオープニングである。

第一段落後半は、打って変わって和語だけの世界である。「おごれる人も久しからず」は、直前の「盛者必衰」を和語にほぼそのまま直したかたちである。ただし、若干の差異はある。「盛者」は勢いの盛んな者、権勢の強い者ということで特にこの言葉自体には否定的意味はない。しかし、「おごれる人」は権勢をもった者が思い上がって勝手なことをするということであり、明らかに否定的意味をもつ。そういう者は長くない。そんな状態は長く続かないと言う。

そして、「ただ春の夜の夢のごとし」と、比喩（直喩）が続く。「春の夜」は文脈によっては肯定的な意味をもつこともあるが、ここでは短く儚いということである。これは、日本の文化・文学の中でしばしば儚さの比喩あるいは象徴として表現されてきた。その後、俳句の季語にもなる。その意味でこの比喩はオリジナルなものとは言えない。

「たけき者もつひには滅びぬ」も、「盛者必衰」を和語で表現し直したとも見られる。ここでも少しの差異はある。右で述べたとおり「盛者」は勢いの盛んな者、権勢強い者ということだが、「たけき者」は勇猛な者、武勇に優れている者、勇敢な者ということである。より絞られた意味になっている。「たけき者」も、「盛者」同様特に否定的な意味はない。しかし、直後に「滅びぬ」とあり、直前にも「盛者必衰」「おごれる人も久しからず」とあることから、読者はこの言葉にもそれなりに否定的なニュアンスを感じることになる。

ここでは「ひとへに風の前の塵に同じ」という比喩が使われる。ここは「同じ」とあるから「ごとし」とほぼ同義と見て直喩としてよいだろう。この比喩は「春の夜の夢」ほど定型的な比喩ではないものの、「風の前の塵」もそれほどオリジナリティーの高いものではない。

ここまで第一段落の四つの文を見てくるとそれらを貫く要素があることが確認できる。一つには「諸行無常」「盛者必衰」「おごれる人も久しからず」「たけき者もつひには滅びぬ」というメッセージである。若干の意味の差異はあるにしても、ほぼ「すべてのものは変化していく、その中でも特に強者は衰えていく、滅びていく」という方向での形象である。そして、それが仏教的な世界・思想として語られる。後半は直接には仏教世界を感じる形象はないが、前半部分からの流れで仏教的な世界・思想を感じさせるものになっている。

右でも少し触れたが、この部分の構造を「読み手・聞き手の立場」また「漢語と和語」を意識しながら再度読み直してみる。まず、一行目〜四行目について言えば、各行前半で「祇園精舎」「諸行無常」「娑羅双樹」「盛者必衰」とやや難しい四字の漢語が示される。広い読者層、聞き手層を考えると、こういう漢語に慣れている者にとっては抵抗はないかもしれないが、慣れていない読者層、聞き手層にとっては抵抗があるところである。なんとなくはわかるがよくその意味がわからないという場合もあるだろう。四字の漢語で格調は高いが、意味不明の要素は残る。

しかし、「おごれる人も久しからず」からの後半では、よりわかりやすい和語となる。仮に「祇園精舎」「娑羅双樹」などがわかりにくくとも、ここでだいたいの意味はつかめる。そういう読み易さ、聞き易さがここにはある。もし各行後半まですべて漢語表現では、読者（聞き手）は「わからない」「意味不明」という印象をもってしまう。冒頭から読者（聞き手）がそういう印象をもつことを避ける効果がある。だからといって、前半の四字の漢語をなくしてすべて易しい和語にしてしまうと、今度は日常的過ぎて格調高さや知的な印象が薄れてしまう。

もちろん後半も、和語表現になったとはいえ、「ただ春の夜の夢のごとし」「ひとへに風の前の塵に同じ」という（やや使い古された比喩かもしれないが）、それなりに知的な表現も織り交ぜていることで格調の高さは維持されている。

当時のこの作品の聞き手（群）には貴族・僧侶などもいたかもしれないが、武士や農民などもいたはずである。武士も上級武士から中級、下級といただろう。武士と農民が未分化であった時期だから、武士といっても農作業をしている者もいた。比較的高い教養をもっている聞き手は「祇園精舎の鐘の声」などの意味が理解できたであろうが、そうでない聞き手には意味不明であったかもしれない。少なくとも語られていることのすべてを理解している者ばかりではなかったはずである。それを前提に『平家物語』は語られていたとも考えられる。（語り物を文章にまとめていく際にもその前提は残っていたはずである。）とすると、広い層に対応するために格調の高さや知的な要素も重視しつつ、誰にでもわかる要素も準備しておくという配慮をしていたと考えられる。それが、右のような漢語と和語の使い分け、重層性を作り出している可能性がある。

＊

比喩表現にこだわってみると、「祇園精舎の鐘の声、諸行無常の響きあり。娑羅双樹の花の色、盛者必衰のことわりを表す。」は、ともに隠喩的に表現されている。「娑羅双樹の花の色、盛者必衰のことわりを表す。」は、まるでそのようだという隠喩的表現である。「祇園精舎の鐘の声、諸行無常の響きあり。」は、比喩というより仏教世界ではそのままの出来事という意味合いももつ。しかし、読者（聞き手）にとっては隠喩として理解することもできる。「祇園精舎の鐘の音は、その響きで諸行は無常であることを説いているかのようである。」という意味である。

一方、「おごれる人も久しからず、ただ春の夜の夢のごとし。たけき者もつひには滅びぬ、ひとへに風の前の塵に同じ。」は、ともに直喩または直喩的な表現になっている。「ただ春の夜の夢のごとし。」は直喩そのものである。「ひとへに風の前の塵に同じ。」も「同じ」が「ごとし」と同じ役割を担っているから直喩的な表現と見てよい。

隠喩と直喩では、その効果が違う。隠喩はその比喩の世界に読者を強く連れて行く。一方直喩は「ごとし」(現代では「のような」など)があるために説明的になり、比喩の世界に読者を連れて行く効果が薄くなる。ここでもそのことがかなり当てはまる。

前半の「祇園精舎の鐘の音」「響き」と形象そのものは具体的である。描写的と言ってもいい。「娑羅双樹の花の色」も具体的な花の形象である。実際にそれがどんなものかを正確に知らなくても、鐘の音や花の色の具体的なイメージが読者の中で立ち上がる。その中で「諸行無常」「盛者必衰」という思想を示す。思想を示しつつも、それなりに具体的な鐘の音、花の色の形象がイメージできる。読者は論理・理屈以前にまずは「祇園精舎」「娑羅双樹」の世界を強く感じることになる。

それに対し、後半は「おごれる人も久しからず」と中心的な思想をまずは示した後に、直喩「ただ春の夜の夢のごとし」を示す。続いて「たけき者もつひには滅びぬ」という中心的な思想を示した後に、「ひとへに風の前の塵に同じ」と直喩的表現を示す。前半に比べると「春の夜の夢」や「風の前の塵」といった具体的な形象はあくまでも直前の思想の補足であることが明示され、説明的な印象がより強くなる。それは、右で述べた直喩表現のもつ説明性とも関わってくる。その上、「春の夢」「風の前の塵」は、「祇園精舎の鐘の声」や「娑羅双樹の花の色」というある特定の場所に存在するものに比べると、かなり一般的な形象である。直喩表現とも相まって、その一般性が「春の夢」「風の前の塵」の描写性を相対的に弱くしている。

「隠喩的表現→直喩的表現」そして「前半比喩・後半思想→前半思想・後半比喩」さらには既に述べた「漢語表現中心→和語表現」——となっている。前半と後半を同じようなパターンで展開するという選択肢もあったかもしれないが、この方が変化、メリハリのある構造になる。

＊

ここには、音楽的な仕掛け、絵画的な仕掛けも見られる。そのため教科書では次のように記されることがある。

祇園精舎の鐘の声、
諸行無常の響きあり。
娑羅双樹の花の色、
盛者必衰のことわりを表す。
おごれる人も久しからず、
ただ春の夜の夢のごとし。
たけき者もつひには滅びぬ、
ひとへに風の前の塵に同じ。

音楽的な仕掛けとしては、音数に一定の律が見られる。一行目と二行目は、完全な七・五調である、三行目は、六音＋五音である。四行目は、八音＋五音＋四音と見ることができる。はじめの二行の七音＋五音の流れもあって、一行目から四行目は、概ね七・五調で進み、四行目で「あらわす」と四音が付け加えられているかたちである。七・五調がリズム感を演出し、最後の四行目が八音＋五音＋四音と長めの音になっていることがこの二文・四行のひとまとまり感を強めている。

漢語が多く使われているこの四行は、「ギオンショージャ」「ショギョームジョー」「シャラソージュ」「ジョーシャヒッスイ」と、長音「ー」伸ばす音が、特徴的なリズムを作り出している。また、「ショ」「ジャ」「ギョ」「ジョ」「ヒッ」など、複数の拗音と促音が独特のリズムを生み出している。そして、その意味と同時に、あるいはそれ以上に音の響きが頭に入ってくる。（和語だとこれほどの音のインパクトはない。）（注3）

音数の仕掛けや漢語表現などによって、この四行は特に音楽的なリズム、音の響きを強く印象づける仕掛けになっている。

後半の四行は、それに比べると音の響きの効果は弱くなる。とは言え、五行目と六行目は、七音＋六音と一定の律を形成している。ここでも、八行目で四音＋六音＋六音と長めの音になっていることで、五行目から八行目の四行・二文がひとまとまりの印象を作っている。

絵画的な仕掛けとしては、漢語表現とも関わり一行目～四行目はいずれも四字の漢字で始まる。四字熟語で始まると言ってもいい。その後にいずれも助詞「の」を置き、各行後半は和語で漢字とひらがなの両方を使っている。一～四行目は、それぞれ前半が漢字による漢語表現、後半が漢字とひらがなによる和語表現という関係になっている。そして、五行目以降は、漢字とひらがなを使ってはいるが、特にひらがなが目立つ。言葉としてはすべて和語である。一～四行の前半は漢語・漢字がより印象的であるのに対し、五～八行の後半は和語・ひらがながより印象的である。これらが、めりはりを生み出している。

＊

いずれにしても、右のような比喩等を含む内容的な仕掛け、音楽的仕掛け、絵画的仕掛けを生かしつつ、人間や社会、政治や権力の在り方を哲学的に述べているということから、「名文」として評価されてきたのであろう。学校教育でこの部分を暗唱させる指導が多いのも、そういったことによると思われる。

この部分は『平家物語』の序章・序文的な性格をもっている。そのため、『平家物語』全体を仏教的な哲学を展開したものという方向で読んでいく傾向が少なからずある。また、『平家物語』で展開されていく各部分を、「諸行無常」「盛者必衰のことわり」「おごれる人も久しからず」「たけき者もつひには滅びぬ」といった人間観・社会観で読んでいこうという傾向もある。学校の授業でも最後は教師が「無常観」という言葉を板書して、「つまりはこういうことだね。」と綺麗にまとめる授業は少なくない（注4）。

しかし、それは誤りである。そのように読める部分もある。しかし、この作品の各部分、そして『平家物語』全体を丁寧に読んでいくと、「諸行無常」「盛者必衰のことわり」「おごれる人も久しからず」「たけき者もつひには滅びぬ」といった言わばステレオタイプのテーマを大きく超えた要素が多様に豊かに展開されていることがわかる。丁寧に読んでいない、浅くしか読んでいないからこそ、そういうステレオタイプの読みに陥るのである。そういうバイアスが各部分の読みに枠をはめ、深く読むことを阻害しているという側面がある。これらについては、本節後半でも再度考えてみたい。

3　「遠く異朝をとぶらへば」第二段落と「近く本朝をうかがふに」第三段落を読む

ここは、既に述べたとおり第一段落の具体事例である。

遠く異朝《いてう》をとぶらへば、秦《しん》の趙高《てうかう》、漢の王莽《わうまう》、梁《りやう》の周伊《しうい》、唐《たう》の禄山《ろくさん》、これらは皆《みな》、旧主先皇《せんくわう》の政《まつりごと》にも従はず、楽しみを極《きは》め、諫《いさ》めをも思ひ入れず、天下の乱れんことを悟《さと》らずして、民間の愁《うれ》ふるところを知らざつしかば、久しからずして、亡《ばう》じにし者どもなり。

近く本朝《ほんてう》をうかがふに、承平《しようへい》の将門《まさかど》、天慶《てんぎやう》の純友《すみとも》、康和《かうわ》の義親《ぎしん》、平治《へいぢ》の信頼《のぶより》、これらはおごれる心もたけきことも、皆とりどりにこそありしかども、間近くは六波羅《ろくはら》の入道前《にふだうさきの》太政大臣平朝臣《たひらのあつそん》清盛公と申しし人のありさま、伝へ承《うけたまは》るこそ、心も詞《ことば》も及《およ》ばれね。

ここは、第一段落の「諸行無常」「盛者必衰のことわり」「おごれる人も久しからず」「たけき者もつひには滅びぬ」を論証するために、歴史上の人物の行動とその後の顛末を述べている。『諸行無常』『盛者必衰』などは私のただの思い込みではないのですよ」ということである。それにより信憑性を高め、説得力を増す構造になっている。その前半では「遠く異朝をとぶらへば」と海外の例を示し、後半は「近く本朝をうかがふに」と日本国内の例を示す。多面的な事例提示の方が、より信憑性が高まり説得力が増す。

「秦の趙高、漢の王莽、梁の周伊、唐の禄山」は、漢籍を読んでいる読者（聞き手）にはそれなりに理解できたはずである。しかし、そこまでの知識・教養のない読者（聞き手）は「どこかで聞いたことがある」程度の場合もあったであろうし、「全く知らない」という場合もあったかもしれない。時代的にも紀元前からの歴史を含む。それに対し「承平の将門、天慶の純友、康和の義親、平治の信頼」は、平安中期から後期までのことであり、中国の例よりこれら四人を知っている、あるいは聞いたことがあるという読者（聞き手）はより多かったはずである。

仮に「秦の趙高、漢の王莽、梁の周伊、唐の禄山」を知らない読者でも、その後に「これらは皆、旧主先皇の政にも従はず、楽しみを極め、諫めをも思ひ入れず、天下の乱れんことを悟らずして、民間の愁ふるところを知らざつしかば、久しからずして、亡じにし者どもなり。」とあるのだから、きっとそのとおりなのだろうと読者は感じるはずである。その上、後半の「承平の将門、天慶の純友、康和の義親、平治の信頼」を知っていて、それらの行動がわかりさえすれば、彼らが滅びていったのと同じように中国の例もきっとそれと同じことなのだろうと、それなりに納得してしまう仕掛けとも見られる。中国の具体的な歴史事実によって説得されるという側面を一部含みつつも、「語り手がそう言っているのだからきっとそうであるに違いない」と逆ベクトルでいつの間にか説得させせられてしまうという仕掛けでもある。

「遠く異朝」の部分と「近く本朝」の部分との表現の違いにも着目する必要がある。「これらは皆、旧主先皇の政にも従はず、楽しみを極め、諫めをも思ひ入れず、天下の乱れんことを悟らずして、民間の愁ふるところを知らざつしかば」と五つの要素を挙げて振る舞いの問題点を挙げている。それに対し「近く本朝」の方は「これらはおごれる心もたけきことも、皆とりどりにこそありしかども」と「おごれる心」と「たけきこと」という二つの要素だけである。内容も前者は「旧主先皇の政にも従はず」「民間の愁ふるところを知らざつしかば」などとそれなりに具体的に絞り込んだ記述だが、後者は「おごれる心」「たけきこと」とずっと抽象的になっている。その上、後者は「皆とりどりにこそありしかども」の後を省略している。ここには本来であれば「久しからずして、亡じにし者どもなり。」などが来るべきである。「遠く異朝」と「近く本朝」を述べるにしても、二回目の「近く本朝」については、繰り返しの冗長を避けようとしたのであろう。

さらには「遠く異朝をとぶらへば」「近く本朝をうかがふに」と、「とぶらふ」と「うかがふ」で表現を少し変えている。「とぶらふ」は、探してみると、探し求めてみるという意味である。「うかがふ」も、探して調べるてみるという意味で「とぶらふ」とそう変わらない。意味内容より、表現として重なりを避けたのである。

そして、もう一つ注目したいのは、ここでしっかりと「間近くは六波羅の入道前太政大臣平朝臣清盛公と申しし人のありさま、伝え承るこそ、心も詞も及ばれね。」と、平清盛を提示している点である。これは、まさにこれから展開する『平家物語』そのものである。これから語っていく平清盛のことも、決して特殊なことではなく、国際レベル、国内レベルでも、普遍性のあることなのですよ、という予告にもなっている。特にここは、「清盛公と申しし人のありさま、伝え承るこそ、心も詞も及ばれね。」と、他の人物以上に強い表現で非難をしている。（「遠く異朝」「近く本朝」と言いつつ、この二つの段落で一番示したかった本命は、この平清盛ではないかとさえ思えてくる。）

ここまでで気になることが一つある。さきほどの「遠く異朝をとぶらへば、秦の趙高、漢の王莽、梁の周伊、唐の禄山、これらは皆、旧主先皇の政にも従はず、楽しみを極め、諫めをも思ひ入れず、天下の乱れんことを悟らずして、民間の愁ふるところを知らざつしかば、久しからずして、亡じにし者どもなり。」の部分である。趙高、王莽、周伊、禄山と四人を取り上げ、それらはすべて①「皆、旧主先皇の政にも従はず」②「楽しみを極め」③「諫めをも思ひ入れず」④「天下の乱れんことを悟らず」⑤「民間の愁ふるところを知らざつしか」という点で共通すると言う。五つもの用件がこれら四人に完全に共通しているということである。しかし、本当にそう言い切れるのか。これら①～⑤の前の為政者のやり方を倣わない、楽しみを極める、周囲の諫言に耳を貸さない、天下の乱れを顧みない、人々の憂慮も知らないの五要件が四人ともに本当に該当するのかは証拠がない。

誰でも前の為政者とは違う政治をしようとするものである。楽しみもそれなりには味わったかも知れない。周囲の諫言を自分の判断でたまには聞き入れないこともあるだろう。天下の乱れはそれなりにどういう為政者でもありうる。人々の憂慮をすべて把握できていないこともある。しかし、それだから四者は滅びたのだと本当に断言できるのか。かなり怪しい部分ではある。一部の読者（聞き手）を除けば、仮にこれらの人物を知っている場合でも、そこまで詳細な情報はもっていない場合が多いだろう。それをいいことに四人をひとまとまりで五つの要素に当てはめてしまっているのではという疑いは残る。

一方、「近く本朝をうかがふに、承平の将門、天慶の純友、康和の義親、平治の信頼」の方は、共通点として「おごれる心」「たけきこと」と二要件のみが示され、いずれも抽象的になっている。「異朝」で示した要件を繰り返すことを避けたとも読めるが、二要件で抽象的であるために、それなら確かに当てはまるだろうとより思わせるかたちにはなっている。こちらは「遠く異朝」に比べると、くわしい事情を知っている読者（聞き手）はより多いはずだから、あえてこういう二要件で抽象的な言い方に留めた可能性もある。ただし、その二要件ゆえに本当に滅びたという証拠もまたない。

いずれにしても第二段落の具体例は本当に第一段落の主張を論証していると言えるのか疑問符が付く。しかし、多くの読者はそのような疑問をほとんどもつこともなく、いつの間にか説得されてしまっているという仕掛けである。

４ 序章・序文としての「祇園精舎の鐘の声」を読み直す

既に述べたとおりこの序章・序文は、「諸行無常」「盛者必衰」「おごれる人も久しからず」「たけき者もつひには滅びぬ」といった人間観・社会観、さらには政治観・権力観を格調高い表現で述べている。そのことを前提に、これらを再読してみたい。

まず、当時では「諸行無常」「盛者必衰」「おごれる人も久しからず」「たけき者もつひには滅びぬ」といった見方は、どれくらいの新しさをもっていたのだろうか。既に見たとおり「諸行無常」「盛者必衰」は、仏教の経文にある。「おごれる人も久しからず」「たけき者もつひには滅びぬ」に似た見方や表現は、先行の文学や文献に散見される。ということは、当時としてもこれらの見方・考え方はそれほど斬新なものとは言えなかった可能性が高い。現代では、「無常観」というと『平家物語』を思うことが少なくないかもしれないが、当時既に「諸行無常」「盛者必衰」「おごれる人も久しからず」「たけき者もつひには滅びぬ」的な発想はそれほど特別なものとは言えなかったと考えられる。

この部分は、「祇園精舎の鐘の声」「娑羅双樹の花の色」「ただ春の夜の夢のごとし」「ひとへに風の前の塵に同じ」など格調高い比喩が効果的に使われてはいる。既に検討したとおり音楽的仕掛け、絵画的仕掛け、対比的仕掛けなど見事なレトリックが駆使されてもいる。読者（聞き手）にとっても魅力的なものである。

しかし、それはそのとおりであるにしても、この序章・序文の「諸行無常」「盛者必衰」「おごれる人も久しからず」「たけき者もつひには滅びぬ」といったテーマそのものは、明らかに当時でも今でも言い古されたステレオタイプの見方・考え方である。当時も現代も、少しものがわかった人物であれば、この程度のことは誰でも言えたはずである。それまでの見方・考え方を超えた斬新さは少ない(注5)。

この部分は『平家物語』の中でも、さらには古典文学の中でも、特に「名文」のお手本として評価されている。確かに右で読んできたとおり、漢語と和語のコラボレーション、音数の仕掛け、格調高く心地よい音の響き、また比喩表現の巧みさなどレトリックとしては見事である。しかし、それにしても内容的には新しさ・提案性はない。にもかかわらず評価が高い。やや過剰と言わざるを得ない。正直に言えば『平家物語』としてこれ以降展開される各部分の質の高さに比べると、この序章・序文の内容はやや見劣りがするとさえ言える。実際にこの部分は、後に付け加えられたという可能性が高いようだが、せっかくの『平家物語』につまらないバイアスをかけてしまう「呪文」のような存在であるとも言えそうである。

『平家物語』という見事な作品全体を、こういった「諸行無常」「盛者必衰」「おごれる人も久しからず」「たけき者もつひには滅びぬ」などのステレオタイプのバイアスにとらわれていた読者（聞き手）は、多く存在したはずである。そして現在でもそれは存在し続けているだろう。それを再度見直す時期である。一方ではこの序章・序文の格調の高さを評価しつつも、もう一方ではもう一度読み直し評価し直していく必要がある。

古典の授業でも、そういうバイアスをかけながら『平家物語』を読んでいる場合がある。そして「扇の的」や「敦盛最期」「俊寛」「忠度都落」などを、序章・序文に結びつけて「つまりは無常観を述べている」などとまとめるような授業もある。そういった授業とはそろそろ決別すべきときである(注6)。

＊

ここで生かした読みの方法（言語の力）としては、まず「二部構造の関係性と効果への着目」がある。また「事実・事例の取捨選択と配列の仕方への着目」がある。そして「比喩表現への着目」「隠喩と直喩の効果の差異への着目」がある。「漢語と和語の効果の差異への着目」「音楽的効果と絵画的効果への着目」もある。音楽的要素には律や韻なども含まれる。「作品内文脈と作品外文脈への着目」「文化的前提と歴史的前提への着目」「先行文学と定型表現への着目」も生かした。「作品全体と序章との関係性の整合・不整合への着目」も重要な切り口である。

〈注〉

(1)　中学校国語教科書『新編新しい国語2』二〇二〇年、東京書籍による。

(2)　ここで「鐘の音」としないで「鐘の声」としていることをどう見るかだが、一つには「諸行無常」を説くということから、擬人的に「声」を使ったと読める。ただし、「鐘の声」「風の声」など、特に強く比喩的な意味を生じないままに通常に使われることがある。本来は比喩的な意味で「鐘の声」「風の声」などと使われていたのかもしれないが、長く普通に使われるうちに転化表現として比喩的要素を失ってしまったということである。だから、もう一つには通常の表現として読むこともできる。

(3)　この部分の音楽性について、能楽師の安田登は次のように述べている。「私は能の『三井寺』を観ていたときにおもしろい体験をしました。鐘の音を表す『じゃん、もん、もん、もん、もん』という音が、『しょぎょうん、をん、をん、をん。むじょうん、をん、をん、をん、をん』と言っているように聞こえたのです。『平家物語』の祇園精舎の鐘の音は、すべてのものは移り変わる、常なるものは何もない、という仏教の無常観を感じさせるものであったと同時に、音としてもまさに『しょぎょう、むじょう』と聞こえたのではないか、とそのとき気づきました。」（安田登『100分de名著・平家物語』二〇一九年、NHK出版、一一頁）

(4)　現在使われている中学校教科書にも「『平家物語』では、栄華を極めた平家一門の劇的な没落の姿が、『諸行無常』という仏教思想を背景に語られています。」と書かれている。（中学校国語教科書『中学国語2』二〇一六年、教育出版、一〇六頁）別の中学校教科書には「『祇園精舎の鐘の声』に始まるこの物語は、その歴史的事件の意味を『盛者必衰のことわりをあらはす』ものと捉えています。」とある。（中学校教科書『中学校国語2』二〇一六年、学校図書、一八七頁）さらに他の教科書の「平家物語」の学習頁には「『冒頭（祇園精舎）と『敦盛の最期』とに描かれている、ものの見方・考え方に共通するのはどのようなことか。考えたことを文章にまとめよう。」という問いかけがある。この答えは当然「無常観」「盛者必衰」などとなるのであろう。（中学校教科書『現代の国語2』二〇一六年、三省堂、一一八頁）中学校教科書からも、学校現場での「平家物語」解釈への大きなバイアスが見てとれる。

(5)　長野甞一は「この数行は『諸行無常、盛者必衰』の仏理を説いたものであるが、これまた決して珍しい哲理ではない。少しく仏教の知識があるものなら、だれでも心得ている文句である。なにも『平家物語』の作者からことごとしく教えられるものでもない。とりわけ仏教が心のすみずみにまで滲透していた平安末から中世の人々にとって、それは僧侶から何回となく聞かされていた文句であったろう。」と述べている。ただし、長野は、にもかかわらずここまで強烈な印象と与えたのは「譬喩の巧妙」「哲理と事実との符合」「快いリズムの流露にのせた行文の名調子」であると述べる。（長野甞一『平家物語の鑑賞と批評』一九七五年、明治書院、七頁）逆に言えば、比喩やリズムなどがあるために印象的ではあるが、内容の斬新さはないということである。

(6)　冨倉徳次郎は「この冒頭の一文から、この物語の聞き手ないし読者がある特殊の仏教的哲理を見いだして、そうした立場に立って、つまり一つの説経を聞くような立場にだけ立って、この物語全篇に立ち向かうとしたら、それは正しい鑑賞でもないし、また心構えでもない」と述べている。また、「この序章に提示された『諸行無常』『盛者必衰』の理の提唱が、十二巻本『平家物語』全篇をおおう一つの基調を示すものと考えられるようにすらなったが、そこには、一面興味深い鑑賞とはいえるが、きびしい鑑賞としては、多分に無理がある」とも述べる。（冨倉徳次郎『平家物語全註釈上巻』一九六六年、角川書店、三七〜三九頁）

第2節 「敦盛最期」を読む

1 「敦盛最期」の本文と構造

一の谷の戦で源氏に敗れた平家は、舟に乗って海へと逃げていく。そんな中、源氏方の熊谷次郎直実は、平家の中でも身分の高い者を討ち取ろうと、海岸に向かう。すると立派な姿の武者が、沖にいる平家の舟を目指して海中に馬を進めているところを見つける。

以下、「敦盛最期」の本文である(注1)。(A〜Dは阿部による。)

いくさやぶれにければ、熊谷《くまがへの》次郎《じらう》直実《なほざね》、「平家の君達《きんだち》たすけ舟に乗らんと、汀《みぎは》の方《かた》へぞおち給ふらむ。あッぱれ、よからう大将軍《たいしやうぐん》にくまばや」とて、磯《いそ》の方へあゆまするところに、(A)練貫《ねりぬき》に鶴《つる》ぬうたる直垂《ひたたれ》に、萌黄《もよぎ》匂《にほひ》の鎧《よろひ》着て、鍬形《くはがた》うッたる甲《かぶと》の緒しめ、こがねづくりの太刀をはき、切斑《きりふ》の矢負ひ、滋籐《しげとう》の弓もッて、連銭葦毛《れんぜんあしげ》なる馬に黄覆輪《きンぷくりん》の鞍《くら》おいて乗ッたる武者一騎、沖なる舟に目をかけて、海へざッとうちいれ、五六段《たん》ばかりおよがせたるを、熊谷、

「あはれ大将軍とこそ見参らせ候《さうら》へ。まさなうも敵《かたき》にうしろを見せさせ給ふものかな。かへさせ給へ」と扇をあげてまねきければ、招かれてとッてかへす。汀にうちあがらんとするところに、おしならべてむずとくんでどうどおち、とッておさへて頸《くび》をかかんと甲をおしあふのけてみければ、年十六七ばかりなるが、薄《うす》化粧《げしやう》して、かね黒《ぐろ》なり。我子《わがこ》の小次郎がよはひ程にて、容顔《ようがん》まことに美麗《びれい》なりければ、いづくに刀を立つべしともおぼえず。

「抑《そもく》いかなる人にてましまし候ぞ。名のらせ給へ。たすけ参らせん」

と申せば、

「汝《なんぢ》はたそ」

と問い給ふ。

「物その者で候はねども、武蔵国住人《むさしのくにのぢゆうにん》、熊谷次郎直実」

となのり申す。

「さては、なんぢにあうてはなのるまじいぞ。なんぢがためにはよい敵《かたき》ぞ。名のらずとも頸をとッて人に問へ。見知らうずるぞ」

とぞ宣ひける。(B)

熊谷、

「あッぱれ、大将軍や。此人一人《いちにん》うち奉《たてま》ッたりとも、まくべきいくさに勝つべきやうもなし。又うち奉らずとも、勝つべきいくさにまくる事もよもあらじ。小次郎がうす手《で》負うたるをだに、直実は心苦しうこそ思ふに、此殿《このとの》の父、うたれぬと聞いて、いか計《ばかり》かなげき給はんずらん。あはれたすけ奉らばや」

と思ひて、うしろをきッと見ければ、土肥《とひ》、梶原《かぢはら》五十騎ばかりでつづいたり。熊谷涙をおさへて申しけるは、

「たすけ参らせんとは存じ候へども、御方《みかた》の軍兵雲霞《ぐんぴやううんか》のごとく候。よものがれさせ給はじ。人手《ひとで》にかけ参らせんより、同じくは直実が手にかけ参らせて、後《のち》の御孝養《おんけうやう》をこそ仕《つかまつ》り候はめ」

と申しければ、

「ただとく〳〵頸《くび》をとれ」

とぞの宣《のたま》ひける。熊谷あまりにいとほしくて、いづくに刀を立つべしともおぼえず、目もくれ心もきえはて

て、前後不覚《ぜんごふかく》におぼえけれども、さてしもあるべき事ならねば、泣く〳〵頸をぞかいてンげる。

「あはれ、弓矢とる身ほど口惜《くちを》しかりけるものはなし。武芸の家に生れずは、何とてかかるうき目をばみるべき。なさけなうもうち奉るものかな」

とかきくどき、袖をかほにおしあててさめ〲とぞ泣きゐたる。良久《やや》しうあッて、さてもあるべきならねば、鎧直垂《よろひびたれ》をとッて頸をつつまんとしけるに、錦《にしき》の袋にいれたる笛《ふえ》をぞ腰にさされたる。

「あないとほし、この暁城《じやう》のうちにて管絃《くわんげん》し給ひつるは、此人々にておはしけり。当時みかたに東国の勢何《なん》万騎《まんぎ》かあるらめども、いくさの陣へ笛もつ人はよもあらじ。上臈《じやうらふ》は猶《なほ》もやさしかりけり」

とて、九郎御曹司《くらうおんざうし》の見参《げんざん》に入れたりければ、これを見る人涙をながさずといふ事なし。(C)

後《のち》に聞けば、修理大夫経盛《しゆりのだいぶつねもり》の子息に大夫敦盛《たいふあつもり》とて、生年《しやうねん》十七にぞなられける。それよりしてこそ熊谷が発《ほつ》心《しん》の思《おもひ》はすすみけれ。件《くだん》の笛はおほぢ忠盛《ただもり》笛の上手にて、鳥羽院《とばのゐん》より給はられたりけるとぞきこえし。経盛相伝《さうでん》せられたりしを、敦盛器量《きりやう》たるによッて、もたれたりけるとかや。名をば小枝《さえだ》とぞ申しける。狂言綺語《きやうげんきぎよ》の理《ことわり》といひながら、遂《つひ》に讃仏乗《さんぶつじよう》の因《いん》となるこそ哀れなれ。(D)

現代語訳　平家が戦に敗れたので、熊谷次郎直実は、「平家の公達が助け舟に乗ろうと、波打ち際の方に逃げられることであろう。ああ、身分の高い大将軍と戦って組み合いたいものだ。」と思って磯の方へ馬を歩ませていくところに、練貫に鶴の縫い取りをした直垂に、萌黄匂の鎧を着て、鍬形を打った甲の緒を締め、黄金作りの太刀を差し、切斑の矢を負うて、滋籐の弓を持って、連銭葦毛の馬に金覆輪の鞍を置いて馬に乗っている武者一騎が、沖の舟を目指して、海へざっと乗り入れ、五六段ばかり泳がせているのを見て、熊谷は

「ああ大将軍であるとお見受け申します。卑怯にも敵に後ろをお見せになられるのでしょうか。引き返しなさいませ。」

と扇を上げて招いたので、その武者は招かれ引き返す。波打ち際に上がろうとするところを、熊谷は馬を並べてむんずと組んでどうどと二人で落ち、その武者を取って押さえて首を掻き切ろうと甲を押し上げて見ると、年十六七ばかりであるが、薄化粧をして、お歯黒を付けている。我が子の小次郎のほどの歳で、容貌はまことに美麗であったので、どこに刀を立ててよいかもわからない。

「そもそもどういう人でいらっしゃいますか。お名乗りください、お助けいたします。」

と申すと
「おまえは誰だ。」

とお聞きになる。

「名乗るほどの者ではございませんが、武蔵国の住人、熊谷次郎直実」

と名乗り申す。

「それでは、おまえに向かっては名乗るまいぞ。おまえにとってはよい敵であるぞ。名乗らなくとも首を取って人に問え。見知っているはずであるぞ。」

と仰せられた。

熊谷は
「あっぱれ大将軍であるな。この人一人をお討ち申したとしても、負けるはずの戦に勝つようなはずもない。またお討ち申しさなかったとしても、勝つはずの戦に負けることもまさかあるまい。小次郎が軽い傷を負ったのをさえ、この直実はつらいとまで思うのに、この殿の父が、我が子が討たれたと聞いて、どれほどか嘆かれることであろう。ああお助け申したいものだ。」

と思って、後ろをさっと見れば、土肥、梶原五十騎ばかりで続いてこちらに来る。熊谷涙を押さえて申すには、

「お助け申そうとは存じ上げまするが、味方の軍兵が雲霞のようにおります。もうお逃げになることはできますまい。他の者に手におかけするより、同じことならば直実の手におかけ申して、後のご供養を是非いたしましょう。」

と申したところ、

「ただ今すぐに首を取れ。」

と仰せられた。熊谷はあまりにつらく気の毒で、どこに刀を立てたらよいかもわからず、目の前も暗くなり心も失い果てて、前後不覚に思われたけれども、そうしてもいられないことであるから、泣く泣く首を掻き切ったのであった。

「ああ、弓矢を取る身ほど情けないものはない。武芸の家に生まれなければ、どうしてこのようなつらい思いをすることなどあろうか。情けなくもお討ち申したことであるな。」

とくどくどと言い、袖を顔に押し当ててさめざめと泣いていたのである。しばらくの時間が経って、そうしたままでいることもできないので、鎧直垂を取って首を包もうとしたところ、なんと錦の袋に入れた笛を腰に差しておられる。

「ああつらく気の毒だ。この暁に城の中で管弦をされていたのは、この人たちでいらっしゃったのだ。現在味方に東国の軍勢は何万騎かあるかもしれないが、戦の陣へ笛を持つ人はよもや

あるまい。身分の高い方はやはり優美であるものだ。」と思って、笛を九郎御曹司義経お目にかけたところ、これを見る人で涙を流さない者はない。

後に聞けば、修理の大夫経盛の子息で大夫敦盛といって、生年十七になられていた。そのことがあったからこそ、熊谷の出家しようという思いは進んだのであった。その笛は祖父忠盛が笛の上手で、鳥羽院から賜ったものであったということである。その子経盛が譲られ持っていたのを、敦盛が笛の才能があったので、譲られ持っておられたとかいうことである。笛の名は小枝と申したのである。狂言や綺語の文学で仏門に入ることがあるとはいいながら、遂に笛が直実が仏の道に入る原因となったことは本当に心をうたれることである。

まず、この部分の構造を俯瞰する。

これは、作品の一連の流れの中の一部分を切り取ったもので、まとまった作品としての構造を備えているわけではない。とは言え、はじめからAの直前までは、熊谷次郎直実という人物を紹介している。そして、このときの事件設定を述べている。「いくさやぶれにければ、熊谷次郎直実、『平家の君達たすけ舟に乗らんと、汀の方へぞおち給ふらむ。あッぱれ、よからう大将軍にくまばや』とて、磯の方へあゆまするところに」は、この一ノ谷の戦がほぼ源氏勝利と決まっていること、人物の紹介、その中で直実が平家の中でも身分の高い武者を自分の手柄として討ち取りたいと願っていることを提示している。文としては「練貫に鶴ぬうたる直垂」の「武者一騎」に続くが、Aまでが事実上導入部的な役割を担っている。

Aの後の「練貫に鶴ぬうたる直垂」から「連銭葦毛なる馬に黄覆輪の鞍おいて乗ッたる武者一騎、沖なる舟に目をかけて、海へざッとうちいれ、五六段ばかりおよがせたる」が事件の発端である。直実が、「大将軍」

を見つけて戦って首を取りたいと強く願っているところに、期待どおりの武者が姿を現す。この後、直実が呼び止め、この武者が戻ってくる。あっという間にねじ伏せた直実だが、その武者があまりにも若いことに気づき助けようとする。そのBまでが展開部である。

Bの次では、勝敗が決まっている中でこの武者を殺しても殺さなくても何も変わらないと考える。そして、自分の息子の小次郎と引き比べながら、この武者（息子）が殺されたとしたらとその父親の気持ちを想像する。しかし、源氏の味方がそばまで来ていることに気づき、助けることができないことを悟る。せめて自分が首を取って供養しようと考え、その若い武者を泣く泣く殺してしまう。首を持って帰るために布に包もうとすると腰に錦の袋に入った笛を見つけ、今日の朝笛を吹いていたのはこの若者だったと気づく。その後、義経に会った際にこの話をすると、そこにいた者たちはみんな涙を流す。Bの次からCまでが山場である。

そしてCの次からDまでが後日譚となる。終結部（エピローグ）である。敦盛の身の上、持っていた笛の由来、そして直実がこれをきっかけとして出家することになることを述べる。

近代文学とは違うが、それなりの構造をもつことがわかる。冒頭の「いくさやぶれにければ」から始まる第一文は、導入部的な役割をもちつつも、同じ一文の後半で「武者一騎、沖なる舟に目をかけて、海へざッとうちいれ、五六段ばかりおよがせたる」という事件の発端を語っている。構造としては、展開部—山場—終結部（エピローグ）の三部と見ることができる。

2 導入的部分から敦盛が「とッてかへす」までを読む

導入的部分から発端そして展開部の前半「とッてかへす」までを読む。

まず導入的部分である。「いくさやぶれにければ」からは、一ノ谷の戦がほぼ終了し、源氏の勝利・平家の負けが決定していることがわかる。もちろん平家は全滅したわけではないから、この後、壇ノ浦の戦いがあるのだが、少なくともこの戦については勝敗は決まっている。そういう中で、直実は何とか手柄を立てたいと考えている。

そして「熊谷次郎直実」と、フルネームで人物を紹介している。「次郎」というミドルネームをもっていることから、一般の雑兵とは違うそれなりの身分の武士であることがわかる。ただし、戦の勝敗が決まった後も平家の「大将軍」を討ち取って手柄を立てようとしていることから、一方でまだ十分安定した位置にいない可能性も窺える。それゆえ手柄を立てて、名を上げる必要があったのである（注2）。

また、一人だけで行動していることから、家来を率いて戦うような役割は担っていなかったと思われる。それなりの身分ではあるが、源氏を代表しその中枢を担う高位の武将とまでは言えないということであろう。

そういう中で、「練貫に鶴ぬうたる直垂」の「武者一騎」が登場する。既に述べたとおりここが事件の発端である。直実は、「『あはれ大将軍とこそ見参らせ候らへ。まさなうも敵にうしろを見せさせ給ふものかな。かへさせ給へ』と」叫び「扇をあげてまねき」寄せる。すると、その武者が逃げることなく戻ってくる。

まず、ここで注目すべきは、この武者の装束である。ここだけ特に描写が厚くなっている。

練貫《ねりぬき》に鶴《つる》ぬうたる直垂《ひたたれ》に、萌黄《もよぎ》匂《にほひ》の鎧《よろひ》着て、鍬形《くはがた》うッたる甲《かぶと》の緒しめ、こがねづくりの太刀をはき、切斑《きりふ》の矢負ひ、滋籐《しげとう》の弓もッて、連銭葦毛《れんぜんあしげ》なる馬に黄覆輪《きンぷくりん》の鞍《くら》おいて乗ッたる武者一騎

「練貫に鶴ぬうたる直垂」とは、柔らかく光沢のある衣服で鶴が縫い込んである。普通の武士の着ているものとは違う。「萌黄匂の鎧」は、若葉のような黄緑色の鎧である。明るく爽やかな色の鎧ということになる。

「鍬形うッたる甲」は、前の部分に鍬形の飾りを付けている甲をかぶっている。その紐をしっかりと締め、「こがねづくりの太刀をはき、切斑の矢負ひ、滋籐の弓」である。黄金の鞘の刀を腰に差し、鷹の尾羽を使った矢を背中に負い、黒塗りに藤を巻いた弓を持っている。そして、「連銭葦毛なる馬に黄覆輪の鞍」に乗る。灰色に白い斑点が混じった馬である。そこに「黄覆輪の鞍」つまり縁を金で飾られた鞍に乗っている。特別の装束と鎧、甲、そして持ち物である。通常の武士とは大きく違う。一見してかなり名のある身分の高い武将ということがわかる。だから直実も「あれは大将軍とこそ見参らせ候らへ。」とすぐに気がつく。

ここで、その装束、鎧、甲、持ち物を詳細に描いていることの意味に、まずは注目する必要がある。時間を止めてストップモーションでこの武者を焦点化し丁寧に描写している。スポットライトを当てているとも言える。これには、どういう効果、どういう意味があるのか。

一つには、直実がすぐに「大将軍」と気がつくような人物であったことを読者に示すという意味がある。また、期待どおり「大将軍」に出会えた直実の喜びを演出する効果もあるだろう。直実にとって、またとない得がたい幸運が舞い込んだということになる。

ただし、同時にこの武者と直実の間にこれから起こるであろう出来事を予測している読者が、「そんな装束の武者とはいったい誰なのだろう」と強い興味をもつという効果がある。そして、話が進むと、そこまで特別の身分の者が直実に殺されていくという事件性の大きさを読者は感じる。これがもし特別の装束（鎧・甲等）でない普通の武者であったとしたら事件性は相対的に低くなるし、読者はそれほど興味をもたなかったであろう。この装束の詳細な描写は、この出来事の事件性の大きさを演出しているのである。

その描写の後に、「『あはれ大将軍とこそ見参らせ候らへ。まさなうも敵にうしろを見せさせ給ふものかな。かへさせ給へ』と扇をあげてまねきければ、招かれてとッてかへす。」が来る。

この部分で考えたいのは、なぜ直実に呼ばれた武者は言われるままに直ぐに引き返してきたかということである。このときの二人の距離は、「海へざッとうちいれ、五六段ばかりおよがせたる」だから、一定の距離はあったことになる。ここでの距離については二つの可能性がある。「段」については、時代によってかなりその距離に差がある。一段を六間（約一一メートル）と考えると五～六段で五〇～六〇メートル、一段を九尺（約三メートル）と考えると五～六段で一五～一八メートルになる。五〇～六〇メートルか一五～一八メートルかによっても状況は違うが、仮に一五～一八メートルであったとしてもそれなりの距離はあったことになる。

平家の舟がどこにあったかにもよるが、ここまで離れているのであれば、運がよければ直実から敦盛は逃げることができた可能性もある。海の中であれば、陸に比べて簡単には追いつかれないかもしれない。しかし、言われたとおり戻ってきている。ほとんど実戦経験もない敦盛が一人で戦って、百戦錬磨の源氏の武士に勝てるはずはない。戦えば殺され首を取られることはほぼ確実である。にもかかわらず引き返している。なぜなのか。

一つには、武士は敵に後ろを見せてはいけない。武士が敵を前に逃げるのは卑怯という教えを敦盛がこれまで受けてきたという可能性である。おそらくこの前までは家来がいて敦盛を守ってきていた。だから、自分一人だけで敵に呼び止められるような経験をしていない。圧倒的な敗北の中で、今は家来も次々に討ち死にしたか逃走したかで一人もいなくなった。初めての経験で、敦盛は教科書どおり教えを守ったということである。

直実に組み伏せられ「たすけ参らせん。」と告げられた後に、敦盛は「名のらずとも頸をとッて人に問へ」と言っているし、その後にも「ただとく〳〵頸をとれ」と言っている。死を覚悟し命乞いはしていない。そのことからも、「潔さ」を重視していた可能性は窺える。それにしても、みすみす殺される可能性が高い状況で敦盛は逃げるという選択をしてもよかったはずである。また、「たすけ参らせん」と言われた後に、わざわざ「名のらずとも頸をとッて人に問へ」などと言わないで命を助けてもらう方向で対応してもよかったはずである。しかし、教えてこられたとおり武士としての「潔さ」を大事にしようとしたのであろう。

これに当時の読者は共感したと思われる。おそらくは現代の読者の多くも共感している可能性が高い。ただし、これに疑問を挟む読み方が一方であってもよいはずである。考えてみれば、その後の武家社会あるいは武士たちの思考、さらには近代以降の軍隊あるいは兵士たちの思考とかなりの程度重なる。自分が何とか生きながらえる道を合理的に探るのではなく、自らの命を「潔さ」という価値観によって簡単に投げ出してしまう。そういった非合理な教条主義的な思考は、時代を超えて意外なくらい長く生き続けている。その比較的に原初的なかたちがここに現れていると見ることもできる。

もう一つ考えられる理由は、敦盛がもう逃げることは物理的に不可能と判断した可能性である。五〇〜六〇メートルか一五〜一八メートルかによっても状況は違うが、いずれにしても沖にいる平家の舟にたどり着く前に追いつかれるに違いないと考えた可能性である。もう引き返すという選択肢しかないと考えたということである。(仮にそうだとすると、ここでは一五〜一八メートルと考える方が自然かもしれない。)

さらに、それら二つが同時にない交ぜになって敦盛の行動に影響を与えたという可能性もある。

3 二人の戦いから名乗りまでを読む

戻ってきた敦盛は直実と戦う。しかし、戦いと言えるだけの過程さえない。あっという間に直実に組み伏せられてしまう。「とッておさへて頸をかかんと甲をおしあふのけ」という状態である。肉体的な面でも、経験という面でも、圧倒的な差がある。武士としての力量という点で敦盛が直実にかなうはずはない。

直実にとってこれ以上簡単に大きな手柄を上げられる機会はない。こんなチャンスは一生のうちでもそう度々あるものではない。しかし、直実は相手が「年十六七ばかりなるが、薄化粧して、かね黒」であることを見て、「我子の小次郎がよはひ程」と思う。「容顔まことに美麗」でもある。普通ならそのまま首に刀を入れ息の根を止め、その後首を取るということになるが、それができない。「いづくに刀を立つべしともおぼえず」からは、敦盛の白い首筋を見ながら、刀を立てようと思いつつも強く躊躇している直実の視線が想像できる。ここで重要なのは、直実が「年十六七ばかりなる」と思うだけでなく、「我子の小次郎がよはひ程」と思っていることである。息子の小次郎とこの若い武者を重ねて見始めている。

次に直実は若い武士の名を問う。そして「たすけ参らせん」命を助けると相手に告げる。いくら若くとも、相手は平家の武士である。その上、かなり重要な位置にある身分の高い武士である。自分の手柄ということでも意味は大きいし、源氏方にとっても是非仕留めたい人物の一人のはずである。今は若くても、もしこのまま平家を滅ぼすことができなければ、やがて源氏を攻撃してくる際に中心となっていく可能性もある。しかし、直実は助けることを決める。

そのときに直実はこの武士に向かって「仰いかなる人にてましまし候ぞ。名のらせ給へ、たすけ参らせん」と敬語を使っている。「候」「給へ」「参らせん」である。敬意を明確に示している。その若い武士は自らは名乗らないで、逆に直実に名前を聞いてくる。直実が名乗った後に若い武士は、「さては、なんぢにあうてはなのるまじいぞ。なんぢがためにはよい敵ぞ。名のらずとも頸をとッて人に問へ。見知らうずるぞ」と答える。

ここで敦盛が名乗らなかったのは、何より組み伏せられている相手の問いに応じて名乗りたくなかったということであろう。今、直実に組み伏せられ生殺与奪の権を握られている。その相手に言われるままに名乗ったのでは、相手に精神的に屈服したことになると考えたということである。もし、一騎打ちの前に相互に名乗るという状況であったら敦盛も名乗ったかもしれない。しかし、そういう状況ではない。おめおめとそれほど高名でもない武士に名前なぞ教えられないという誇りである。

④ 梶原たちの登場で敦盛の命を助けることのできない直実を読む

Bからの山場の部分である。この部分が、最も『平家物語』らしい部分である。直実の心の中が丁寧に描かれる。

熊谷、

「あッぱれ、大将軍や。此人一人《いちにん》うち奉《たてま》ッたりとも、まくべきいくさに勝つべきやうもなし。又うち奉らずとも、勝つべきいくさにまくる事もよもあらじ。小次郎がうす手負《で》うたるをだに、直実は心苦しうこそ思ふに、此殿《このとの》の父、うたれぬと聞いて、いか計《ばかり》かなげき給はんずらん、あはれたすけ奉らばや」

自分が助けると言っているのに、「頸をとッて人に問へ」と気丈にも告げる若い武士を「あッぱれ」と評価し、「此人一人うち奉ッたりとも、まくべきいくさに勝つべきやうもなし。又うち奉らずとも、勝つべきいくさにまくる事もよもあらじ」と考える。確かに既にこの戦は源氏の勝利ということが見えている。その後に「小次郎がうす手負うたるをだに、直実は心苦しうこそ思ふに、此殿の父、うたれぬと聞いて、いか計かなげき給はんずらん、あはれたすけ奉らばや」が来る。特に印象深い部分である。若いと言えども互いに殺戮を繰り返している憎い平家の武士である。それも、かなり高い地位にいるであろう重要人物である。しかし、ここで直実はそういう見方を選択しないで、自分の子どもの小次郎とこの若者とを重ねて見ることを選択している。

そして「うす手負うたるをだに、直実は心苦しうこそ思ふ」と考える。軽い傷であっても、自分は苦しいと思う。ここであえて「うす手負うたるをだに」と考えていることの意味は重い。「深手」すなわち深い傷であれば当然親は心配し苦しむが、「うす手」であれば武士が戦場で軽い傷を受けることくらいはあると考えることもあるかもしれない。しかし、そうではない。仮に軽い傷であっても、命に関わらないとわかっていても自分は、というより親は苦しみ心配するものであると考えている。だから、ましてや自分の子どもが敵に討たれて死んでしまったと知ったら、どれだけ嘆き苦しむかと思う。ここで、「だに」「こそ思ふ」と強調していることの意味は大きい。その親の子を思う繊細で深い気持ちを、この敵の若い侍とその親に重ねている。「此殿の父、うたれぬと聞いて、いか計かなげき給はんずらん」

ここから直実の想像力の豊かさ、人間性の深さが読める。が、そこには同時に源氏と平家に分かれて戦うことよりも、そういう親子のつながり、命をいとおしく思う気持ちの方がより重要であるという価値判断も読める。それは、自分たちが源氏と平家に別れて殺戮を繰り返すことの意味を問い直すことにもつながっていく。

味方と敵、仲間とそれ以外、善と悪といった二分法的世界観、勧善懲悪的な世界観への大きなアンチテーゼである。これは「無常観」などといったステレオタイプを超えたかなりの程度普遍的な世界観・人間観でもある。『平家物語』の魅力の一つはそこにこそある(注3)。

＊

そこまで思いを深め、若武者の命を助けようと思った直実だが、後ろを見ると源氏軍が迫っている。その目の前で敵の重要な武将を助けることなどできるはずがない。そこで、直実は「たすけ参らせんとは存じ候へども、御方の軍兵雲霞のごとく候。よものがれさせ給はじ。人手にかけ参らせんより、同じくは直実が手にかけ参らせて、後の御孝養をこそ仕り候はめ」と言って、敦盛を討つことを決心する。

そうは思ったものの、「熊谷あまりにいとほしくて、いづくに刀を立つべしともおぼえず、目もくれ心もきえはてて、前後不覚」になる。「いづくに刀を立つべしともおぼえず」も、若武者の白い綺麗な首を目の前にして煩悶している様子が見えてくる。

しかし、そうもしていられない。「さてしもあるべき事ならねば、泣く〳〵頸をぞかいてンげる」となる。ここで注目すべきは、肝心の直実が敦盛の首を斬る瞬間の描写がないことである。首に刀を立て差し入れる。緩い抵抗の感触とともに、刀が首に入っていくのがわかる。と同時に、首から血潮が一気に溢れ出る。そのときの敦盛の苦悶の表情、直実の硬直した表情。血潮は当然直実の顔や体にかなりの量が降りかかったであろう。あるいは敦盛のうめき声も聞こえたかもしれない。そして、最後に止めをを刺すために、その刀を横に引いたりさらに深く刺したりもしたはずである。そのときの肉や骨を切り裂く鈍い手応えもあったはずである。おびただしい血が流れ血の海になったに違いない。その少し後には、敦盛の首を体から切り落とすという場面もあったはずである。首の骨を切断する過程も当然ある。直実は、敦盛の首を義経のところに持ち帰る必要がある。

そういった過程の描写は、ここには一切ない。重要な瞬間だが、「泣く〳〵頸をぞかいてンげる」と、あっさりと概要を説明しているのみである。重要場面であるのに、なぜここで丁寧な描写をしないのか。

もし、ここでその様子を丁寧に描写したとすると、読者（聞き手）が耐えがたいと感じてしまうという可能性がある。読者（聞き手）はここで直実だけでなく敦盛にも強く共感している。その敦盛が死に至る過程を生々しく描かれたら読者（聞き手）たちは苦しくてしかたがない。それを読者（聞き手）に見せるのはあまりにも酷であるということであろう。だから、あえて濃い描写を避けたという解釈が一つはできる。また、ここでそこまで描写してしまうと、直実の人間性や温かさといった側面が相対的に後退し、残虐性ばかりが前面に出てしまうおそれがある。そうなると直実の敦盛への思いや武士という立場に疑いをもち始めるという内面のドラマに切れ味がなくなり、テーマがぼやけてしまうという可能性がある。それを避けているとも読める。

敦盛の装束「練貫に鶴ぬうたる直垂に」から「連銭葦毛なる馬に黄覆輪の鞍おいて乗ッたる武者一騎」のよ

うな厚い描写に着目し、その意味・効果を読み深めることは大切である。が、同時にもっと描写的であってもよい重要場面をあえて短い説明にしていることにも着目し、その「空白」の意味を読み解くことも大切である。

この場面でもう一つ着目したいのは、土肥、梶原の五十騎の武士たちを「雲霞のごとく」と表現していることである。「雲霞」とは、雲と霞を使って多くの者たちが群がって迫ってくる様子をたとえた表現である。当時の武士の価値観から見えれば、本来の望ましい武士の在り方で行動しているのは土肥、梶原たちである。直実がここまで敦盛を殺したくないと思い、それを実行しようとしているのは、武士としては失格である。失格であるはずの直実を、語り手は心の中にまで入って丁寧に描写している。それに対し、武士らしい武士の土肥、梶原たちは「雲霞のごとく」と十把一絡げの表現で述べられている。「雲霞のごとき大軍」などと使われることが多いが、一人一人の武士の人物が見えない。全体として大雑把にマスとして捉えているだけである。

直実はこの場面での中心人物だからということだからではあるが、それだけでなく武士らしい武士を「雲霞のごとく」と表現し、武士としては失格である直実を丁寧に豊かに描いている。そのことに作品（虚構としての作者）のものの見方・考え方が反映していると読める。「雲霞のごとく」はこういう場合の定型表現の一つだが、それをここで選択していることの意味も読む必要がある。

5　直実の判断を導き出した九つの伏線

直実は、苦悶の中で泣く泣く敦盛を殺し首を取る。「熊谷あまりにいとほしくて、いづくに刀を立つべしともおぼえず、目もくれ心もきえはてて、前後不覚におぼえけれども」とある。ただし、その直前までは敦盛の命を助けようと考えていた。梶原たち味方がもし来ていなければ、敦盛を逃しているはずである。普通の武士ではまず考えることのない判断を直実がしたのは、右に述べたとおり直実の人間観、価値判断、武士同士が殺戮し合う社会の在り方への疑問があったからである。ただし、そうだとしても、直実にそういう判断をさせるに至る必然性が伏線として丁寧に仕掛けられていることにも着目する必要がある。ここでは九つの伏線がある。

一つ目は、敦盛が一七歳と若い武士であったことである。まだ元服間もない経験も少ない者である。これが、もし二〇歳以上、三〇以上であったら、ここまで心を動かされなかった可能性はある。

二つ目は、その若い武士とほぼ同年齢の小次郎という息子を直実が持っていたことである。作品に書かれているとおりだが、若い武士を見て直実は小次郎をすぐに思う。そして、小次郎の親である自分の見方と、会ったことのない若い武士の親の見方とを重ね合わせる。もちろんそういう思考・連想をする直実の人物像がそこで大きな意味をもつのだが、それにしてもこれら二つの条件が重ならなければ命を助けるという大きな決心には至らなかったかもしれない。

三つ目は、若い武士が「容顔まことに美麗」であったこと、四つ目は「薄化粧して、かね黒」であったことである。美麗でなくとも命を助けることはある。しかし、武士の荒々しさとは真逆の「美麗」であること、「薄化粧して、かね黒」であることが、命を助けようとしたことに無関係とは言い切れない。「美麗」は顔立ちということもあるが、その表情も含んでいる可能性がある。武士らしい憤怒の強ばったものとは無縁の優しい表情であったとも読める。

五つ目は、力も弱く戦う技術などもほとんどもっていなかったことである。「汀にうちあがらんとするところに、おしならべてむずとくんでどうどおち、とッておさへて頸をかかんと」とあるとおり、戦っているというより敦盛は一瞬で直実に組み伏せられ首をかかれる状態にまで至っている。経験がないこともあるだろうが、力も技もない。直実の相手にならない弱さが直実の判断に影響した可能性はある。

六つ目は、敦盛の潔さである。本節「2」で検討したように直実が「かへさせ給へ」と招くと、すぐに敦盛は引き返してくる。また、「助け参らせん」と直実が告げた後も、敦盛は「名のらずとも頸をとッて人に問へ。」と自分を討ち取るべきと言っている。もし、じたばたと騒ぎ命乞いなどをしていたとしたら、直実の判断は違っていたかもしれない。

七つ目から九つ目は、このときの戦いの状況に関わる。まず直実には、若い侍の命をどうしようかと考えている余裕があったということである。五つ目とも重なるが、敦盛は直実にほとんど抵抗できなかった。圧倒的な力の差に直実にはそういう思考や判断をする余裕があったのである。これが、強い敵で一進一退の攻防というような状況であったならば相手がいくら若くても、こんなことは考えないだろう。八つ目は、この一ノ谷の戦で、平家の敗北、源氏の大勝利が既に決まっていたということである。直実の心内語にもあるとおり「うち奉らずとも、勝つべきいくさにまくる事もよもあらじ」という戦局にあった。だから、そう考える余裕があった。そして、九つ目は、梶原たちが現れるまでは、その場に直実と敦盛以外誰もいなかったということである。直実に家来がいたり、同輩の源氏の武士がいたり、ましてや他の平家の武士たちがいたりしたら、こういう思考はできなかった。そういう状況であったとしたら、そもそも命を助けるという選択肢はありえない。

九つも伏線があるから直実の思考や判断に価値がないと言っているわけではない。そういう伏線が揃っても、ほとんどの武士は喜んで敦盛を殺したであろう。しかし、直実は違った。そこに決定的な差異がある。ただし、右の九つの伏線が総合的に揃うことで、直実の人間性、価値判断、ものの見方・考え方が最大限に生きることになったという側面もある。周到な伏線である。そういう物語としての仕掛けにも着目する必要がある（注4）。

6 直実の嘆きと笛の発見を読む

敦盛の首を取った後に、直実は武士の家に生まれた不幸を嘆き、さめざめと泣く。

「あはれ、弓矢とる身ほど口惜《くちを》しかりけるものはなし。武芸の家に生れずは、何とてかかるうき目をばみるべき。なさけなうもうち奉るものかな」

とかきくどき、袖をかほにおしあててさめ〲とぞ泣きゐたる。


直実は、武士の家に生まれたこと、武士という身分・立場に絶望している。さらに言えば武士という存在自体に疑いを感じ始めている。「袖をかほにおしあててさめ〲とぞ泣きゐたる」は、一人前の武士としては余程のことである。自分が首を取った敦盛への涙であると同時に、これからも特に憎いと思ってもいない相手（敵）と殺し合いをし続けていくべき自分の身の上を嘆いての涙でもある。これは右で読んだ人間性を否定する戦《いくさ》というものに対する直実の疑問ともつながる。そして、これがこの部分の最後の一文「名をば小枝とぞ申しける。狂言綺語の理といひながら、遂に讃仏乗の因となるこそ哀れなれ。」つまり直実の出家につながる。

その後、敦盛の首を布に包もうとすると、首のなくなった敦盛の腰に錦の布に包まれた笛を発見する。


良久《やや》しうあッて、さてもあるべきならねば、鎧《よろひ》直《び》垂《たたれ》をとッて頸をつつまんとしけるに、錦《にしき》の袋にいれたる笛《ふえ》をぞ腰にさされたる。

「あないとほし、この暁城《じよう》のうちにて管絃《くわんげん》し給ひつるは、此人々にておはしけり。当時みかたに東国の勢何《なん》万《まん》騎《ぎ》かあるらめども、いくさの陣へ笛もつ人はよもあらじ。上臈《じやうらふ》は猶《なほ》もやさしかりけり」

とて、九郎御曹司《くらうおんざうし》の見参《げんざん》に入れたりければ、これを見る人涙をながさずといふ事なし。


貴重で高価な錦に包まれていることからも、ただの笛でないと推測できる。もちろん敦盛が笛を吹くことを大切にしてきたことが窺える。笛は音楽の道具であるから、戦とは最も縁遠い存在である。

それを、否定的に評価するのではなく、逆に「あないとほし、この曉城のうちにて管絃し給ひつるは、此人々にておはしけり。当時みかたに東国の勢何万騎かあるらめども、いくさの陣へ笛もつ人はよもあらじ。上臈は、猶もやさしかりけり」と意味づける。この日の明け方に直実は平家の軍から管絃の音が聞こえてくるのを耳にしていた。その一人が敦盛であったと思う。源氏方には、戦の場に笛を持ってくる人は一人もいないと評価する。錦に包まれた笛は、後に「小枝《さえだ》」という銘をもった有名な笛であることを知る。

戦の中での管絃、笛については、評価が分かれるところである。戦に笛や管絃など全く不要であり、余計なものと否定的に見る立場がある。一方で戦という殺伐とした場だからこそ笛や管絃が大切だと肯定的に見る立場もある。おそらくは前者が源氏的な発想、後者が平家的な発想であろう。平家は、武家・武士集団と言っても貴族的な要素を重視していた。それは、「扇の的」（本章・第3節）の場面で与一を讃えて舞を舞う武士の姿にも現れている。それに対し近世につながる合理的な武装集団としての源氏があった。笛は貴族的な要素をもった平家が、合理的な武装集団としての源氏に敗れていくという大きな時代の転換を象徴しているとも言える。

そういう中で直実は、少なくとも源氏的な見方をよしとしない。だからと言って平家に組みするわけでもないが、平家の敦盛が戦の中でも笛を大事にしようとする姿勢には共感している。ただし、この笛はそういった武士的・貴族的というレベルを超えたより高次の象徴性をもつとも読める。相互に殺戮を繰り返しながら自分たちの勢力を伸ばしていくことを重視する価値観と、笛に代表される人間としての普遍的な真や善そして文化性を大切にする価値観との相克の中で、後者を象徴する意味である。直実は、笛に「あないとほし」と反応している。これは敦盛を助けようとした判断ともつながっている。人間としての感性や文化性を大事にしようという価値判断が読める。

ここでは、その場で直実が「あないとほし～猶もやさしかりけり」と考えたということと、敦盛の首と笛を義経のところに持ち帰った際にそこまでの経緯を義経の前で話したということが、一文で表現されている。その結果、そこにいた源氏の人々がみな涙を流したとある。

ここで、義経の名前が出てくるが、面白いのは義経自身が涙を流したとは書いていない点である。「九郎御曹司の見参に入れたりければ、これを見る人涙をながさずといふ事なし。」だから、「これを見る人」という敬語なしの言葉の中に義経が含まれているとは考えにくい。もし、義経が泣いたという展開なら、それを明記しないなどということはありえない。義経は泣いていない可能性がある。そして、ここではあえて義経がどういう反応をしたかは書いていない。義経は、敦盛を含む平家の貴族的な在り方に批判的であったはずである。彼のそれまでの常識を破る新しい合理的な戦い方はそれを示している。直実は大手柄を立てたのだから、表だってはそれを叱責したり否定したりはしない。しかし、義経は共感をしていない可能性がある。

7 終結部＝エピローグを読む

最後に、若い武士が平敦盛で大夫の地位にあったこと、十七歳であったこと、笛は鳥羽上皇から贈られたもので「小枝」という銘であること、敦盛が笛の名手であったこと、そして直実の出家が予告される。

後《のち》に聞けば、修理大夫経盛《しゆりのだいぶつねもり》の子息に大夫敦盛《たいふあつもり》とて、生年《しやうねん》十七にぞなられける。それよりしてこそ熊谷が発心《ほつしん》の思《おもひ》はすすみけれ。件《くだん》の笛はおほぢ忠盛《ただもり》笛の上手にて、鳥羽院《とばのゐん》より給はられたりけるとぞきこえし。経盛相伝《さうでん》せられたりしを、敦盛器量《きりやう》たるによッて、もたれたりけるとかや。名をば小枝《さえだ》とぞ申しける。狂言綺語《きやうげんきぎよ》の理《ことわり》といひながら、遂《つひ》に讃仏乗《さんぶつじよう》の因《いん》となるこそ哀れなれ。

「後に聞けば」とあることから、この事件から一定の時間が経過してから判明したことを説明していることがわかる。典型的なエピローグ＝後日譚である。荒々しい、そして大きく心を揺さぶるドラマチックな事件を少し突き放して冷静に俯瞰的に述べている。

まず、あの若い武士は、平経盛の子どもであったことがわかる。経盛は、平清盛の弟であり、敦盛は清盛の甥にあたる。まだ若いものの、平家を代表する人物であったことがわかる。大夫はその部署の長官にあたるから、役職としても極めて高い位置にあった。直実の想像を超えた属性の人物であったことが判明する。既にその装束などからかなりの程度それは予測できてはいたが、これほどまで平家の中心人物の一人であったと解き明かされることで、読者はこの事件のもつ意味の重大さを一層強く感じることになる。歴史的な事件の一コマとさえ言えるくらいの出来事である。

年齢は、直実の予想どおり十七であった。直実の子どもの小次郎と同年代であったことが確認される。そして、笛の由来が語られる。ただの価値の高い笛ということを超えていた。鳥羽上皇から下賜された笛である。上皇が下賜するとはよほどのことである。その笛を譲られるということは、敦盛がそこまで笛の名手であったことが広く知れ渡っていた証拠でもある。ただの趣味を超えた本格的な笛遣いであったのである。それも「相伝」と言うのだから、代々受け継がれてきた特別な笛の技量であることが予想される。現代風に言えば日本を代表する笛奏者であったことになる。

右のような特別な属性・地位・能力をもつ若者を、どういう事情であれ直実は殺してしまったということになる。直接は書かれていないが、それらのことを知ったときの直実の苦悶、自責、絶望はかなりものであったことが想像できる。もちろん、そこまでの属性・地位・能力でない者であっても直実は苦悶したと思われる。しかし、敦盛の身の上や笛の謂れを聞きそれが一層強くなったことは間違いない。

だから、「それよりしてこそ熊谷が発心の思はすすみけれ」とある。この一文の位置は、笛の閲歴の前にあるが、笛も直実の出家を後押しする一因とは読める。

ここで笛の存在と同時に「小枝《さえだ》」という銘にも着目したい。鳥羽上皇が名づけたのか他の誰かが名づけたのかはわからないが、この笛が細い枝のように見えたから「小枝」と名づけたのかもしれない。また、小枝のようにか弱く見えても、名手が吹けば見た目とは違い大きな力を発揮するというレトリックがあるのかもしれない。しかし、それ以上にここでは殺戮を繰り返す戦場で「小枝」がもつ象徴的な意味を読む必要がある。木も場合によっては武器になる。しかし、それは太い棍棒のようなものでないと使えない。小枝は戦では全く無力なものである。戦の場に笛そのものが異質なものであるが、この「小枝」も殺し合いとは全く逆ベクトルの異質性をもつ。「小枝」という銘が、笛のもつ象徴性をより増幅させている。そのうえ「小枝」は「さえだ」と読む。サ行の「さ」があることでより繊細な印象を与える。

最後に「狂言綺語の理といひながら、遂に讃仏乗の因となるこそ哀れなれ。」が来る。「狂言綺語」は、音楽を含む当時の芸術全般のことである。ここでは敦盛の笛を言う。自分が泣く泣く討ち取った若い武士が笛の名手で笛を大事にしていたことを指す。「狂言綺語の理」は、芸術というものは仏道とは逆に人間の煩悩や迷いを強めるものと言われているという意味であろう。笛もそういうものなのに、それがその世界とは逆の仏道の世界に直実を押し出す原因の一つとなるということに心を打たれるということであろうか。

この事件をきっかけに武士を捨て出家をする直実であるが、これは既に検討した「あはれ、弓矢とる身ほど口惜しかりけるものはなし。武芸の家に生れずは、何とてかかるうき目をばみるべき。なさけなうもうち奉るものかな」ともつながる。これは、敦盛を前にして小次郎のことを思い、助けようとした直実の考え方の延長線上にある。源氏・平家に分かれて戦うことの矛盾、本来憎しみ合うような人間同士ではないかもしれないのに殺戮を繰り返すことへの疑問である。味方と敵に分かれて殺し合う社会への疑問である。それは「武士」という存在そのものへの疑問でもある。直実自身は、そこまではっきりと意識できていないかもしれない。しかし、直実の直接の意識を超えて作品が語り手がそして（虚構としての）作者が、そういったものの見方・考え方を滲ませようとしていると読んでよいはずである。（実際の史実では、直実はこのことが原因で出家したということではないようである。別の要因があったと言われている。）

❽「敦盛最期」を批評的に読み直す

ここまで読んできたとおり、「敦盛最期」は優れた場面である。近代文学・現代文学を先取りするような要素も少なからずある。とは言え、いくつかの気になる部分もある。

敦盛の腰から笛が出てきた際の次の部分である。

「あないとほし、この暁城《じやう》のうちにて管絃《くわんげん》し給ひつるは、此人々にておはしけり。当時みかたに東国の勢何《なん》万騎《まんぎ》かあるらめども、いくさの陣へ笛もつ人はよもあらじ。上臈《じやうらふ》は猶《なほ》もやさしかりけり」

この直実の嘆きは重要なものである。右に述べたとおり、殺戮を相互に繰り返す戦場でも笛を大切にするという価値観に、直実は共感していると読める。とすると、この中の「上臈は猶もやさしかりけり」は、その価値観を「上臈」「下臈」の問題に矮小化することになる危険がある。これは「上臈」か「下臈」かの問題ではない。戦という殺戮の応酬の中で管絃・音楽のもつ価値を大事にしようとするかどうかという、より普遍的な価値観の問題である。それが、この一文があることで「上臈」「下臈」の問題にずらされているとも言える。

違和感のある一文ではある。

そして、最後の次の一文の妥当性である。

狂言綺語《きやうげんきぎよ》の理《ことわり》といひながら、遂《つひ》に讃仏乗《さんぶつじよう》の因《いん》となるこそ哀れなれ。

笛や管絃を含む「狂言綺語」つまり芸術という仏道とは真逆と思われているものが、仏道に導くことの意外さを述べている。一定の普遍的な意味をこの事件にもたせるという意味である程度の効果があることはわかる。殺戮をよしとする価値観と管絃に代表される文化重視の価値観との相克という象徴性も大切である。しかし、「狂言綺語の理」をもって「讃仏乗の因」としてしまうことで、直実の人間性、人間理解、価値判断などの重さが相対的に弱くなっているとも読める。憎しみ合うような人間同士ではないはずなのに殺戮を繰り返していることへの疑問、味方と敵、善と悪に分かれ殺し合う社会の在り方への疑問などの要素を、相対的に後退させることになっているという側面もある。

直実は、笛のみに共感しているわけではない。笛や笛がもつ象徴性にも共感しているが、それ以上に自分の子どもとほぼ同じ歳の若者が殺されなければならない理不尽を強く感じている。そして、自分がその敦盛を殺されなければならないという武士の価値観・人間観に疑問をもっている。笛も象徴的な意味を含む大切なモチーフではある。しかし、敦盛への共感と、それを殺されなければならなかった武士という存在の非人間性への疑問を、増幅させるものであったとしても中核ではない。「狂言綺語の理といひながら、遂に讃仏乗の因となるこそ哀れなれ。」の一文はそれをずらしてしまう役割を担ってしまっている可能性がある。

「狂言綺語の理といひながら、遂に讃仏乗の因となるこそ哀れなれ。」は、この段の最後を一定の理屈で意味づけようという語り手の姿勢が窺える。また、この場面はここで一区切りで、この後は「知章最期」となり別の場面に移る。琵琶法師が語る場合、ここで一区切りとなる可能性がある。そうなると、何か締めの教訓的なフレーズが欲しかったという事情もあるのかもしれない。しかし、これだけ質の高い段を、そういう教訓的な理屈で意味づけようとしたことが問題である。この事件や人物たちの具体そのものに語らせるというだけでよかったはずである。

ただし、一方で「上臈は猶もやさしかりけり」にしても、「狂言綺語の理といひながら、遂に讃仏乗の因となるこそ哀れなれ。」にしても、やはりオリジナルのままあった方がよいという見方もあるだろう。授業では、どちらかに決めるのではなく、こういう部分の評価をめぐって再度本文を読み直しながら話し合ったり論争したりすることが有効である。それによって、作品が一層豊かなものとして立ち上がってくる。

いずれにしても、これらがあるからといって、「敦盛最期」の価値が大きく下がるわけではない。極めて優れた作品（場面）であることに変わりはない。そして、それは琵琶法師（群）、作品にまとめ上げた者（たち）、聞き手（群）、さらにそれ以外で成立に関わった人（たち）の集団的な力によるものである。

＊

ここで生かした読みの方法（言語の力）としては、まず「四部構造の関係性と効果への着目」がある。「人物設定への着目」も大切である。ここでは敦盛の年齢の設定、そして直実にほぼ同年齢の小次郎という息子がいたという設定が大きな意味をもつ。また「描写が濃い部分がもつ事件展開上の意味への着目」も重要である。ここでは敦盛の装束の描写が特に丁寧で濃い。ストップモーションとも言える濃さである。そのことが事件展開にどう関わるかを読むことは重要である。これはテーマにも関わる。逆に直実が敦盛を殺害するという場面は、重要な場面であるにもかかわらず描写がない。濃く描写すべき部分をあえて避けている場合、その「空白の意味を読む」ことも大切である。そして「事件展開上の複数の伏線への着目」も大切である。ここでは、直実が敦盛を殺さないで助けようと思う。そこに至る必然性を導き出す見事な九つの伏線である。また、「象徴的なモチーフへの着目」もある。ここでは敦盛の笛である。それもただの笛ではなく「錦の袋にいれたる笛」である。後に後鳥羽上皇から賜った笛ともわかる。その笛がここでは象徴的な意味をもつ。さらに「作品外文脈への着目」「文化的前提と歴史的前提への着目」「他の表現可能性を想定し吟味・批評する」という方法も生かしている。

〈注〉

(1) 市古貞次校注『平家物語②（新編日本古典文学全集46）』一九九四年、小学館による。段落や表記等一部に阿部が手を加えた。

(2) 冨倉徳次郎は、このときの直実について「功名にあせる武士のさびしい姿でもある。」と述べている。（高木市之助・冨倉徳次郎編『日本古典鑑賞講座・第十一巻　平家物語』一九五七年、角川書店、二一一頁）

(3) 冨倉徳次郎は「彼が敦盛を討つにしのびなかったのは、ただ相手が武器を棄てた若武者だったからのみではない。彼の心に源氏・平氏という敵味方の對立を越えた個人としての立場において、この少年を見る眼がきざしたからである。」と述べている。（前掲書(2)に同じ、二一一頁）

(4) 長野甞一は「この説話における敦盛が必ず具備すべき条件は三つあることが判明する。十六、七歳の少年武者であること、容顔美麗なること、その言動が終始けなげでいさぎよいこと、この三つである。この三条件のうち一つを欠いても、この説話は成立しない。」と、阿部が指摘した伏線と部分的に重なる指摘をしている。（長野甞一『平家物語の鑑賞と批評』一九七五年、明治書院、三二五頁）

第3節　「扇の的」を読む

1　「扇の的」の本文と構造

屋島の戦での一場面である。義経たちに背後から攻められた平家は、慌てて海に舟で逃げる。そうした中で日暮れを迎える直前に、平家が小舟を一艘こぎ寄せてくる。舟の中から女房が扇を竿の先に付けて舟端に立ち、陸の源氏に向かって手招きをする。扇を射貫いてみなさいということである。義経は、弓の名人として知られていた那須与一に扇の的を射るように命じる。しかし、それを与一は辞退する。ところが、義経は引かない。与一はその命令に従い、馬に乗って出て行く。そのときの出来事である。

本文は以下のとおりである（注1）。

ころは二月《にんぐわつ》十八日の酉《とり》の刻ばかりのことなるに、をりふし北風激しくて、磯《いそ》打つ波も高かりけり。舟は、揺り上げ揺りすゑ漂へば、扇もくしに定まらずひらめいたり。沖には平家、舟を一面に並べて見物す。陸《くが》には源氏、くつばみを並べてこれを見る。いづれもいづれも晴れならずといふことぞなき。

与一目をふさいで、

「南無《なむ》八幡大《はちまんだい》菩薩《ぼさつ》、我が国の神明《しんめい》、日光《につくわう》の権現《ごんげん》、宇都宮《うつのみや》、那須《なす》の湯泉大明神《ゆぜんだいみやうじん》、願はくは、あの扇の真ん中射させてたばせたまへ。これを射損ずるものならば、弓切り折り自害して、人に二度《ふたたび》面《おもて》を向かふべからず。いま一度《いちど》本国へ迎へんとおぼしめさば、この矢はづさせたまふな。」

と心のうちに祈念して、目を見開いたれば、風も少し吹き弱り、扇も射よげにぞなつたりける。

与一、かぶらを取つてつがひ、よつぴいてひやうど放つ。小兵《こひやう》といふぢやう、十二束三伏《そくみつぶせ》、弓は強し、浦響くほど長鳴りして、あやまたず扇の要《かなめ》ぎは一寸ばかりおいて、ひいふつとぞ射切つたる。かぶらは海へ入りければ、扇は空へぞ上がりける。しばしは虚空《こくう》にひらめきけるが、春風に一《ひと》もみ二《ふた》もみもまれて、海へさつとぞ散つたりける。夕日のかかやいたるに、みな紅《ぐれなゐ》の扇の日出《い》だしたるが、白波の上に漂ひ、浮きぬ沈み揺られければ、沖には平家、ふなばたをたたいて感じたり、陸には源氏、えびらをたたいてどよめきけり。


あまりのおもしろさに、感に堪へざるにやとおぼしくて、舟のうちより、年五十ばかりなる男《をのこ》の、黒革をどしの鎧《よろひ》着て、白柄《しらえ》の長刀《なぎなた》持つたるが、扇立てたりける所に立つて舞ひしめたり。伊勢三郎義盛《いせのさぶらうよしもり》、与一が後ろへ歩ませ寄つて、

「御定《ごぢやう》ぞ、つかまつれ。」

と言ひければ、今度は中差《なかざし》取つてうちくはせ、よつぴいて、しや頸《くび》の骨をひやうふつと射て、舟底へ逆さまに射倒す。平家の方《かた》には音もせず、源氏の方にはまたえびらをたたいてどよめきけり。

「あ、射たり。」

と言ふ人もあり、また、

「情けなし。」

と言ふ者もあり。

現代語訳　時は二月十八日の午後六時頃のことであるが、折から北風が激しくて、磯を打つ波も高かった。舟は、揺り上げ揺り落ち漂うので、扇も竿に固定されずひらめいている。沖には平家が舟

を一面に並べて見物する。陸には源氏が馬のくつわを並べてこれを見る。いずれもいずれも晴れがましくないはずはない。

与一、目をふさいで、

「南無八幡大菩薩、我が国の神明、日光の権現、宇都宮、那須の湯泉大明神、願はくは、あの扇の真ん中を射させてくださいませ。これを射損ずるものならば、弓切り折り自害して、人に二度と顔を向けることができない。今一度本国へ帰そうとお思いになるならば、この矢をはずさせたもうな。」

と心のうちに祈念して、目を見開いたところ、風も少し吹き弱り、扇も射やすくなっていたのである。

与一、かぶら矢を取って弓につがえ、十分に引き絞ってヒョウと放つ。小兵ということで十二束三伏の矢だが、弓は強く、矢は浦一帯に響きほど長く鳴り続け、あやまたずに扇の要際から一寸ばかりの所をヒイフッと射切った。かぶら矢は海へ入ったが、扇は空へ舞い上がったのである。しばしの間は空にひらめいていたが、春風に一もみ二もみもまれて、海へさっと散ったのであった。夕日の輝いているところへ、真っ赤な紅の扇で金の日輪を描いたものが、白波の上に漂い、浮いたり沈んだりしながら揺れていたのであるが、沖にいる平家は船端を叩いて感じ入り、陸にいる源氏はえびらを叩いてどよめいた。

あまりの面白さに、感に堪えなかったのであろう、舟の中から年五十ばかりの男で、黒川おどしの鎧を着て、白柄の長刀を持っている者が、扇を立ててある所に立ってしっかと舞いはじめた。伊勢三郎義盛、与一の後ろへ馬を歩ませ寄って、

「御命令であるぞ、射よ。」

と言ったので、与一は今度は中差を取って弓につがえ、十分に引き絞り、そいつの首の骨をヒョウフッと射て、船底へ真っ逆さまに射倒す。平家の方では音もせず源氏の方ではえびらを叩いてどよめいた。

「ああ、よく射た。」

と言う人もあり、また、

「情けない。」

と言う者もある。


構造を読んでいく。

この部分は四部の構造になる。

「ころは二月十八日の酉の刻ばかりのことなるに」から始まる第一段落が、時・場・その場の状況（事件設定）などを説明的に示す導入部（プロローグ）である。第二段落になり「与一目をふさいで」から与一の祈念が示されるが、ここから中心的な事件が始まる。この一文から濃い描写になっている。展開部である。そして、第三段落「与一、かぶらを取つてつがひ」から始まる部分で与一は見事矢を命中させる。そして、その直後の様子がストップモーションのように丁寧に描写される。そこが山場である。そこで中心的な事件は終わるが、第四段落「あまりのおもしろさに」で、与一の技量を讃える平家の武将が登場し舞いを始める。その武将を義経の命令により与一が射殺す。この部分が終結部（エピローグ）である。

一連の物語の流れから切り取られたものだが、この部分はそれなりにひとまとまりの場面として導入部（プロローグ)―展開部―山場―終結部(エピローグ)の四部の構造になっている。

❷ 導入部=プロローグの場の設定を読む

「酉の刻」だから夕方である。矢が命中した直後に「夕日のかかやいたるに、みな紅の扇の日出だしたるが、白波の上に漂ひ」と照応する。これから夜に向かう時間で、源氏と平家の戦いはまずは一時終了する。そういう時間だからこそ、こういったイベントができたのである。

特に重要なのがその場の状況である。「をりふし北風激しくて、磯打つ波も高かりけり。舟は、揺り上げ揺りすゑ漂へば、扇もくしに定まらずひらめいたり。」とある。これから扇という小さな的を狙うには、最悪の条件である。風が激しく、波が高く舟は大きく揺れている。的の扇も揺れながら風に煽られる。引用部分の直前に岸と扇を載せた舟との距離が「七八段ばかり」とある。「段」はその意味が時代によって変化するが、一段を六間(約一一メートル)とする見方だと約八〇～九〇メートルの距離。一段を九尺(約三メートル)とする見方だと約二〇～二五メート

導入部 ころは二月十八日の酉の刻ばかり― (前話:時、場、事件設定)	**展開部** 与一、目をふさいで、― (事件が動き出す:与一の祈念)	**山場** 与一、かぶらを取つてつがひ― (事件が決着する:与一が放った矢が命中)	**終結部** あまりのおもしろさに、感に― (後話:与一を讃えた平家武士を射殺す →兵士たちの反応)

ルの距離である。もし地上に固定してあったとしても、八〇～九〇メートル離れている先のおそらく数センチ以内の部分に矢を射るということは不可能であろう。ここでは二〇～二五メートルと見るのが自然である。もちろん二〇～二五メートル程度であったとしても、波が立ち的が揺れている。その中で矢を命中させることが至難の業であることは、弓の名人と言われている与一自身がよく知っていたはずである。

この場の設定が、重要な伏線となっている。仮に風もなく穏やかな海で舟もそれほど揺れていないという設定であれば与一にとってありがたいが、そういう設定だと与一が矢を放ち命中させることの事件性は弱くなる。

もう一つ「沖には平家、舟を一面に並べて見物す。陸には源氏、くつばみを並べてこれを見る。いづれもいづれも晴れならずといふことぞなき。」も重要な設定である。平家と源氏の多くの兵士たちが、並んでこれを見ている。晴れがましい気持ちで見ている。注視している。鮮やかな情景である。しかし、それは与一にとってはかえって大きなプレッシャーとなる。

3 与一の祈念の意味を読む

北風が激しく波が立ち舟が揺れているという厳しい条件だからこそ、与一は必死の思いで神や仏に祈念する。「南無八幡大菩薩、我が国の神明、日光の権現、宇都宮、那須の湯泉大明神、願はくは、あの扇の真ん中射させてたばせたまへ。これを射損ずるものならば、弓切り折り自害して、人に二度面を向かふべからず。いま一度本国へ迎へんとおぼしめさば、この矢はづさせたまふな。」

①八幡大菩薩　②日光の権現　③宇都宮　④那須の湯泉大明神と四つの神仏に祈念する。一つ目「八幡大菩薩」は、弓矢の神様である八幡神が仏教の菩薩として信仰されたものである。②～④は与一の出身地域の神たちである。「日光の権現」はあの日光東照宮の隣にある二荒山神社、「宇都宮」は現在の宇都宮市にある二荒山

神社、「那須の湯泉大明神」は今の那須町にある温泉神社である。

四つもまとめて祈念するというのは、現代ではむしろ不謹慎と言われてしまうかもしれない。少々大袈裟であると見られるかもしれない。しかし、ここでの与一はそれどころか必死なのである。そうそう多くの神仏を知らないであろう若い与一が、おそらくは知っているであろうすべての神仏に縋りつくような気持ちで祈る。それに続く「これを射損ずるものならば、弓切り折り自害して、人に二度面を向かふべからず。いま一度本国へ迎へんとおぼしめさば、この矢はづさせたまふな。」は、決して過剰な言葉ではない。

「沖には平家、舟を一面に並べて見物す。陸には源氏、くつばみを並べてこれを見る。」とあるように、たくさんの源氏と平家の兵士たちが、与一の一挙手一投足を見ている。与一にとってはただのイベントではない。与一は直々に義経の命を受けてこの場に臨んでいる。この状況の中でもし射損じれば、源氏にとっても義経にとっても大きな不名誉である。いくら勝っているとは言え、源氏方の士気も落ちるかもしれない。射損じれば、与一が考えているとおり本当に自害しないわけにはいかなくなる。下手をすると、与一の家も存続できなくなるかもしれない。そういう危機的で追い詰められた状況である。

だから、この事件は決して与一の英雄譚などではない。この後、結果として与一は扇の的を命中させることができるが、はずしていてもおかしくない状況である。自分では何も落ち度がないのに、弓の名人と評価されていることで義経にこの役目を命じられる。この前に与一は義経に呼ばれ扇の的を射るように言われる。しかし、与一は、命中させられなかったら大変だからと断っている。これは謙遜して断っているわけではない。「射損じ候ひなば、ながきみかたの御きずにて候べし」と本気で断っている。それに義経は怒り、文句を言う者は国に帰れと迫る。そこで与一は止むなく命に従うことになる。与一は、その意味で被害者ということになる。与一はぎりぎりのところに追い詰められている。

ここで「沖には平家、舟を一面に並べて見物す。陸には源氏、くつばみを並べてこれを見る。いづれもいづれも晴れならずといふことぞなき。」とあるが、この「いづれもいづれも晴れならずといふことぞなき。」は、与一がそういう状況を晴れがましいと思ったということではない。「いづれもいづれも」が主語で与一ではない。与一が晴れがましく思っていると思わせる現代語訳や解釈があるが、それは読み違いである。

その上で、ここでは「いづれもいづれも晴れならずといふことぞなき。」について二つの解釈が成り立つ。一つは、平家や源氏の兵士たちの様子・表情が晴れがましかったという読みである。激しい戦闘はひとまず終わり、今は舟上の扇を与一が射抜けるかどうかを平家・源氏ともに静かな状態で見物している。命中してもしなくても、平家・源氏の兵士一人一人には直接被害はないはずのものである。一生に一度見ることができるかどうかという一大イベントである。期待感で「晴れ」つまりすっきりとした比較的明るい様子・表情で、目を輝かせて成り行きを見守っているということである。もう一つは、その場の雰囲気がいつもと違った特別の状況であるという読みである。「ハレとケ」の「ハレ」である。この場合「ハレ」には特に明るいなど意味はない。非日常的な特別の、さらには多くの人たちの前でその目に触れる（私《わたくし》ではない）公《おおやけ》のという意味がある。「いづれもいづれも」とあるのだから、沖にいる平家、陸にいる源氏、それら多くの兵士たちがその様子を固唾を飲んで見守っているいつもとは違う特別の状況ということである。あるいは、これら二つの読みがともに成立するという可能性もある。いずれにしても、その場は多くの平家・源氏の兵士たちが注視する特別の場であるという点は同じである（注2）。

そういう中で、目を開けると「風も少し吹き弱り、扇も射よげに」なる。とは言っても、舟は静止しているわけではない。それなりに揺れていることには変わりはない。

❹ 命中した扇の描写を読む

与一はそういう状況で扇の的に矢を命中させる。

与一、かぶらを取つてつがひ、よつぴいてひやうど放つ。小兵《こひやう》といふぢやう、十二束三伏《そくみつぶせ》、弓は強し、浦響くほど長鳴りして、あやまたず扇の要《かなめ》ぎは一寸ばかりおいて、ひいふつとぞ射切つたる。かぶらは海へ入りければ、扇は空へぞ上がりける。しばしは虚空《こくう》にひらめきけるが、春風に一《ひと》もみ二《ふた》もみもまれて、海へさつとぞ散つたりける。夕日のかかやいたるに、みな紅《ぐれなゐ》の扇の日出《い》だしたるが、白波の上に漂ひ、浮きぬ沈みぬ揺られければ、沖には平家、ふなばたをたたいて感じたり、陸には源氏、えびらをたたいてどよめきけり。

まず、ここで「ひやう」という擬声語（擬音語）が使われている。これは矢を放つ瞬間の音である。直後に「浦響くほど長鳴り」とある。かぶら矢だからもともと音を立てて飛ぶように作られた特殊な矢である。ここでは、源氏と平家の兵士たちにその音を聞かせるという意味もあったであろうし、風が強い中では通常の矢よりかぶら矢の方が有利と判断した可能性もある。的に命中した瞬間は「ひいふつ」という擬声語を使っている。ここでは、それらに加え「十二束三伏」と矢の長さを正確に示している。このあたり丁寧で濃い描写である。

「小兵といふぢやう」から与一が小柄であることがわかる。「小兵」という表現は義経が与一を呼び出す直前に出てきているので、読者（聞き手）には初めての情報ではない。しかし、ここであえて「小兵といふぢやう」を改めて示すことで、「弓は強し、浦響くほど長鳴りして、あやまたず扇の要ぎは一寸ばかりおいて、ひいふつとぞ射切つたる。」がより効果的になる。大男が力強く矢を放つというのではなく、小柄の与一が力強く矢を放つ。そして見事命中させる。そのことがより事件性を高める。

そして、命中した扇の的の描写が出てくる。「かぶらは海へ入りければ、扇は空へぞ上がりける。しばしは虚空にひらめきけるが、春風に一もみ二もみもまれて、海へさつとぞ散つたりける。夕日のかかやいたるに、みな紅の扇の日出だしたるが、白波の上に漂ひ、浮きぬ沈みぬ揺られければ」

①「扇は空へぞ上がりける」→②「しばしは虚空にひらめきける」→③「春風に一もみ二もみもまれ」→④「海へさつとぞ散つたりける」→⑤「夕日のかかやいたるに、みな紅の扇の日出だしたるが、白波の上に漂ひ」→⑥「浮きぬ沈みぬ揺られけれ」――と、実際には一瞬に近いくらいわずかの時間の出来事だが、まるで時が止まったように六つの要素からなる丁寧な描写になっている。

まず、射貫かれた扇がその反動で上に飛ばされる。「空へぞ上がり」とあるように背景に空が見えるほど高く上がったという描写である。それが、しばらく虚空にひらめく。扇だから風を受け少しの時間がひらめいている。おそらくは見ている者たちはその様子を見上げているのであろう。さらに、春風に何度か揉まれてただひらめいている状態から、大きく空中を動く。その後、一瞬で海上に落ちる。「散つたりける」とあるから、扇が少しばらばらになったのである。今度は、見ている者たちの視線は海に移る。その海には夕日が輝いているが、真っ赤な扇に金の日輪を描いた扇がそこを漂う。それが、波に沈んだりまた浮いたりしている。

前半は扇のダイナミックな動き、後半は扇の鮮やかな色が印象的である。そして源氏・平家の兵士たちの視線の移動までも見えてくる。右に述べたとおりわずかな時間の出来事だが、かなり長く感じられるスローモーション（またはストップモーション）とも思えるような描き方である。

この場面の最大の見せ場であり、山場のクライマックスであるから、当然描写が濃くなる。与一の成功をより劇的にする効果もある。導入部の説明、展開部の与一の心の中の描写、山場のスローモーション的またはストップモーション的描写と、メリハリのある表現が展開されていることがわかる。

おそらくこの様子を源氏の者たちも平家の者たちも、息をのんで見ていたはずである。だから、一瞬の静寂が生まれ、その直後「沖には平家、ふなばたをたたいて感じたり、陸には源氏、えびらをたたいてどよめきけり。」となる。緊張感のある静寂から、驚きと喜びのどよめきへの変化という対比的で劇的な音響も効果を上げている。ここでは、明らかに殺戮を繰り返す敵同士である源氏の兵士と平家の兵士が、一致して与一の成功を喜んでいる。ある種の共感が生まれていると見ることもできる。

5　終結部＝エピローグのエピソードを読む

ただし、これで「めでたし、めでたし」とはならない。

あまりのおもしろさに、感に堪へざるにやとおぼしくて、舟のうちより、年五十ばかりなる男《をのこ》の、黒革をどしの鎧《よろひ》着て、白柄《しらえ》の長刀《なぎなた》持つたるが、扇立てたりける所に立つて舞ひしめたり。伊勢三郎義盛《いせのさぶらうよしもり》、与一が後ろへ歩ませ寄つて、

「御定《ごぢやう》ぞ、つかまつれ。」

と言ひければ、今度は中差《なかざし》取つてうちくはせ、よつぴいて、しや頸《くび》の骨をひやうふつと射て、舟底へ逆さまに射倒す。平家の方《かた》には音もせず、源氏の方にはまたえびらをたたいてどよめきけり。

「あ、射たり。」

と言ふ人もあり、また、

「情けなし。」
と言ふ者もあり。

「ふなばたをたたいて感じたり」「えびらをたたいてどよめきけり」の延長線上で、平家の武士が与一を讃えて舞いを始める。「敵ながらあっぱれ」という敵味方を超えた賞賛である。おそらくは、源氏の兵士も平家の兵士も、ほとんどの者はその姿に共感していたに違いない。「年五十ばかり」であるから、当時としては老兵士である。第一線で活躍という役割ではないだろう。「白柄の長刀持つたる」ということだから、長刀を使った舞なのかもしれない。比較的派手な目立つ舞であろう。

しかし、それを義経は見逃さない。伊勢三郎義盛を通じて、与一にその武士を射殺《いころ》せと命じる。非情な命令である。直接には書かれていないが、与一はなんでそんなことをするのかといぶかしく思い、射殺すなどしたくないと考えたはずである。敵であるにもかかわらず自分を讃えてくれている者を射殺すなどいやに決まっている。それも源氏・平家の兵士たちが見ている前でである。

伊勢三郎義盛が「御定ぞ、つかまつれ。」と言っていることからもそれは推察できる。普通なら「つかまつれ。」だけでいいはずである。「御定ぞ」と強意の「ぞ」まで使って与一に命じるということは、射殺することを命じられた与一がそこで一瞬躊躇していた可能性を示唆する。その記述が省略されている可能性がある。

躊躇していても気が進まなくても、義経の命令である。拒否することはできない。与一は、今度は「中差」つまり戦闘用の人を殺すための矢を選んで、その年五十ばかりなる男に矢を放つ。与一はここでも失敗しない。その武士の「しや頸の骨」つまり首の骨を射貫く。即死である。武士は「舟底へ逆さまに」倒れる。当然平家の兵士たちは静まりかえる。一方、源氏の兵士たちはその見事さに再度えびらを叩いて歓声を上げる。

その後に二つの会話文が続く。

「あ、射たり。」
と言ふ人もあり、また、
「情けなし。」
と言ふ者もあり。

この二つの会話文は、誰のものであろうか。「あ、射たり。」は、間違いなく源氏方の兵士である。一方「情けなし。」は誰のものか。まず、普通に考えれば平家方の兵士と思える。ただし、本当にそう読んでよいのかという疑問も生まれてくる。

それを明らかにするために、語り手の視点に着目してみる。すると、ここで語り手は一貫して源氏側からこの出来事を語っていることがわかる。

まず、展開部で「南無八幡大菩薩、我が国の神明」と与一が祈念する場面である。ここで語り手は、与一の心の中に入り込み、その思いを描写のかたちで示している。カギ括弧の中は、すべて与一が心の中で思ったことである。これは与一しか知り得ないことである。それを語り手は語っている。語り手が与一の心の中に入っていることがわかる。また、そのカギ括弧の直後の「風も少し吹き弱り、扇も射よげになつたりける。」は、明らかに与一がそう考えたことである。語り手は、ここで源氏側、その中でも与一の心に入り込んだり寄り添ったりしている。

次に、山場で与一が矢を放つ場面である。「与一、かぶらを取つてつがひ、よつぴいてひやうど放つ。」の

「ひやうど放つ」の「ひやう」は、与一の側にいないとよく聞こえない音であろう。少なくとも源氏側でないと聞こえない。この後の「浦響くほど長鳴りして」は源氏・平家ともに聞こえたかもしれないが、「ひやう」の方は平家側には十分聞こえていない可能性が高い。

終結部の舞を舞う平家の武士の表現の仕方にも注目したい。ここでこの武士を「年五十ばかりなる男の、黒革をどしの鎧着て、白柄の長刀持つたる」と記している。もちろん舞が舞えるくらいだから、通常の兵士とは違う。それなりに姓氏名をもっているはずである。しかし、「年五十ばかりなる男」とだけしか語っていない。源氏方は、与一はもちろん伊勢三郎義盛も、しっかりと名前が示されている。語り手が平家側にいたとしたら、あるいは第三者的な位置にいたとしたら、こういう語り方はしないはずである。また、ここでは「あまりのおもしろさに、感に堪へざるにやとおぼしくて」と、「おぼしく」つまり「そうではないか」「そう見えた」「そう推測される」という表現である。与一の心の中は具体的に描写しているのに、ここでは推量である。

そして、終結部の続く場面で伊勢三郎義盛が与一に「御定ぞ、つかまつれ。」と言っているが、このときの声の大きさはどれぐらいであっただろう。躊躇する与一に義盛が「命令だぞ。射殺せ。」と大声で言うはずはない。馬上同士であったとしても、耳元でささやく、ないしはそうそう周囲に聞こえない程度の音量であった可能性が高い。とすると、ここでも語り手は二人の近くに寄り添っていたということになる。

さらには、その後の「しや頸の骨をひやうふつと射て、舟底へ逆さまに射倒す。」の「射倒す」である。「射倒す」は、もちろん源氏側、与一側から見た表現である。

以上のように見てくると、語り手は一貫して源氏側にいる。とすると、この「情けなし。」は、源氏側の兵士から聞こえてきた声と見る方が自然である。ここだけ突然平家の兵士の声になるのは不自然である。

そこから何が読めるか。

射殺す行為が与一の判断・意思であったと考える者はほとんどいなかったであろう。これが義経の命令によるものであることを、源氏の兵士たちは知っていたはずである。それでも「情けなし。」と言う者が源氏の中にもいたということになる。いくら敵だからといって、与一の成功を讃えて舞っている老兵士を射殺すまではしなくてもいいのではないかという見方である。えびらを叩いて歓声を上げる源氏の中にもそう見る者がいたということである。

ということは、この「情けなし。」は源氏方の兵士からの義経批判ということにもなる。もちろん「情けなし。」は、そんな大きな声で言ってはいないであろう。また、誰も彼もがそう言ったわけでもないだろう。しかし、仮に少数であってもそういう源氏の兵士がいたことをあえてここで前面に出す。もちろん源氏の兵士の一致団結という点では問題かもしれない。義経が万が一耳にしたら烈火のごとく怒るだろう。その兵士は厳しい処罰を受けるだろう。しかし、それでも「情けなし。」と言ってしまう兵士がいたことの意味は大きい。

ここから「あ、射たり。」と「情けなし。」という言葉を、あえてここに位置づけ提示した語り手のものの見方・考え方も読むことができる。そこで起きている出来事から何を取り上げ何を取り上げないかは、語り手が決めることができる。特にそう大きな声でない兵士たちのつぶやきを選択しなくても、このときの出来事の記述としては何の問題もない。しかし、この語り手はあえてこれらのつぶやきを取り上げている。そのことの意味が大きい。その語り手（虚構としての作者）のものの見方・考え方がここから読める。

さらに読むと、「『あ、射たり。』／と言ふ人もあり」→「また、／『情けなし。』と言ふ者もあり。」の順序も重要である。ここでは先に「あ、射たり。」を先に置き、後に「情けなし。」をもってきている。これは、「あ、射たり。」が先に聞こえてきて、「情けなし。」が後から聞こえてきたということではないはずである。ほぼ同時に聞こえてきた。それも一人ずつとは思えない。

だから、次のようにも表現できるはずである。

「情けなし。」

と言ふ者もあり、また、

「あ、射たり。」

と言ふ人もあり。

右の順番で示さないで、「あ、射たり。」→「情けなし。」の順序で示した語り手のものの見方・考え方にも着目する必要がある。もちろん、後に来るものの方が読者（聞き手）の印象は強い。この順序からも語り手の思想が読める。（さらに「人」と「者」の違いにも着目できる。）

『平家物語』には異本が多くあるが、その本によってかなり書かれ方（プロット）に差がある。ここで取り上げた光村図書の中学校教科書で使っている本は高野本である。それに対して、百二十句本は次のようになっている(注3)。

伊勢の三郎、与市がうしろへあゆませ寄って、「御諚《ごじやう》にてあるぞ。にくい、奴ばらが今の舞ひ様かな。つかまつれ」と言ひければ、中差取ってつがひ、よつぴいて射る。しや首の骨、ひやうふつと射通され、舞ひ倒れに倒れけり。

源氏方いよいよ勝に乗ってぞどよみける。

平家の方には音もせず。

高野本にある「『あ、射たり。』／と言ふ人もあり、また、／『情けなし。』／と言ふ者もあり。」が百二十句本にはない。逆に高野本では「御定《ごぢやう》ぞ。つかまつれ。」とだけあるところを、百二十句本では「御諚にてあるぞ。にくい、奴ばらが今の舞ひ様かな。つかまつれ」とくわしくなっている。この場面については、明らかに高野本の方が優れている。

こういった複数の異本の比較検討による吟味・評価・批評は極めて有効である。古典だからこそ異本が存在する。異本を読み比べることも、古典を読む喜びの一つである。異本の読み比べを授業で重視すべきである。

＊

それにしても、義経はなぜこんな命令を出したのだろうか。「五十ばかりなる男」が生きていたとしても、戦局には全く無関係である。源氏も平家も多くの者が与一の成功そしてこの男の舞に共感しているはずである。それをあえて逆撫でしてまで不評を買うことをしたのはなぜなのか。

いくつか可能性が考えられるが、まず考えられるのは、義経があえてこの源氏・平家の一致した共感的な状況を壊そうと考えたということである。今は、屋島の戦の中である。明日になれば、また源氏と平家は戦いを始めないといけない。一定期間、源氏と平家の戦が続く可能性がある。そこでは、当然残虐な殺し合いをすることになる。源氏が平家を追い詰めていく段階では、中堅武士、雑兵はもちろん、年老いた武士も元服したての童顔の武士も、さらには女性も皆殺しにしなければならない状況もありうる。そういう状況の中で、ここで源氏の兵士たちが平家の兵士たちに一時であっても共感することが、そういった殺戮をためらわせてしまうことにつながるおそれがないとは言い切れない。そういう状況を避けたかったという狙いがあるのかもしれない。万が一にも、源氏の者たちが平家の者やその家族を攻撃したり殺したりすることを躊躇するようなことがあってはいけないということである。さらには、平家の兵士たちにとって「自分たち源氏は甘くない」「これからも手加減しないで厳しく攻めていく」ということを象徴的な出来事で示そうとしたという可能性もあるかもしれない。義経が、一時の感情で腹を立てて射殺させたということではないだろう。

それともつながるが、義経が平家をここで挑発しようと考えていた可能性もある。源氏の兵士たちが平家の兵士たちに共感することを避けたかったということは同じだが、与一を褒め称えて舞を舞っている武士を射殺せば、平家の兵士たちはそれに腹を立てて攻撃してくると義経が見ていたという可能性である。事実、この直後平家の武者数人が源氏がいる渚に上陸し、「かたき寄せよ」（敵の者、向かってこい）と源氏を手招きする。その後、平家と源氏の小規模な闘いが始まっていく。義経もそれで平家に決定的な打撃を与えられるとまでは考えていなかっただろうが、それでも平家の兵士たちと源氏の兵士たちが共感することを防ぐことはできる。

この義経の判断をもう少し俯瞰的に見てみると、別の側面も見えてくる。敵の武士の技量を褒め称えるために戦場で舞を舞うという行為だが、無骨な武士の発想というよりはやや貴族的な発想がそこに入り込んでいるとも言える。確かに、平家は武家でありながら、その振る舞い方や生活様式、見方・考え方が、かなりの程度貴族化していたと思われる。この「五十ばかりなる男」の行為もその延長線上にあると見ることができる。それに対して、源氏は貴族的な発想とは全く違う合理的でドライな軍事集団という性格を強くもっていた。それも、従来の考え方やルールを壊しながら自分たちの存在価値を高めてきたという側面が強い。義経のさまざまな作戦にはそういう要素が色濃く反映されている。

その意味で貴族的な要素を引きずった平家が、より合理的でドライな軍事集団としての源氏に敗れていくという歴史的必然を、この出来事が象徴しているとも読める。中世的な平家から近世的な源氏への権力交代の必然とも言える[注4]。（そう見ると、「扇の的」も「敦盛最期」と重なる象徴性をもつことがわかる。）この段には、さまざまなレベルの重層的な形象が織り込まれている。

＊

ここで生かした読みの方法（言語の力）としては、まず「四部構造の関係性と効果への着目」がある。また「導入部における場と状況の設定への着目」がある。「をりふし北風激しくて、磯打つ波も高かりけり。」という場、「いづれもいづれも晴れならずといふことぞなき。」という状況である。「クライマックスにおける濃密なストップモーション的描写への着目」という方法も生きている。レトリックとしては「ひやう」「ひいふつ」などの「声喩（擬声語・擬音語）への着目」もある。そして、ここで特に重要な方法は「語り手の視点・位置を推理する」というものである。語り手が源氏側に近いのか、平家側に近いのか、全く客観視点的なのかを推理する。それによって、ここでは「情けなし。」の話主が見えてくる。それはこの部分のテーマにもつながってくる。このエピローグの特徴を読む際には「異本との比較による吟味・批評」という方法も効果的である。そこには「作品のものの見方・考え方の吟味・批評」が関わってくる。また、義経の平家武者の殺害命令をめぐっては「作品外文脈への着目」「歴史的前提への着目」も重要である。さらには「別の表現可能性との差異」という方法も生かした。

〈注〉

(1)　中学校国語教科書『国語2』二〇二〇年、光村図書による。段落は阿部が再構成した。

(2)　冨倉徳次郎は、このときの与一について「晴の舞臺に出た青年、與一宗高の一心不亂の心の描寫、それがいよいよ矢を放とうという瞬間になって源氏全軍の名譽、自己の名譽、それらを乗り越えて、ただ神に通じる弓術そのものの心になり切っていることが強い感銘を與えよう。」と述べる。（高木市之助・冨倉徳次郎編『日本古典鑑賞講座・第十一巻　平家物語』一九五七年、角川書店、二三八頁）また、長野甞一は、このときの与一の成功を「無心の勝利」としている。

（長野甞一『平家物語の鑑賞と批評』一九七五年、明治書院、四一五頁）しかし、ここで与一がこの状況を「晴の舞台」というような肯定的なものと見ている証拠は本文のどこにもない。また「一心不亂」「ただ神に通じる弓術そのものの心になり切っている」も、このときの与一の見方とはかなりずれたものと言わざるを得ない。与一は「一心不亂」どころか、知っているすべての神仏に「これを射損ずるものならば、弓切り折り自害して、人に二度面を向かふべからず。いま一度本国へ迎へんとおぼしめさばこの矢はづさせたまふな。」と縋るような気持ちで祈念している。ぎりぎりの状況に追い詰められ、心揺れる必死の与一と見る方が自然である。

(3) 水原一校注『平家物語　下』（新潮日本古典集成第四七）一九八一年、新潮社、二三〇～二三一頁

(4) 長野甞一は、この部分について「ただ一つ、感に堪えずして舞い始めた平家の老武者を、征矢《そや》で射殺したのは、せっかくの余韻を台無しにして、汚点を残す結果となった。」と述べている。（前掲書(2)に同じ。四一七頁）しかし、この部分があることで、非情であったとしてもこのときの義経の狙いや、必然とも言える大きな時代の変化が見えてくる。そして、そういう義経に源氏方からも「情けなし。」という声が漏れるという意外で重要な一言が生まれることになる。この部分があってこそ、『平家物語』らしいより複雑で多面的な形象やテーマが見えてくる。長野は注(2)で述べたとおり、与一の「無心の勝利」としての英雄譚という要素を過剰に評価するあまりこういう的外れな評価に至ったのである。

第六章 『源氏物語』を読み拓く

第1節 桐壺「いづれの御時にか」冒頭を読む

1 「いづれの御時にか」の本文と構造

「桐壺」の冒頭である。本文は以下のとおりである（注1）。

いづれの御時《おほんとき》にか、女御《にようご》、更衣《かうい》あまた候《さぶら》ひ給《たま》ひける中に、いとやむごとなき際《きは》にはあらぬが、すぐれて時めき給ふありけり。はじめより我はと思ひあがり給へる御方々、めざましきものにおとしめそねみ給ふ。同じほど、それより下臈《げらふ》の更衣たちは、まして安からず。朝夕の宮仕へにつけても、人の心をのみ動かし、恨みを負ふ積もりにやありけむ、いとあつしくなりゆき、もの心細げに里がちなるを、いよいよ飽かずあはれなるものに思ほして、人のそしりをもえ憚《はばか》らせ給はず、世の例《ためし》にもなりぬべき御もてなしなり。上達部《かんだちめ》、上《うへ》人《びと》などもあいなく目をそばめつつ、いとまばゆき人の御覚えなり。

唐土《もろこし》にも、かかることの起こりにこそ、世も乱れ悪《あ》しかりけれと、やうやう、天《あめ》の下にも、あぢきなう人のもて悩みぐさになりて、楊貴妃《やうきひ》の例も引き出《い》でつべくなりゆくに、いとはしたなきこと多かれど、かたじけなき御心《みこころ》ばへのたぐひなきを頼みにて、交じらひ給ふ。

父の大納言は亡くなりて、母北の方なむ古《いにしへ》の人の由《よし》あるにて、親うち具し、さしあたりて世の覚え華やかなる御方々にもいたう劣らず、何ごとの儀式をもてなし給ひけれど、取り立ててはかばかしき後見《うしろみ》しなければ、事ある時は、なほ拠《よ》り所《どころ》なく心細げなり。

現代語訳　いずれの御治世のときであったか、女御、更衣がたくさんお仕えなさっていた中に、特に高貴な身分というわけではないが、きわだって時めいていて帝に愛されておられる方があった。はじめから我こそはと気位を高くもっておられる方々は、そのことを目に余り気に入らないものと思い蔑んだり妬んだりされる。同じくらいの身分か、それより低い身分の更衣たちは、まして心中おだやかでない。朝夕の宮仕えにつけても、そうした人々の心を乱し、恨みを買うことが積み重なったためであろうか、ひどく病いがちになってゆき、何につけても心細い様子で里にいることが多くなるのだが、帝はそれでますますたまらなく愛おしいものとお思いになり、人の誹りも全く意に介さずにおられ、後の世の前例となってしまうのではないかというほどのお振る舞いである。上達部、殿上人なども困ったことだと思い目をそむけているという有様で、本当に見ていられないほどのまばゆい寵愛ぶりである。

「唐土でも、こういうことが起こったことがあり、世も乱れよくないことがあったけれども」と言われ、だんだんと国にとってよくないことだと、人の悩みの種となって、楊貴妃の例も引き合いに出すほどになってゆくので、本当に辛いことがが多いのだけれども、帝のもったいないほどのご寵愛が比べることができないほどであることを頼みにして、人々と関わっておられる。

父の大納言は亡くなっているが、母である北の方が古い儀式にも通じた教養ある人なので、両親が揃って現在の世間の評判が華やかな御方々にも劣らないほど、どんな儀式も執り行っておられるのだが、これといった後見人がいないので、このときという大事なことがある際にはやはり拠り所がなく心細げである。

有名な冒頭である。この部分は、「桐壺」の冒頭であると同時に『源氏物語』という作品全体の冒頭でもある。光源氏誕生以前では、ここまでがまずは一区切りとなる。この部分の構造を俯瞰していく。

この部分は、全体が説明的な書き方になっている。ある日ある時の事件（出来事）の描写ではなく、一定期間のことをまとめて説明するかたちである。述語を見ると「時めき給ふありけり。」「おとしめそねみ給ふ。」「御もてなしなり。」「交じらひ給ふ。」「心細げなり。」など、一定時間・一定期間の状況をまとめて述べていることがわかる。その意味で、この部分は全体がこの後の事件展開の導入部としての役割をもつ。それが三つの部分に分かれている。

第一段落は、「いづれの御時にか、女御、更衣あまた候ひ給ひける中に、いとやむごとなき際にはあらぬが、すぐれて時めき給ふありけり。」から始まる。ここでは、身分がそれほど高いわけではないのに天皇に特に愛されている更衣が示される。この一文だけでかなりのレトリックが含まれているが、それは後で読んでいく。ここで確認しておきたいのは、「時めき給ふありけり。」と天皇から特に愛されている女性の存在である。これだけだとちょっとしたシンデレラストーリーである。

しかし、その直後に「はじめより我はと思ひあがり給へる御方々、めざましきものにおとしめそねみ給ふ。」と、周囲の女御・更衣たちの強い拒否反応、そしていじめが示される。「めざましきもの」「おとしめ」「そねみ」と重層的な拒否反応が見える。一度、大きく持ち上げられたものが、ここでどんと大きく落とされる。読者は、とんでもない世界に入り込んだことを感じる。この二文だけで、読者の心を鷲づかみにする。

さらに「同じほど、それより下﨟の更衣たちは、まして安からず。朝夕の宮仕へにつけても、人の心をのみ動かし、恨みを負ふ積もりにやありけむ、いとあつしくなりゆき、もの心細げに里がちなる」となる。この女性と同じ程度また身分の下の者たちは、それ以上に拒否反応が強いと畳みかける。ここでは「朝夕の宮仕へにつけても」と、繰り返し繰り返し嫌われ拒否されたと述べる。長い期間いじめが続く。だから「恨みを負ふ積もり」により、具合が悪くなり精神的にも追い詰められ御所に上がれない状態にまでなる。緊急事態である。

御所に上がれない状態で自分の家にいるのなら、悲しくはあるが直接のいじめには遭わないで済む。しかし、その直後に「いよいよ飽かずあはれなるものに思ほして、人のそしりをもえ憚らせ給はず、世の例にもなりぬべき御もてなしなり。」と、一層天皇がこの女性を求めていっていることが明らかにされる。人の悪口や拒否反応、攻撃があることは知っていても、「世の例にもなりぬべき御もてなし」つまり、そのため天皇は一層、特別扱いをしていく。その女性だけをさらに愛するようになる。これは、「里がち」になってもいわば強引に御所に上がることを天皇が求め、その女性はそれに応え無理をして御所に来ていることを意味する。家に下がり避難することさえ許されないという苦しい状態である。

第二段落で、周囲の拒否反応はさらにエスカレートする。女御・更衣という女性たちだけでなく、「上達部、上人など」といった男性たちからも顰蹙を買っていく。しかし、「いとまばゆき人の御覚え」とあるとおり天皇はそんなことは気にかけないでその女性を愛し続ける。そうなると、中国の古典にある楊貴妃の例まで持ち出されて非難される。天皇への批判という側面も含まれるが、天皇にはそんな評価は届かないか、届いてもほとんど気に留めていないかである。しかし、彼女はそれによってさらに一層追い詰められていく。

そして、この第二段落の最後に「いとはしたなきこと多かれど、かたじけなき御心ばへのたぐひなきを頼みにて、交じらひ給ふ。」が来る。ここでの「はしたなきこと」は、かなり激しいいじめと見てよい。普通のレベルを超える苦しいこと、いやなことが多く続いたということである。それでも、天皇は御構いなしにこの女性だけを強く愛し続ける。

第三段落では、この更衣の後ろ盾の弱さについて述べる。そのため一層心細げになっていく。

こう見てくると、右の部分は ①桐壺更衣への天皇の特別の愛→②桐壺更衣への周囲の女性たちの強い拒否反応・いじめ→③桐壺更衣への天皇の一層の愛→④今度は上達部たちの顰蹙→⑤それでも強く愛する→⑥楊貴妃まで引用され強い桐壺更衣への非難・いじめ→⑦桐壺更衣への天皇の愛は強いまま――という流れが浮き上がってくる。ちょうど「桐壺更衣への天皇の特別の愛」と「桐壺の更衣への周囲の強い拒否反応といじめ」が交互に示されている。サンドイッチ的に二つが波状的に繰り返されることで、天皇の桐壺更衣への愛がどれほど特別で強いかをクレッシェンド的に強調すると同時に、それが強くなればなるほど桐壺更衣への周囲の拒否反応といじめがやはりクレッシェンド的に強くなっていることを示す。

こうなると、この先に悲劇的なことが待っているのではないかと読者は予想する。劇的で先を読みたくなるオープニングになっている。

2 「いづれの御時にか」第一文を読む

冒頭の一文から少しくわしく読んでいく。

いづれの御時《おほんとき》にか、女御《にょうご》、更衣《かうい》あまた候《さぶら》ひ給《たま》ひける中に、いとやむごとなき際《きは》にはあらぬが、すぐれて時めき給ふありけり。

この一文には、さまざまなレトリックが仕掛けられている。

まず「いづれの御時にか」という始まり方である。「いづれの御時」と言うのだから、現在のことではないことがわかる。それにしてもフィクションなのだから「令明の御時」などと、より明確に（架空の）時代を示す始まり方もあるかもしれない。あるいは、作品成立当時ではあまり差し障りが少ないと思われる実在した平安初期の時代設定なども選択肢としてはあったかもしれない。そういう選択可能性がある中で「いづれの御時にか」が選択されている。

「いづれ」「か」と、「時代はよくわかりませんが」という不確かさが含まれている。時代がはっきりしないという曖昧さがある。シャープな始まり方とは逆のぼんやりとした始まり方と言える。よく言えば柔らかな緩い始まり方とも言える。

「いづれの御時にか」には、もう一つ別の側面もある。「いづれの御時にか」を、それまで物語でよく使われていた「今は昔」的な始まり方と比べてみる。「今は昔」は物語の始まり方の定番であり、そこには奇想天外の出来事が含まれることも少なくない。鬼が出てきたり異星人が出てきたりすることもある。

それに対し、「いづれの御時にか」は、「いづれ」「か」と時代をはっきりさせていない曖昧さはあるものの、だからと言って全く現実にありえないような話とは少し違うという印象を読者に与える。「はっきりとはわかりませんが、以前の天皇の御代に確かにあったことなのですよ」という意味である。だから、従来の奇想天外系の物語とは一線を画した「実際に過去にあったかもしれない」「本当のことかもしれない」という現実感を生んでいる側面もある。既に述べたとおりソフトな始まり方ではあるものの、一方でそういう効果も生み出している（注2）。

「いづれの御時にか」から入り、その直後に「女御、更衣あまた候ひ給ひける中に、いとやむごとなき際にはあらぬが、すぐれて時めき給ふありけり。」が続く。天皇から特に愛され大事にされている者がいることが明らかになる。その上、その女性はそれほど身分の高い家の出ではないと言う。「いづれの御時にか」とは打って変わってドラマチックな記述となる。

　ここでは「いとやむごとなき際にはあらぬが」で一度少し押し下げておいてから、「すぐれて時めき給ふありける。」とぐっと押し上げている。「女御・更衣あまたさぶらひ給ひける」だから、たくさんいる天皇の女性たちの中でも「時めき給ふ」、つまりそれらをすべて突き抜けて愛されているとある。そこに「すぐれて」が来て、その寵愛の深さをさらに高めている。その一方で「いとやむごとなき際にはあらぬが」があるためにその落差が一層大きくなる。大きく押し下げ、その後に二重に大きく押し上げているから、読者はより劇的な事態であると感じる。さらに、この後「いよいよ飽かずあはれなるものに思ほして、人のそしりをもえ憚らせ給はず、世の例にもなりぬべき御もてなしなり。」と天皇の桐壺更衣の扱い方は特別になってくるから、その落差はより大きく

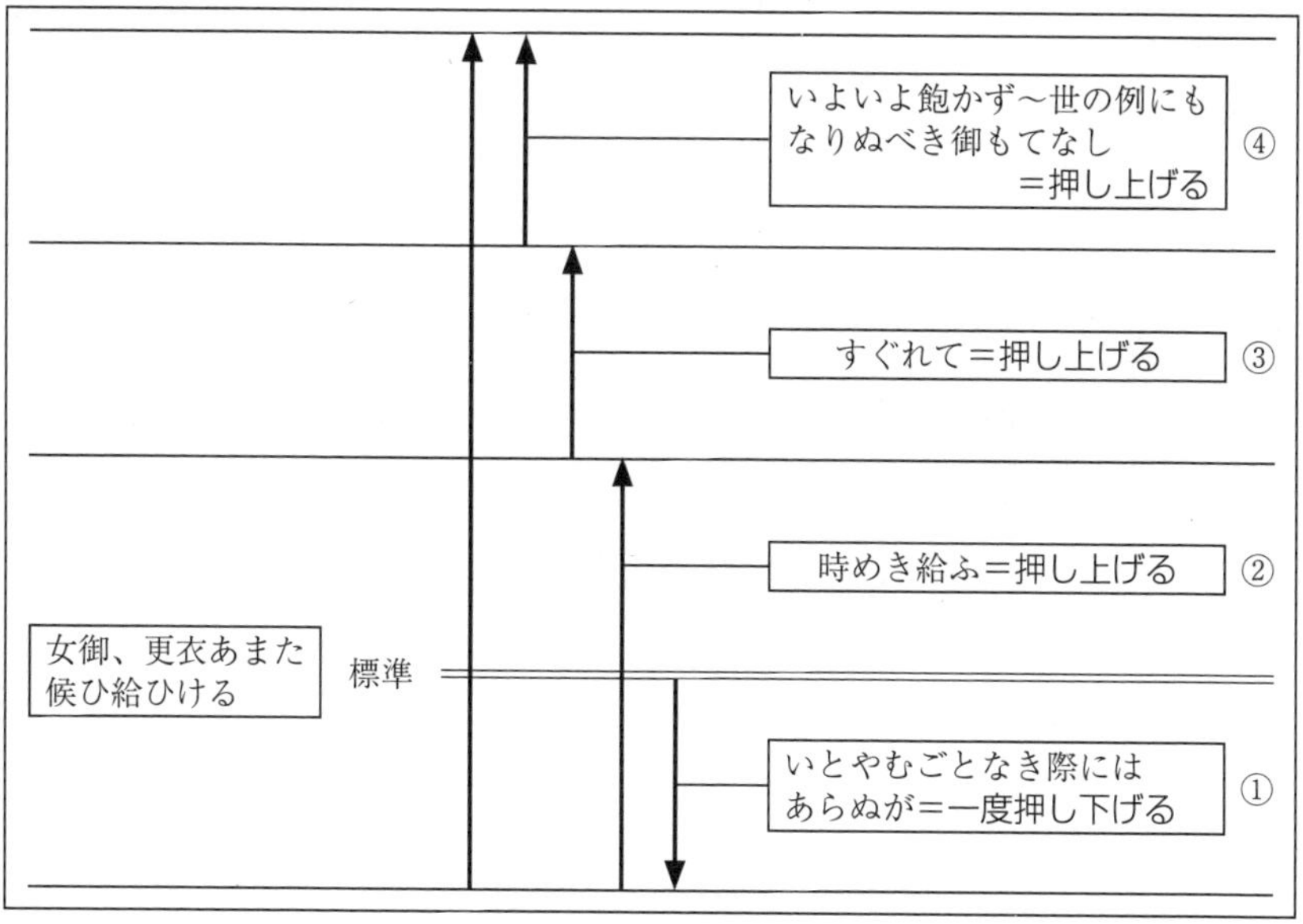

「桐壺の巻」冒頭の四段強調

なる。四段階もの落差のある大きな上昇である。それを図にすると前頁のようになる。しかし、その落差が大きければ大きいほど、周囲からの迫害・いじめはエスカレートすることになる。

押し下げるのだとするとオリジナルの「いとやむごとなき際にはあらねど」でなく、「いと」をなくし「やむごとなき際にはあらねど」とした方が落差が大きくなるはずである。しかし、そこまでいくとただ「身分が低い」ということになり、天皇の相手としては不自然になる。「いとやむごとなき際にはあらねど」でないとリアリティーが弱くなってしまう。また、それくらいでないとこの後生まれる光源氏への評価にもマイナスの影響が出る可能性もある。

この一文の文末は「すぐれて時めき給ふありけり。」と「けり」で終わっている。「すぐれて時めき給ふあり。」という終わり方とでは、その効果が違う。この「けり」は、「特別に天皇から愛され大事にされている方がおられたのですよ！」といった強さを出している。

❸ 続く強い拒否反応といじめ、そして天皇の情熱あるいは執着

次に女性たちの強い拒否反応とかなりの程度のいじめが始まる。

はじめより我はと思ひあがり給へる御方々、めざましきものにおとしめそねみ給ふ。同じほど、それより下《げ》﨟《らふ》の更衣たちは、まして安からず。朝夕の宮仕へにつけても、人の心をのみ動かし、恨みを負ふ積もりにやありけむ、いとあつしくなりゆき、もの心細げに里がちなるを、いよいよ飽かずあはれなるものに思ほして、人のそしりをもえ憚《はばか》らせ給はず、世の例《ためし》にもなりぬべき御もてなしなり。

「はじめより我はと思ひあがり給へる御方々」という言い方には、「御」と敬語を付けているものの、語り手（虚構としての作者）の否定的評価が含まれる。「思ひあがり」には、自信、自負といった意味もあるが、同時に気位が高い、自意識が強いといった意味もある。現代の「思い上がる」は違うものの、文脈から見てもここでは否定的なニュアンスも含まれていると見てよい。特に「我は」つまり「私こそは」とわざわざ書いているのだから、自信、自負などと肯定的にだけ読むのは不自然である。

そして「方々」とあることから一人二人でない。「女御、更衣あまた候ひ給ひける中に」とも連動して、多くの女性たちが一致して「めざましきものにおとしめそね」む。「めざましきもの」つまり目障り、気に食わないと強く感じていることがわかる。

「めざましい」は、「嫌い」を表す言葉のグループの中でも特に程度が強い。さらに「めざましき人」ではなく「めざましきもの」である。おそらく「めざましき者」であろう。「者」となると、上から目線さらには蔑視が入ることがある。「思ひあがり給へる御方々」にとっては、自分より身分が下のくせにという見方がここに含まれると見てよい。そして、「おとしめそねみ給ふ。」である。「おとしめ」るは、現代語にかなり近く、貶める、蔑む、見下すというものである。そこにさらに「そねみ」が来る。「そねむ」とは、憎む、嫉妬する、ねたむということである。右でも見たとおり、目障りだと強く思い（A）、貶め蔑み（B）、憎み嫉妬する（C）。ABCと女性たちのトリプルの否定的な反応、そして悪口、いじめのうねりが見えてくる。それが、桐壺更衣一人に集中する。

それだけでも大変なことなのに、桐壺更衣への拒否反応はそれで終わらない。「同じほど、それより下臈の更衣たちは、まして安からず。」と来る。「我はと思ひあがり給へる御方々」は特に身分の高い家の出の女性であることが、ここから逆算してわかる。それ以外の女性たちのさらに強い拒否反応を述べる。

「まして安からず」だから、一層心が穏やかでない。直前の「めざましきものに、おとしめそねみ給ふ」どころではないというのである。「朝夕の宮仕へにつけても、人の心をのみ動かし、恨みを負ふ積もり」という状態にまでなる。「朝夕の宮仕へにつけても」とは、一日中、機会あるごとに周囲の更衣たちは心を乱され心をかき乱される。それゆえに桐壺更衣は一層恨みを買う。一日中そして毎日毎日の終わることのない継続的な拒否反応・いじめということである。複数の女性たちがよってたかって桐壺更衣一人に焦点を絞って攻撃し続ける。これに「恨みを負ふ積もり」が呼応する。実際にこの後、男の子（後の光源氏）を産んでも桐壺更衣への迫害は継続される。「打橋、渡殿のここかしこの道にも、あやしきわざをしつつ、見送り迎への人の衣の裾たへがたくまさきこともあり」とある。桐壺更衣の一行が通る所におそらくは汚いものをわざと置いておく。そのため、桐壺更衣の女官たちの着物が耐え難いくらい汚れるのである。これ以外にもあの手この手でいじめていく。

当然のこととして桐壺更衣はおかしくなっていく。「いとあつしくなりゆき、もの心細げに里がちなる」という状態に至る。「あつく」は、「熱く」が語源だろうが、漢字を充てるとすると「篤く」である。この「篤」は「危篤」の「篤」である。軽い病というより重い病の可能性が高い。肉体的な病と精神的な病が含まれた重い病である。「もの心細げ」は、見た様子、姿だろうが、見た目以上にダメージは大きい。当然と言えば当然の結果である。

そういう中で、天皇は「いよいよ飽かずあはれなるものに思ほし」、「世の例にもなりぬべき御もてなし」をする。そこまで天皇が桐壺更衣を大事に思い愛していたとは読める。周りがなんと言おうと、自分が好きな女性をこれまで以上に大事にする。不評を買おうとなんだろうと、これまでに例がないくらいに特別扱いをして愛を貫くということではある。「え憚らせ給はず」と「え」→「給はず」と係り結びにして、天皇の強い情熱を示す。情熱と言うと聞こえがよいが、むしろ執着と言った方が適切かもしれない。

こういう情熱あるいは執着はあるものの、天皇は自分の思いを押し通すだけで桐壺更衣を守ってはいない。だから、上達部、上人たちからも顰蹙され、楊貴妃の例まで出されて非難される。女性たちだけでなく、高級官僚の男性たちからも迫害されるようになるのである。本来であれば一人の女性のところにだけ通うという天皇のルール違反を非難すべきなのだろうが、それは女御・更衣たちはできないし、またしようとも思わない。すべてあれもこれも桐壺更衣一人に矛先が向かう。

天皇は桐壺更衣を守っていないと言ったが、もともと天皇と言っても、すべてを自分でコントロールできるわけではない。かなり手枷足枷状態のはずである。また、天皇の取り巻きに賢いメンバーがいて、宮廷の状況を丁寧に知ることができるという状況がない限り天皇には本当の情報は届かない。

だから、仕方がないとも言えなくはないが、それにしても「人のそしりをもえ憚らせ給はず」とあるくらいだから、桐壺更衣への拒否反応やいじめにはそれなりに気づいていたとは読める。そうであるのならもっと桐壺更衣の様子を丁寧に見て、更衣本人や信頼できる者からくわしく情報を聞き出したりして状況や原因を本気で把握しようとしていれば、何か手を打つことができたかもしれない。天皇が本気になっていれば、いくら力がないとは言っても、状況はここまで悲惨にはならなかったかもしれない。しかし、この天皇には、そこまでの見識や経験はないのであろう。

また、当時の宮廷の女御・更衣の位置を考えれば、自分が好きかどうかだけで彼女たちと関わっているだけではいけないということは自明のことである。そのことを十分にわかっていない天皇のようである。上級貴族たちは自分の娘や孫を天皇の妻として宮廷に送り込み、そこで天皇の子どもを産ませることを戦略として特に重視している。送り出す側はもちろんだが、送り出される女性たちもその使命は十分承知していたはずである。

だから、天皇が一人の女性のところだけに通い特別扱いをし自分たちのところに全く通ってこなくなるということは、自分たちの存在の意味がなくなることになる。彼女たちにとっては一大事なのである。天皇が全く通ってこない寂しさ、精神的・肉体的な不満、自分の影響力の低下など、宮廷に住まっているものとしての苦しさもあるかもしれない。しかし、それ以上に自分の家を守り勢力を大きくするという役割が不可能になる。それゆえ女御・更衣たちの桐壺更衣への拒否反応・いじめは、夫から好かれない女性が好かれている女性に嫉妬しているというレベルを大きく超えていく。だから、その迫害は執拗だし集団的なのである(注3)。

天皇は、ことの重大性を十分には把握していない。だから、さきほどの桐壺更衣を守ることを全くしない愚かさと、天皇と女御・更衣との関係がもつ政治的・社会的意味を十分に知らない愚かさと、二重の愚かさをもっていたことになる。とすると、この物語の冒頭は、読む人が読めば(結果として)天皇批判にもなっていることがわかるはずである。そこには、天皇個人だけでなく、そのことを天皇に助言するような存在が皆無であったことも含まれる。「天皇だから神格化しなければならない」などという発想はこの作品にはない。直接には天皇批判などはしていない。天皇には二重敬語を使って高い敬意を示している。しかし、こういう物語の展開から見ると(生身の作者の意識・無意識は別として)明らかな天皇批判である。

桐壺更衣は「里がち」になる。出社拒否に近い。肉体的・精神的に苦しくなっての「里がち」であるからやむを得ない選択である。もちろんそれ自体は桐壺更衣にとって苦しいことだろうが、それにしてもまずは里にいる間つまり実家に戻っている間は、少なくとも直接的ないじめ・攻撃から逃げることができる。苦しさはあっても、宮廷にいるよりずっと楽なはずである。しかし、天皇はそんなことはおかまいなしに「いよいよ飽かずあはれなるものに思ほして、人のそしりをもえ憚らせ給はず、世の例にもなりぬべき御もてなしなり。」となる。天皇はそれで気が済むのかもしれないが、桐壺更衣にしてみればたまったものではない。更衣が自分の置かれている状況や自分の気持ちを天皇に話すことができるのならまだ状況が好転する可能性もあるが、そういう関係ではないのであろう。更衣は我慢するしかない。そんなことにも気がつかないくらい天皇は愚かというこ とになる。更衣への嫉妬があることは知っている。しかし、自分の執拗な執着が更衣を苦しめ追い詰め、重い病に至らせているということにまでは考えが及ばない。仮に天皇がまだ若く経験や見識がないのであれば右で述べたように周囲の助言者がそれを教えるべきなのだが、そういう人材もいない。

この部分の登場人物で、一番のダメ人間は明らかにこの天皇である。桐壺更衣にはもちろん責任はないし、いじめている側の女御・更衣たちにもそれなりの事情がある。

ただし、そういった一人一人の能力・人間性というものと同時に、そのように女性たちを家の権力拡張に使っていくことを前提とした宮廷というものの構造自体に矛盾の要因があると見ることもできる。女御も更衣も天皇という人物が好きだから関係を結びたいわけではない。好むと好まざるとにかかわらず関係を結ぶことを求め、天皇から求愛されたらそれを受け入れるしかない。それ以外の選択肢などもともと頭にないのだから、当事者たちにとってみれば当然という意識・感覚なのかもしれないが、女性としての主体的な選択でないことは確かである。

桐壺更衣にしても、天皇は本気で夢中なのかもしれないが、天皇のことを愛おしく思っていたかどうかはわからない。立場上、そこまで迫られれば拒否できなかっただけということかもしれない。そうだとすると、桐壺更衣は天皇の身勝手な執着・欲求の被害者ということにもなる。とすると、桐壺更衣は二重の意味で天皇およびその宮廷の被害者である。（それに比べれば、この後の光源氏の振るまいはかなり残酷な側面はあるものの、正面から女性に言い寄って関係を結ぼうとしている分だけこの天皇よりはまだましであるとも言える。）

もちろん生身の作者がそこまでを意識してこの作品を創作しているかどうかはわからない。しかし、生身の作者の意識・意図を超えて、そういう意味をこの作品のこの部分はもっている。

＊

この部分で一つ気になることがある。「同じほど、それより下臈の更衣たちは、まして安からず。」の中の「まして安からず」である。身分の高い女性たちも強い拒否反応を示しているが、桐壺更衣と同じかそれより下の身分の女性はまして一層強い拒否反応を示しているということである。

これはむしろ逆なのではないかとも思える。桐壺更衣と同じかそれより下の身分であれば、自分に近い身分で容姿や教養が目立つことで天皇の寵愛を受けたしても仕方がないと思う側面もあるだろう。とは言え、それでも桐壺更衣への寵愛ぶりは目に余る。とした上で、まして桐壺更衣よりずっと身分の高い女性たちは低い身分のくせにあの特別扱いは許せないとなる方が自然ではないかとも考えられる。

これについては、いくつかの可能性が考えられる。

まず、身分の高い女性たちにとっては、天皇が自分のところに通ってこないことは残念であるにしても、強い後ろ盾があるために自分の現在の地位そのものは揺るがないという安心感がある。経済的にも十分な援助があり、その点でも宮廷生活に差し迫った心配はない。だから、「めざましきものに、おとしめそねみ」とはなっていってもまだ余裕がある。ぎりぎりの切迫感まではいかない。しかし、それより下の身分の者たちは強い後ろ盾はないだろうから、自力で天皇に気に入られなければならない。それ以外に自分が出世するチャンスはない。そこで熾烈な競争が生まれている。だから、競争相手の一人である桐壺更衣の異例の出世が許せないということである(注4)。

もう一つは、天皇の后争いに関わる。この物語では今のところ后不在である可能性が高い。その場合、后―女御―更衣という順位の中で后に上がれるのは女御だけである。いくら天皇に特別扱いをされていたとしても、桐壺更衣が后に上がる可能性はない。結局、后に上がるのは自分たちの中の誰かだというある種の安心感が女御たちにはある。それに対し、更衣たちは、自分たちが后に上がる可能性がないのだから、天皇に気に入って通ってもらわない限り自らの立場がよくなることはない。実家からの援助もそれほど期待できない。そうなると、一人の更衣だけを天皇が特別扱いして自分たちには目もくれないという状態は許せないということになる。「まして」にこだわることで、さまざまな宮廷の力関係が見えてくる。

4 「後身」が弱いことの限界

次に、桐壺更衣の「後身《うしろみ》」つまり後ろ盾の弱さが述べられる。

父の大納言は亡くなりて、母北の方なむ古《いにしへ》の人の由《よし》あるにて、親うち具し、さしあたりて世の覚え華やかなる御方々にもいたう劣らず、何ごとの儀式をももてなし給ひけれど、取り立ててはかばかしき後見《うしろみ》しなければ、事ある時は、なほ拠《よ》り所《どころ》なく心細げなり。

亡くなっているとは言え、父は元・大納言である。かなり高い地位である。おそらくその後を男子が継ぐかたちになっていないのであろう。家としては、弱い立場ということなのである。それでも、母親はおそらくは無理をして、桐壺更衣の身の回りのものをそれなりに揃える。涙ぐましい努力である。

しかし、考えてみれば天皇から「すぐれて時めき給ふ」と言われるまで寵愛され「世の例にもなりぬべき御もてなし」とまで特別扱いされる桐壺更衣であれば、天皇こそが「後見」になってくれてもよさそうなものとも考えられる。しかし、そうでないのは、天皇が「後見」になれるような状況ではない。つまりは天皇個人には意外なくらい（さまざまな意味で）力がないということであろう。天皇の限界がここからも垣間見られる。いずれにしても「取り立ててはかばかしき後見しなければ、事ある時は、なほ拠り所なく心細げなり。」とあることから、「後見」のなさは、桐壺更衣を容赦なく一層追い詰めるし、この後の桐壺更衣の運命を決定づける。

＊

どういう作品もオープニングは重要である。『源氏物語』冒頭のこの「桐壺」のオープニングも、その作品にふさわしいインパクトのあるジェットコースターのような劇的な始まり方となっている。文体・口調は雅で丁寧でおだやかだが、これから物語の展開がそうそう平穏ではないことを読者に予測させる効果をもっている。

＊

ここで生かした読みの方法（言語の力）しては、まず「重層的な作品構造への着目」がある。繰り返されながらクレッシェンド的にともに高まる周囲からのいじめ・迫害と天皇の寵愛という構造が俯瞰的に見ることで浮き上がってくる。レトリックやさまざまな仕掛けも見事に見えてくる。たとえば「反復等のレトリックに着目する」という方法につながる。また「作品外文脈への着目」「文化的前提と歴史的前提への着目」も重要である。前提となる社会や政治、文化等の状況を把握しながら読むということである。ここでは、当時の宮廷の社会構造・政治構造が大きな意味をもつ。天皇と臣下そして女御・更衣たち後宮などの構造的な関係である。そして、それらを生かしつつ「語り手とは別の視点・観点から人物を読み直す」ことで、天皇の人物像がよりはっきりしてくる。語り手は直接には天皇批判をしていない。しかし、別の観点からメタ的に読むことで明らかに天皇のもつ問題性が見えてくる。（語り手はそれを明言していないだけで、実は批判的であったかもしれないという読みも成り立つ。）

「先行文学と定型表現への着目」によって「いづれの御時にか」という冒頭の特徴も見えてくる。「別の表現可能性との差異への着目」も生きる。さらには「作品全体と冒頭部分との関係性への着目」によってこの部分が『源氏物語』全体の冒頭として、予告的効果、読者の期待を高める役割を果たしていることが見えてくる。

〈注〉

(1) 高等学校国語教科書『精選古典B改訂版』二〇二〇年、三省堂による。段落は阿部が再構成した。

(2) 玉上琢彌は「『源氏物語』以前の物語」は「今は昔、竹取の翁といふ者ありけり。」など「昔話の語り出しそのままである」のに対して、「『源氏物語』だけが違う」ことを指摘している。（傍点ママ）（玉上琢彌『源氏物語評釈・第一巻』一九六四年、角川書店、二九〜三〇頁）また、山崎良幸・和田明美は「『源氏物語』の冒頭文のみが、歴史意識に支えられ、実在感を伴うものとなっている」と述べている。（山崎良幸・和田明美『源氏物語注釈 一』一九九九年、風間書房、二三頁）

(3) 山崎良幸・和田明美は「この冒頭文は、当時の摂関政治体制の下ではあってはならないこと、即ち『いとやむごとなき際にはあらぬ』人が『すぐれて時めき給ふ』という事態の存在を、緊迫感や危機感を伴って描写することを通して、今後宮廷内に重大な事件が起こりかねない気配を読者に予感させているのである。」と述べる。（前掲書(2)の後者に同じ、二五頁）

(4) 吉海直人は「更衣達はというと、最初っから寵愛の望みは少ないわけで、後見の勢力によって帝を引き寄せることもできないのである。だから桐壺更衣のために自分達のわずかな懐妊の確立さえも奪われるとしたら、しかもその相手が自分達と同じ身分の更衣だとしたら、なおさら平静ではいられまい。」と述べている。（吉海直人『源氏物語の視角・桐壺巻新解』一九九二年、翰林書房、一五頁）また、山崎良幸・和田明美は「このままでは自分達に対する帝の寵愛が薄れ、その存在までもおびやかされるのではないかと不安になる」と述べている。（前掲書(2)の後者に同じ、一二七頁）

第2節　葵「大殿には、御物の怪いたう起こりて」六条御息所の苦悶を読む

「葵」の中の一節である。

光源氏の妻である葵の上は妊娠するが、物の怪に悩まされ病がちになる。光源氏をはじめ桐壺院までが祈祷をし、葵の上の物の怪を退散させようとしている。そういう中で、六条の御息所の一行と葵の上の一行の間で、車争いが起きる。その車争い以来、六条の御息所はもの思いを募らせ、体調も崩してしまう。そういう文脈にあるのが、この六条の御息所の苦悩・苦悶の部分である。

1　「大殿には、御物の怪いたう起こりて」の本文と構造

本文は以下のとおりである(注1)。

大殿には、御物の怪いたう起こりていみじうわづらひ給《たま》ふ。この御生霊《いきすだま》、故父おとどの御霊《らう》など言ふものありと聞き給ふにつけて、思《おぼ》しつづくれば、身ひとつの憂《う》き嘆きよりほかに人を悪《あ》しかれなど思《おも》ふ心もなけれど、もの思ひにあくがるなる魂は、さもやあらむと思《おぼ》し知らるることもあり。

年ごろ、よろづに思《おも》ひ残すことなく過ぐしつれどかうしも砕けぬを、はかなきことの折に、人の思ひ消ち、無きものにもてなすさまなりし御禊《みそぎ》の後、一ふしに思《おぼ》し浮かれにし心鎮まりがたう思さるるけにや、すこしうちまどろみ給ふ夢には、かの姫君と思しき人のいときよらにてある所に行きて、とかく引きまさぐり、うつつにも似ず、猛《たけ》くいかきひたぶる心出《い》で来て、うちかなぐるなど見え給ふことたび重なりにけり。あな心憂や、げに身を棄《す》ててや往《い》にけむと、うつし心ならずおぼえ給ふ折々もあれば、さならぬことだに、

人の御ためには、よさまのことをしも言ひ出でぬ世なれば、ましてこれはいとよう言ひなしつべきたよりなりと思すに、いと名立たしう、ひたすら世に亡くなりてのちに恨み残すは世の常のことなり、それだに人の上にては、罪深うゆゆしきを、うつつのわが身ながらさる疎ましきことを言ひつけらるる、宿世《すくせ》の憂きこと、すべてつれなき人にいかで心もかけ聞こえじ、と思し返せど、「思ふもものを」なり。

現代語訳　左大臣のところでは、御物怪がひどく現れ出して葵の上がたいそうお苦しみになる。それは自分の生き霊、あるいは亡くなった父の大臣の御霊などだと言う者があるのをお聞きになられるにつけても、あれこれと考えてみるが、わが身ひとつの不幸を嘆く他に人のことを悪しかれと思う心などはないのだけれど、ものを思い悩み続けることで体を抜け出す魂は、もしかしたらそのようにあの人に取り憑いているのかもしれないと、思い当たられることもある。

この何年か、あらゆることにあらん限りの辛さを思いながら過ごしてきた自分も、ここまで心を砕かれ苦しむことはなかった。あのつまらない車争いの折に、人が自分を無視し、ないがしろにするような扱われ方をした御禊の日の後、その一度のことで遊離した心を鎮めることができないと、お思いになるからであろうか、ほんの少しまどろまれる夢の中で、あの姫君と思われる人がたいへん清らかな様子でいるところに行って、自分がその人をあちこち引きずり回し、正気のときとは全く違って、荒々しく激しく乱暴な心が湧き上がってきて、打ち叩いたりすることなどをご覧になることが度重なったのである。

ああつらい。本当に魂が身を棄てて離れていってしまったのだろうかと、正気を失うようにお思いになることも度々ある。それほどのことでなくても、他人様のことをよいように言わないのが世間だから、ましてこのことはなんとでも言い立てることができる格好の材料だろうと、お思いになるにつけても、とても悪い評判が立つのではないかと感じられる。「世を去ってから後に恨みを残しというのは世の常としてある。それでさえ他の人のこととして聞くと、罪深く忌まわしいと思うのに、現に生きている自分がそうした疎ましいことを噂されるのは、前世からの辛い因縁である。これからはあのつれない源氏に、絶対に思いをおかけすることなどしない。」と思い返すのだが、「思うまいと思うことが、実は思っていること」なのである。

まず構造を俯瞰する。この部分は、取り立てて表立った出来事は何も起こっていない。人物としては、直接には六条御息所が登場するだけである。すべて六条御息所の心の中の事件である。構造としては段落のとおり事件①→事件②→事件③というものである。展開部のみ、あるいは山場のみが三つの部分から成立している。

葵の上の病が、自分の生き霊であるという噂を聞いた六条御息所は、そのとおり自分の魂が抜け出して生き霊となっているかもしれないと思う。しかし、六条御息所は、自分には他の人に危害を加えようとするような気持は全くないことを改めて思う。ここまでが第一段落である。

第二段落では六条御息所の悪夢が出てくる。六条御息所が葵の上を引きずり回したり叩いたりする夢である。葵の上の牛車一行と六条御息所の牛車一行が、どこに車を置くかで熾烈に争い、六条御息所が牛車の轅《ながえ》を置く台まで壊され恥をかかされることになった。そのときの自分の鎮まることのない思いが、夢の中で葵の上を引きずり回したり叩いたりすることにつながっているのかもしれないと六条御息所は苦しむ。もちろん起きているとき、理性の上では葵の上にそんなことをしようなどと六条御息所は思っていない。その悪夢を何度も見る。

第三段落では、自分の魂が、自分の意思とは無関係に迷い出ていることを嘆いた後に、世間の評判を強く気に病む記述が出てくる。死んだ後に恨みを残すという前例はあるが、生きているうちに生き霊となって葵の上を苦しめるなど、普通はないことだと苦しむ。そして、そんな原因を作っている光源氏のことを二度と思うまいとは考えつつも、自分はそれができないことを嘆く。

自分の魂が自分の意思とは裏腹に生き霊となって葵の上を病気にしているであろうことの苦しみ、車争いのことを思い出しつつ夢の中でその魂が夢を通してひどいことを葵の上にしているかもしれないという苦しみ、そして自分の評判が地に落ちていくことの苦しみと進む。①生き霊が自分かもしれないという恐れ→②車争いの記憶と悪夢→③世間の評価への懸念――という六条御息所のもって行き場のない苦悶が多面的に描かれる。仮に自分の生き霊が本当に葵の上に悪さをしているとしても、六条御息所の理性・意思ではどうすることもできない。そういう苦しさ、悪夢、評価が六条御息所を一層苛んでいく。

交錯する思いをさまざまな角度から見事に描いている。ここまで克明にポリフォニックに人間の煩悶・苦悶を描き切った作品は、当時は『源氏物語』を除いてはなかったはずである。近代文学かと見まごうまでの描写である。

❷「大殿には、御物の怪いたう起こりて」を読む

第一段落から少しくわしく読んでいく。

妊娠している葵の上が、物の怪に苦しんでいる。六条御息所は、それが自分の生き霊か、あるいは叔父の生き霊かもしれないという噂を聞いている。自分は自分の不幸を思い嘆くだけで、それ以上に他の人によくないことが起こるようになどとは思う心はないが、いろいろと考えてみると苦しい思いによって魂が体を抜け出することがあると言うから、自分の生き霊が葵の上に取り憑いているのかもしれないと思いあたるところもある。

「人を悪しかれなど思ふ心もなけれ」は、確かに六条御息所の本心である。にもかかわらず、自分の理性的な意思を超えて、悩み苦しんでいる自分の魂が体を抜け出して葵の上を苦しめているかもしれないと考える。自分で自分の「魂」が制御できないことに気づき始めている。

ここで注目すべきは、「さもやあらむと思し知らるることもあり」の「あらむ」である。推量の「む」になっている。この部分は語り手の言葉と見ることができるが、同時に六条御息所の考えを代弁してもいる。「身ひとつの憂き嘆きよりほかに人を悪しかれなど思ふ心もなけれど、もの思ひにあくがるなる魂は、さもやあらむ」の部分にカギ括弧を補って、六条御息所の考え・心内語の直接話法と見ることもできる。自分自身のことなのに御息所は自ら推量しなければならないのである。「思し知らるる」も、自然とそう思えてきてしまうということである。自分ではそんなつもりはないが、どうもそうに違いない。しかし、自分ではどうしようもない。

自分では誰かを苦しめようとしていないのに、自分の意思・理性を超えて自分の存在の一部が誰かを苦しめてしまっているというのは、自分ではどうすることもできないだけに絶望的な苦しさと言える。人間の意識の世界と無意識の世界のズレである。意識・無意識という近代的な精神分析の要素を、こういうかたちで既に千年前に先取りしていたということになる(注2)。これは、架空の物の怪・生き霊の話というだけのことではない。人間が、自分の意思や理性を超えて(結果として)他の人を虐げているということは、現実にもあることである。そのことに苦しむ典型的な人間像とも読める。

❸「年ごろ、よろづに思ひ残すことなく過ぐしつれど」を読む

第二段落である。「年ごろ、よろづに思ひ残すことなく過ぐしつれどかうしも砕けぬを」の「かうしも砕け

ぬ」とは、ここまで心を砕いてしまうことという意味になる。ここまで自分を制御できないほど苦しんだことはなかったということである。

そして、ここで葵の上一行との車争いの際のいやな思い出が蘇ってくる。六条御息所にとって思い出したくない出来事である。葵の上自身がそこまでしようとは思わなかったはずだが、葵の上の供の者たちが酔った勢いもあって、六条御息所は軽く扱われ無視するような扱いを受けた。牛車の轅を置いておく台まで壊されてしまった。「一ふしに思し浮かれにし心鎮まりがたう思さるるけにや」とあるように、ここでも「にや」と自分自身のことなのに「だろうか」という推量で語っている。車争いのときの屈辱に、自分の抜け出た魂が鎮まることができずにいるようだということである。

そのため「夢には、かの姫君と思しき人のいときよらにてある所に行きて、とかく引きまさぐり、うつつにも似ず、猛くいかきひたぶる心出で来て、うちかなぐるなど見え給ふことたび重なりにけり。」という状態になってしまったと考える。夢の中で自分が葵の上にひどいことをすることが度重なってくると言っても、夢の中であれば、いくら「引きまさぐ」ろうと、「猛くいかきひたぶる心出で来て、うちかなぐ」ろうと、本来は罪ではないはずである。しかし、自分の理性を超えた夢の出来事が、魂が抜け出て本当に相手を引っ張り回したり叩いたりしているのではないかと考える。「重なりにけり」とあるとおり、そういうことが何度も起きる。繰り返される抜け出すことのできない居たたまれない苦しみである。

一度ならまだ耐えられるかもしれないが、毎日のようにそういう悪夢を見るということは何にも増して耐えがたいはずである。自分が苦しいだけの悪夢ではない。それが実際に葵の上を虐げているかもしれないという悪夢である。

4 「あな心憂や」を読む

第三段落でそのことを「あな心憂や」つまり「ああなんとつらいことであろうか」と嘆く。「心憂」だけでなく「あな」と「や」が付いている。自分が実際に葵の上を引きずり回したり叩いたりしたわけではないのに、自分の魂が勝手にそういうことをしているらしいという、もっていきどころのないどうしようもない罪の意識と焦燥感である。

また、「さる疎ましきことを言ひつけらるる」と、世間の悪い評判を強く気に病む。このことは当然光源氏の耳にも入るはずであろうから、そのことを源氏に知られる苦しみもそこには含まれるはずである。

そして、最後に「すべてつれなき人にいかで心もかけ聞こえじ、と思し返せど、『思ふものを』なり。」が来る。そういう苦しみを作り出してもいると同時に自分に冷淡な光源氏のことを、今後一切思わない、未練を残したくないと強く思う。しかし、思わないようにしようということが、既に思っているということなのだと自覚する。「思ふものの」は、「思はじと思ふもものを思ふなり言はじといふもこれも言ふなり」など先行の歌を示している。当時の人たちは普通に思いあたることがあった和歌だったはずである。

自分の理性や意思を超えて勝手に葵の上を生き霊として苦しめている自分の魂というものも、結局は光源氏の身勝手さによる。だから、光源氏のことなどはもう思わないと決心する。しかし、「思ふものの」という先行の歌を引きながら、自分にはとても思い切れないと自覚する。

5 自らの物の怪・生き霊に六条御息所が苦悶する

『源氏物語』に出てくる物の怪・生き霊が、（物語世界の中で）本当に存在しているものとして読んでいったらよいのか、それともそういう俗信の中で被害者たちや加害者たちが（実際には存在しない）物の怪・生き霊がいると信じ込んでいたと読んでいったらよいのかは、意見が分かれるだろう。この後に、葵の上が、六条御息所に入れ替わるという場面があるが、それも俗信がそう思い込ませたと見ることもできなくはない。

いずれであるかをここで決めることはできない。しかし、ここで大事なことは、実際がどうであったかは別として、そのことに六条御息所自身が苦しんでいるということが重要である。実在していてもしていなくても六条御息所は、自分の魂が自分の意思や理性とは関係なく抜け出し、物の怪・生き霊として葵の上を病気にしていると本気で信じているために自らを強く責めたて苦悶している。

右に述べたとおり「身ひとつの憂き嘆きよりほかに人を悪しかれなど思ふ心もなけれど」は、決して六条御息所の自己弁護ではない。六条御息所は本当にそう思っているのである。にもかかわらず、自分の魂が抜け出た物の怪・生き霊が葵の上を「猛くいかきひたぶる心」で、引きずり回したり叩いたりしている。そして、妊娠している葵の上を病気に至らしめ苦しめている。何度もその夢を見る。自分の責任とは言えない闇、自分ではどうすることもできない闇が、六条御息所に生まれてしまっている。病に伏している葵の上の身の上も悲劇だが、六条御息所にとっては別の意味でそれ以上の悲劇と言える。その上、この後の場面では、光源氏は葵の上に祟っている六条御息所の姿を見てしまう。もともと光源氏の気持ちは六条御息所から離れているが、このことで一層二人の関係は隔絶していく。そのため、この後、六条御息所は自分自身の体調も崩していく。

人間を善悪に分け、「善対悪」という勧善懲悪を超えた人間観がここにはある。図式としては、生き霊となって六条御息所が葵の上を苦しめ続けるのだから、葵の上が被害者で六条御息所が加害者である。しかし、六条御息所は加害者的側面をもつものの主要には被害者である。葵の上も六条御息所も、ともに被害者として苦しみ続けている（注3）。

そして、それはこの部分の最後にあるとおり、もともとは身勝手な光源氏が原因で生まれたことである。光源氏ははっきりとした態度を示さないままに六条御息所に冷たくする。葵の上は正妻であるのに、同じく冷たく接する。妊娠してもその冷たさは基本的には変わらない。そういう中で車争いが起こり、六条御息所の生き霊が葵の上を苦しめるということに至る。それを六条御息所は（理性では）わかっているから、最後に「すべてつれなき人にいかで心もかけ聞こえじ」と思う。その意味で、ここも明確な光源氏批判になっている。しかし、わかっていても「思ふものを」とあるように六条御息所は源氏への思いを断ち切れない。

被害者は葵の上と六条御息所であり、加害者は光源氏であるとは、もちろん語り手は明示的には語っていない。しかし、葵の巻を読んでいくとそういう構造が見えてくる。特に「すべてつれなき人にいかで心もかけ聞こえじ」にそれがより顕在化している。これからはあのつれない源氏に、絶対に思いをおかけすることなどしないなどという気持ちをこの文脈であえて示す必然性はない。にもかかわらず、その言葉を発しているということは、結局は自分の光源氏がすべての原因であると改めて確認しているということである。

『源氏物語』全体を通じ光源氏の魅力や人間性が丁寧に描かれているが、一方では光源氏の身勝手さ、冷酷さ、脆弱が描かれている。光源氏が関係する女性の不幸の多くが、光源氏に原因と責任があることが浮き彫りにされる描き方にもなっている。光源氏への断罪がこの作品の大きなテーマの一つであることがわかる。

6 複数の現代語訳を評価・批評する

もちろん古典は原文そのものにこそ価値がある。ただし、別の者が新しい観点で現代語訳を創り出していくことにもまた価値がある。機械的な訳ではわかりにくいし味わいもない。それゆえ、現代語に訳す過程でさまざまな工夫や取捨選択が行われる。その際に豊かな解釈が必要となる。その解釈が抑制的である場合と解釈をより前面に押し出す場合とでは、現代語訳の在り方にかなりの違いが生まれる。いずれの場合であっても古典の現代語訳は極めて創造的な行為と言える。だから、現代語訳を丁寧に評価・批評していくことは、古典の深層に迫る一つの有力な方法である。古典の授業でも複数の現代語訳の検討をもっと取り入れる必要がある。

ここでは、谷崎潤一郎（一九六五年）[注4]、円地文子（一九七二年）[注5]、田辺聖子（一九七八年）[注6]、林望（二〇一〇年）[注7]の四人の現代語訳を取り上げ検討していく。また、後半では瀬戸内寂聴（一九九七年）[注8]、角田光代（二〇一七年）[注9]も含め検討していく。

右で検討した中の次の部分の現代語訳について検討してみたい。（傍線とA・Bは阿部による。）

大殿には、御物の怪いたう起こりていみじうわづらひ給《たま》ふ。この御生霊《いきすだま》、故父おとどの御霊《らう》など言ふものありと聞き給ふにつけて、思《おぼ》しつづくれば、A身ひとつの憂《う》き嘆きよりほかに人を悪《あ》しかれなど思《おも》ふ心もなけれど、もの思ひにあくがるなる魂は、さもやあらむと思《おぼ》し知らるることもあり。

年ごろ、よろづに思《おも》ひ残すことなく過ぐしつれどかうしも砕けぬを、はかなきことの折に、人の思ひ消ち、無きものにもてなすさまなりし御禊《みそぎ》の後、一ふしに思《おぼ》し浮かれにし心鎮まりがたう思さるるけにや、すこしうちまどろみ給ふ夢には、かの姫君と思しき人のいときよらにてある所に行きて、とかく引きまさぐり、Bうつつにも似ず、猛《たけ》くいかきひたぶる心出《い》で来て、うちかなぐるなど見え給ふことたび重なりにけり。

右の中でも、特に傍線を付けた第一段落中のA「身ひとつの憂き嘆きよりほかに人を悪しかれなど思ふ心もなけれど」と、第二段落中のB「うつつにも似ず、猛くいかきひたぶる心出で来て」を中心に比べてみたい。

前半のAから見ていく。原文の第一段落に該当する現代語訳を以下紹介する。

まずは谷崎潤一郎の現代語訳である。（傍線部は阿部による。以下同じ。）

大殿ではおん物怪《もののけ》が盛んに現われて、たいそうひどくお患《わずら》いになります。御息所は、御自分の生霊《いきりょう》や故父《こち》大臣《おとど》の霊などというものが現われると聞き給うにつけて、いろいろお考へになってみますと、わが身一つの憂き歎きよりほかに、人の身の上を悪《あ》しかれなどと願う心はないのですけれども、ものを思ふと知らぬ間に魂があくがれ出ることもあるというから、あるいはそうでもあらうかと思ひ当られるふしもあります。

デス・マス調になっているが、かなり原文に忠実な現代語訳である。これも一つの現代語訳の在り方である。

それに対して円地以下は、明確に訳者独自の解釈が加えられている。

次は円地文子の現代語訳である。

御息所は、それがご自身の生霊や亡き父大臣の御死霊だと噂している者のあるのをお聞きつけになるにつけて、あれこれと思いつづけておいでになると、わが身ひとりの不幸を嘆くよりほかに、他人《ひと》の身の上を呪《のろ》うような心はゆめさら持たないのであるが、昼も夜も物思いに捉《とら》われて、夢うつつと定めなあくがれている魂は、いつかわが身を抜け出して思いもかけぬ罪を犯しているかも知れぬと思い当たられる節もあるのだった。

「人を悪しかれとなどと思ふ心」を「他人の身の上を呪うような心」と訳している。「呪う」という解釈が加わっていることになる。また、「ゆめさら」が新たに加わっている。原文は「思ふ心もなけれど」とあるだけで「ゆめさら」的な強意はない。

そして林の現代語訳である。

どうやら六条御息所の生霊《いきすだま》が祟《たた》っているらしい、いや御息所の今は亡き父大臣の怨霊のせいだ、などと噂されているということが御息所の耳に入ってくる。そこで、つくづくと思いをめぐらしてみると、〈……私は、この身の辛さを嘆きこそするけれど、いままで一度だって人のことを悪《あ》しかれと呪《のろ》ったり恨んだりしたことはない。……だけれど、あまり悩みが深いと魂が体から抜け出していくとも聞くし……あ、そういえば〉と思い当たるところがあった

林は、「人を悪しかれなどと思ふ心」を「人のことを悪しかれと呪ったり恨んだりしたこと」と訳している。円地の「呪う」に加え「恨んだり」が加わっている。そして、円地の「ゆめさら」に対応する林の訳は「いままで一度だって」である。円地以上の強い否定である。

この部分では、六条御息所が全く葵の上に危害を加えようなどとは思っていないにもかかわらず、自分の魂が霊が勝手に葵の上のところに行って苦しめてしまっているというその乖離が重要な意味をもつ。だから、ここで六条御息所の本当の気持ちを前面に出すことには必然性がある。それを考えると円地の訳の「ゆめさら」、林の「いままで一度だって」によって六条御息所の強い思いを示すことは納得のいく現代語訳である。「悪しかれなどと思ふ心」を、それぞれ「呪うような心」「悪しかれと呪ったり恨んだりしたこと」としていることも妥当である。ここは自分の魂が葵の上を苦しめているかという文脈なのだから、「呪う」「恨む」とするのは自然である。それぞれ創造性のある現代語訳として評価できる。

次は田辺聖子である。田辺の現代語訳が一番長い。

物の怪がついて離れないのを、「六条御息所の生き霊か、もしくは御息所の亡き父の大臣の霊ではあるまいか」と世上で噂しているらしかった。源氏と深い仲にある御息所は、いわばこうしたとき、もっとも世の人の疑いを招きやすい立場にあった。

御息所は噂を聞いて、堪えられぬ思いを味わった。

彼女は、わが身一つのつらい不運を嘆きこそすれ……人の身を「悪《あ》しかれ」と詛《のろ》う心などさらにないつもりであった。ねたみ憎しみをを感じこそすれ、それを力にして、人をそこなおうなどとは、誇り高い彼女には、思いもそめぬことだった。

しかし、御息所は、ふと不安である。物思いがこうじると、魂がいつとなく現し身をぬけ出し、あくがれ出ると聞くけれど、そうかもしれぬ、とひそかに思いあたることがあった。

大きな特徴の一つは、「ねたみ憎しみをを感じこそすれ」が付け加えられている点である。原文は「身ひとつの憂き嘆きよりほかに人を悪しかれなど思ふ心もなけれど」となっていて、「ねたみ憎しみを感じ」ることなどは書かれていない。それをあえて付け加えている。自分の葵の上へのねたみ・憎しみを六条御息所が意識していたはずという解釈である。この後出てくる「一ふしに思し浮かれにし心鎮まりがたう思さるるけにや」つまり、車争いで体を離れてしまった心が鎮まることができずにいるからだろうかという部分を先取りしているとも読める。いずれにしても、この現代語訳には論議の余地がある。

また、「悪しかれなど思ふ心もなけれど」を、「人の身を『悪しかれ』と詛う心などさらにないつもり」と

「人をそこなおうなどとは〜思いもそめぬ」と二重に現代語訳に反映させている。ねたみ・憎しみは意識しているものの葵の上を詛ったり危害を加えようとはしてないことを、田辺は繰り返しによって強調する。

そして、「誇り高い彼女には」が全く新しく追加されている。確かに六条御息所は誇りの高い女性である。だからこそ、車争いで恥辱を受けたことに大きな衝撃を受け深く傷ついている。ここでも、その誇り高さゆえに、年若い葵の上を苦しめようなどという気持ちはさらさらないという解釈を示ししている。田辺の「思いもそめぬ」の「も」は、強意の「も」である。

田辺の現代語訳は、解釈を超えて既に本文の一部追加・差し替えに近い。挑戦的な原文の一部リライトである。原文のリライトはルール違反という見方もあるかもしれない。しかし、私はそれも現代語訳の在り方の一つとして認め評価すべきと考える。

田辺訳のもう一つの特徴は、六条御息所を「彼女」と呼んでいることである。これによって六条御息所が遠い存在から語り手や読者に近い存在になる。千年の時を超えて現代に蘇るとも言える。その意味で「彼女」という呼称が普遍性を生んでいるという側面もある。（多くの現代語訳は「六条御息所」「御息所」などである。）

現代語訳の場合、主要人物をどういう呼称で表現するかも重要な取捨選択である。

次にBの「うつつにも似ず、猛くいかきひたぶる心出で来て」を検討する。

年代順に一覧にすると次のようになる。

谷崎「うつつの時に似ぬ猛々《たけだけ》しい、激しい、ひたむきな心を起して」

円地「正気の時には思いもらぬ猛々《たけだけ》しい一途《ず》な憎しみがつのってきて」

田辺「夢の中の自分は、自分であって、常の自分ではない。／野卑《やひ》で粗暴で、本能のままに猛々《たけだけ》しく」
瀬戸内「正気の時には思いもよらないほどの、烈しく猛々しいひたむきな激情が、猛然と湧きあがってきて止めようもなく」
林「まるでいつもの心とは似ても似つかず、猛々《たけだけ》しく荒ぶってどうにも抑制できない気持ちが沸々《ふつふつ》と滾《たぎ》って」。
角田「ふだんの自分とはまったく異なる荒々しい気持ちになって」

まず「猛くいかきひたぶる心出で来て」については、田辺の「野卑で粗暴で、本能のままに猛々しく」、瀬戸内の「烈しく猛々しいひたむきな激情が、猛然と湧きあがってきて止めようもなく」、そして林の「猛々しく荒ぶってどうにも抑制できない気持ちが沸々と滾って」が、何重にもその激しさを強調している。谷崎の「猛々しい、激しい、ひたむきな心を起こして」、角田の「荒々しい気持ちになって」と比べると違いがよくわかる。

「うつつにも似ず」については、何と言っても田辺の「夢の中の自分は、自分であって、常の自分ではない。」が印象的である。さきほどのAの「身ひとつの憂き嘆きよりほかに人を悪しかれなど思ふ心もなけれど」にもつながる六条御息所の意思と魂との乖離をより明確に示している。もちろん「うつつにも似ず」の訳としては少々飛び出しているが、一部リライトを含んだ解釈としての現代語訳である。

こう見てくると、右に取り上げた中では、現代語訳の在り方として円地・田辺・瀬戸内・林グループと谷崎・角田グループに分かれる。これ以外の現代語訳も、このいずれかにほぼ属している。

＊

これまで翻訳や現代語訳は、原作の補完、付属、亜流という見方をされることが少なくなかった。しかし、翻訳や現代語訳は優れた創作である。「直訳」のようなものでも、別の言語あるいは現代語に訳す際にさまざまな高度な取捨選択が行われている。特に翻訳や現代語訳が複数ある場合、その違いに驚くことがあるのはそのためである。まして、右の田辺や瀬戸内、林などのような訳の場合、訳者の読み、解釈、意味づけがより明確に含まれる。

翻訳や現代語訳は、それゆえあるときには原作よりも強く心に響くことがある。翻訳作品も、原作を超えていると評価されるようなものが出現するのは、その意味で当然である。（たとえば上田敏の『海潮音』、谷川俊太郎のレオ＝レオニ「スイミー」などがある。）「読む」という行為が創造であるのと同じベクトルで、翻訳・現代語訳も創造である。また創作である。厳密に考えると原作者と訳者の共同創作と言うことになる。それは、新しい作品世界を生み出すことである。だから、読者としては、原作も翻訳・現代語訳もいずれも積極的に享受すればよいのである。

J・S・バッハは、ゴールドベルク協奏曲を間違いなくチェンバロで演奏するために作曲した。しかし、グレン・グールドは、それをピアノで演奏し新しい世界を創り上げた。グールドの演奏を亜流だとか補完だとか評価する者はいない。もしバッハが生きていたら何と言うかわからないが、私はかなり高い確率で喜び歓迎したことと思う。もちろん、原作者が歓迎しなかったとしても、グールドの演奏には高い価値がある。それと翻訳や現代語訳は似ている部分が多い。同様に「読む」という行為と演奏とも極めて似ている。

翻訳と現代語訳ではかなり似た要素をもつが、日本の古典の場合はやや難解とはいえ日本語として原文にあたることができる。外国文学で原文と日本語訳を参照するという読み手は少数だろうが、日本の古典の場合は、それに比べると原文と現代語訳の参照が容易である。また、現代語訳も容易に複数が参照できる。

古典の現代語訳は、検討してきたとおり外国文学の翻訳と比べその自由度は高くなる。谷崎や角田のような原文により比較的忠実な訳がある。その一方で、円地・瀬戸内・林のような解釈を前面に出した現代語訳もある。さらには、田辺のような挑戦的・冒険的な訳もある。

現代語訳の質にもよるが、それと原文、そして他の現代語訳とを比較・検討しながら吟味していくというのは、重要な作品享受の在り方の一つである。だから、小中高の古典の授業でも、もっと積極的に現代語訳を取り上げ検討するという学習を展開すべきである。肌合いの違った複数の現代語訳を提示して検討することは効果的である。それを切り口に新しい古典の読み方が生まれてくる。さらには、子どもたちに解釈や一部リライトを含む「私家版現代語訳」を創らせるという授業があってもよい。その際には、田辺のような思い切った解釈や脚色をすることを許容する、あるいは推奨するという方法もある。そして、子どもたちの現代語訳を比較・検討してみる。その際には、もう一度原文に戻ってその異同を確かめてみるという学習が有効である。

＊

ここで生かした読みの方法（言語の力）としては、まず「三部構造の関係性と効果への着目」がある。また「多面的・多角的に人物を把握する」がある。その際に「意識と無意識の世界の交錯への着目」を生かしている。また「『む』『る』『なり』『や』などの助動詞・助詞など文法的仕掛けへの着目」などの方法も生きている。ここでは繰り返し六条御息所の意識と無意識が述べられる。自分ではどうにもならない無意識の世界に苦しむ六条御息所の内面がテーマを形成する。そして「加害者と被害者、善と悪という勧善懲悪的二分法を超えた人物の見方」である。六条御息所は、加害者という側面もあるが、間違いなく被害者でもある。また、悪女的側面が全くないわけではないが、むしろ自分の存在・在り方、光源氏との関係などに苦悩する女性でもある。それらが、豊かに多面的に描かれていることを丁寧に読み込む必要がある。さらに「現代語訳の差異を比較・検討することで作品の再創造を吟味・批評する」という観点も大切である。

〈注〉

(1) 高等学校国語教科書『高等学校古典講読―源氏物語・枕草子・大鏡』二〇〇五年、三省堂による。段落は阿部が再構成した。

(2) 大朝雄二は「御息所の深刻な苦悩の表われとして内向し屈折する追いつめられた魂が、突如として狂暴な霊となって現実に働きかけるという、理性を越えた深層心理的な緊迫感に、真の怖ろしさがある。」と述べている。(大朝雄二「六条御息所の苦悩」秋山虔他編『講座源氏物語の世界・第三集』一九八一年、有斐閣、二九～三〇頁)

(3) 大朝雄二は「生霊となる御息所を描いて、それが単純な怪奇にとどまらず、苦悩の深さという点でこの上なく人間的な御息所になっている」と指摘している。(前掲書(2)に同じ、二八頁)

(4) 谷崎潤一郎『潤一郎訳源氏物語・巻二』一九七三年、中央公論社、三五七～三五八頁(初出は一九六五年)(谷崎は現代語訳を二回改訂している。ここでは最後の現代語訳「新々訳」を引用した。)

(5) 円地文子『源氏物語・巻二』一九七二年、新潮社、一四五～一四七頁

(6) 田辺聖子『新源氏物語(上)』一九八四年、新潮社、二〇六～二〇八頁(初出は一九七八年)

(7) 林望『謹訳源氏物語二』二〇一〇年、祥伝社、一七四～一七六頁

(8) 瀬戸内寂聴『源氏物語・巻二』一九九七年、講談社、一三六～一三七頁

(9) 角田光代『日本文学全集04源氏物語・上』二〇一七年、河出書房新社、二七八～二七九頁

第3節　若菜上「御几帳どもしどけなく引きやりつつ」柏木懸想を読む

「若菜・上」の中の一節である。

光源氏は、十五歳の女三の宮を正妻として迎える。しかし、光源氏は女三の宮のあまりの幼さにがっかりする。そして、既に迎え入れている紫の上への思いを強くし、そこにしばしば通い、正妻である女三の宮のところにはほとんど通わなくなっている。そういう中、紫の上の甥にあたる柏木が、女三の宮に強く憧れる。柏木は二十五歳である。

その柏木が、考えられないような偶然から女三の宮の姿をかなりの至近距離で見てしまう。それも、女三の宮は袿という普段着であり立ち姿である。身分の高い女性が、普段着でその上立ち姿で夫以外の男性から見られるなどということはあってはならないことであるし、普通はありえないことである。それがこの場面で起きてしまう。

光源氏の住まいである六条院の御殿で行われた蹴鞠の最中に起こった出来事である。

1 「御几帳どもしどけなく引きやりつつ」の本文と構造

柏木が女三の宮に懸想をする部分である。本文は以下のとおりである(注1)。

御几帳どもしどけなく引きやりつつ、人げ近く世づきてぞ見ゆるに、唐猫《からねこ》のいと小さくをかしげなるを、少し大きなる猫追ひ続きて、にはかに御簾のつまより走り出づるに、人々おびえ騒ぎて、そよそよと身じろきさまよふけはひども、衣《きぬ》のおとなひ、耳かしがましき心地す。猫は、まだよく人にもなつかぬにや、綱いと長くつきたりけるを、物に引き掛けまつはれにけるを、逃げむと引こじろふほどに、御簾のそばいとあらはに引き上げられたるを、とみに引き直す人もなし。この柱のもとにありつる人々も、心慌たたしげにて、もの怖《お》ぢしたるけはひどもなり。

几帳のきは少し入りたるほどに、袿《うちき》姿にて立ち給へる人あり。階《はし》より西の二の間《ま》の東《ひむがし》のそばなれば、紛れどころもなくあらはに見入れらる。紅梅にやあらむ、濃き薄きすぎすぎにあまた重なりたるけぢめはなやかに、草子のつまのやうに見えて、桜の織物の細長なるべし。御髪《みぐし》の裾までけざやかに見ゆるは、糸をよりかけたるやうになびきて、裾のふさやかにそがれたる、いとうつくしげにて、七、八寸ばかりぞ余り給へる。御衣《ぞ》の裾がちに、いと細くささやかにて、姿つき、髪のかかり給へるそばめ、言ひ知らずあてにらうたげなり。夕影なれば、さやかならず奥暗き心地するも、いと飽かずくちをし。鞠に身を投ぐる若君達《わかきんだち》の、花の散るを惜しみもあへぬけしきどもを見るとて、人々、あらはをふともえ見つけぬなるべし。猫のいたく鳴けば、見返り給へる面持ち、もてなしなど、いとおいらかにて、若くうつくしの人やと、ふと見えたり。

大将、いとかたはらいたけれど、這ひ寄らむもなかなかいと軽々しければ、ただ心を得させてうちしはぶき給へるにぞ、やをら引き入り給ふ。さるは、わが心地にも、いと飽かぬ心地し給へど、猫の綱ゆるしつれば、心にもあらずうち嘆かる。ましてさばかり心を占めたる衛門督《ゑもんのかみ》は、胸ふとふたがりて、たればかりにかはあらむ、ここらの中にしるき袿姿よりも、人に紛るべくもあらざりつる御けはひなど、心にかかりておぼゆ。さらぬ顔にもてなしたれど、まさに目とどめじやと、大将はいとほしくおぼさる。わりなき心地の慰めに、猫を招き寄せてかき抱きたれば、いとかうばしくてらうたげにうち鳴くもなつかしく思ひよそへらるるぞ、すきずきしきや。

現代語訳　御几帳などもだらしなく引き寄せてあって、間近に女房たちがいる感じで世慣れていように見えるが、唐猫のとても小さくかわいいのを、少し大きな猫が追いかけてきて、急に御簾の端から走り出るので、人々がおびえ騒いで、ざわざわと身じろぎして動く気配などがして、衣ずれの音が耳やかましい感じである。猫は、まだ人によく懐かないのであろうか、綱のとても長くして付けてあるのを、物にひっかけて巻き付けてしまったので、逃げようとして引っ張っているうちに、御簾の端がとても露わに引き上げられたのだが、それをすぐに引き直そうとする人もいない。この柱の傍らにいた人々も、慌ててしまって、怖がっている様子である。

几帳の際から少し入った所に、袿姿で立っておられる人がいる。階段から西に二つ目の部屋の東の端なので、隠れようもなく露わに見えてしまう。紅梅であろうか、濃く薄く次々に何重にも重なっているその境目が華やかで、草子の小口のように見えていて、その上に着ているのは桜の織物の細長に違いない。御髪の裾まではっきり見えるのが、糸を撚りかけたようになびいて、裾がふさふさと切りそろえてあるのは、なんともかわいらしげで、背の高さより七、八寸ばかりも余るほど長くていらっしゃる。お着物の裾が余って、とても細く小柄で、姿かたち、髪のかかってらっしゃる横顔、言いようがないほど上品で愛らしい。夕方の明るさなので、さやかには見えず奥が暗い感じになっているのも、とても残念で口惜しい。鞠に夢中の若君達が、花の散るのを惜しんでもいられないような様子でいるのを見ようとして、人々はその人の姿が丸見えであることにすぐには気づかないのであろう。猫がしきりに鳴くので、振り返られた面持ち、ご様子など、とてもおっとりとしていて、若くかわいらしい人だなと、その瞬間に感じた。

大将の君は、たいへんはらはらするのだけれど、静かに近くに寄っていくのもなかなか軽々しい感じなので、ただ自分で気づかせようと咳払いをなさったところ、そっと奥にお入りになる。本当のところ、自分の気持ちとしても、姿を見られないのは残念であると思っておられたが、そのときには猫の綱もゆるめられ御簾も元どおりになったので、思わずため息をつかずにはいられない。ましてそこまで心を奪われている衛門の督は、胸がいっぱいになって、あれは宮以外の誰かであるはずはない、ここいらにいる女房たちの中でもはっきりとわかる袿姿から見ても、他の人と間違うはずのない御様子などが、心にかかって離れない。さりげない顔を見せていても、間違いなく見逃しているはずはないと、大将の君はいたわしくお思いになる。衛門の督が、どうしようもない心の慰めに猫を招き寄せて抱きしめると、その人の移り香の匂いがする。かわいらしく鳴く猫に心を引かれ、その人を重ねて思いをなぞらえているのであるが、好色めいてあぶない感じがする。

この部分の構造を俯瞰する。本文の段落設定は、教材化する際に設定されたものである。これは特定の場面の一部を切り取ったもので前話的ものはない。

第一段落は「御簾のそばいとあらはに引き上げられたる」という普通はありえない状況を発生させるに至る多くの伏線を仕掛けている部分である。次の第二段落は、それによってその立ち姿が丸見えとなった女三の宮の姿を丁寧に描写した部分である。第二段落にも一部伏線が含まれる。そして第三段落は、夕霧の咳払いで自分の姿が丸見えになっていることに気づき後に引っ込む女三の宮と、女三の宮の姿を見た夕霧と柏木の反応を描く部分である。第一段落が展開部、第二段落と第三段落が山場である。ここでは第二段落を山場①、第三段落を山場②としておく。

時間としてはわずかの時間であるはずの第二段落の描写が最も丁寧で濃い。ストップモーションで時間が止まっているかのように女三の宮が繊細に描写される。「夕影ならば、さやかならず奥暗き心地するも」とはあるものの、まるでスポットライトを浴びたような生き生きとしたクローズアップである。第一段落も描写ではあるが、多くの伏線が仕掛けられるためにやや説明的になっている。第三段落は夕霧と柏木の内面がくわしく描かれている。

女三の宮ほど高い身分の女性が袿という普段着姿で夫以外の男性に見られることは、普通ありえないことである。その上立ち姿である。二重三重にありえない偶然が起きる。その偶然により目にした女三の宮の全身を、夕霧と柏木の視点から極めて丁寧に描写している第二段落、それに衝撃を受ける夕霧と柏木の内面を描く第三段落。いずれもドラマチックでハラハラドキドキの展開である。

このとんでもない偶然が柏木を狂わせる。源氏の正妻である女三の宮が頭から離れなくなる。

展開部　御几帳どもしどけなく引きやりつつ— （事件の発端と伏線：猫が几帳を開ける）	**山場①**　几帳のきは少し入りたるほどに— （事件の決定的局面：女三の宮の立ち姿）	**山場②**　大将、いとかたはらいたけれど— （事件の更なる発展：夕霧と柏木の反応）

２「御几帳どもしどけなく引きやりつつ」に張り巡らされた伏線を読む

御几帳どもしどけなく引きやりつつ、人げ近く世づきてぞ見ゆるに、唐猫《からねこ》のいと小さくをかしげなるを、少し大きなる猫追ひ続きて、にはかに御簾のつまより走り出づるに、人々おびえ騒ぎて、そよそよと身じろきさまよふけはひども、衣《きぬ》のおとなひ、耳かしがましき心地す。猫は、まだよく人にもなつかぬにや、綱いと長くつきたりけるを、物に引き掛けまつはれにけるを、逃げむと引こじろふほどに、御簾のそばいとあらはに引き上げられたるを、とみに引き直す人もなし。この柱のもとにありつる人々も、心慌たたしげにて、もの怖《お》ぢしたるけはひどもなり。

第一段落の二文目に「猫は、まだよく人にもなつかぬにや、綱いと長くつきたりけるを、物に引き掛けまつはれにけるを、逃げむと引こじろふほどに、御簾のそばいとあらはに引き上げられたるを、とみに引き直す人もなし。」とある。それによってありえないことが起こる。猫たちの綱によって御簾が引き上げられ、女三の宮の普段着のままの立ち姿が丸見えとなる。それに気づいて御簾を戻そうとする者もいない。そのため、一定時間女三の宮の全身が晒されることになる。大きな事件の発展である。

そういう事態を発生させるために、右に述べたとおりたくさんの伏線が張り巡らされている。これらの伏線が同時に成立したことで、女三の宮の全身を柏木と夕霧が至近距離で一定時間しっかりと見てしまうというとんでもない偶然が生まれる。第一段落に六つ、第二段落に三つ、計九つの伏線が張り巡らされている。

第一の伏線は、「御几帳どもしどけなく引きやりつつ、人げ近く世づきてぞ見ゆる」である。女三の宮の世話をしている女官たちは、若君達の蹴鞠を興味津々で見物しているのだが、御几帳をだらしなく開けている。

そして、誰かから話しかけられれば答えそうなくらいリラックスしている。女官たちも、御簾や御几帳の陰から目立たないように庭の人々の様子を見るというのが普通なのだが、ここではそんなルールを無視している。緊張感が全くなくなっている。これが、その後、御簾が開けっぱなしになっていることに女官たちが気づかないということにつながっていく。

第二の伏線は、たまたまこの場に「唐猫のいと小さくをかしげなる」と「少し大きなる猫」と二匹の猫がいたことである。二匹は宮廷で飼っているのだが、二匹それも大小の猫という組み合わせも重要な意味をもつ。

第三の伏線は、第二の伏線から派生する。大小の猫がいることから、大きな猫が小さな猫を追いかけ始める。「猫追ひ続きて、にはかに御簾のつまより走り出づる」と、かなりの距離を大きい猫が小さい猫を追いかける。

そして第四の伏線は、その猫の追いかけっこを女官たちは止めることができないで、大騒ぎになることである。「猫は、まだよく人にもなつかぬにや」とあることから、まだ二匹の猫のしつけがきちんとできていないらしいことがわかる。だから女官たちは「おびえ騒ぎて」逃げ惑うだけである。

第五の伏線は、大小二匹の猫にそれぞれかなり長めの綱が付けられていたことである。当時の宮廷では綱を長くして猫を飼うことが多かったとも考えられるが、短い綱で飼うことが全くなかったとも考えにくい。ここでは、たまたま猫たちに長い綱を付けて飼っていた。もちろん、この長い綱があるために御簾が完全に開いてしまう。そして、女三の宮の全身が晒される。女三の宮も、おそらくは若君達の蹴鞠を見たかったのである。

しかし、それでも、誰か一人でも女房がそれに気がついて御簾を元に戻せば、事なきを得たはずである。女官たちは誰一人として気づかない。そのため一定の時間、女三の宮の全身が晒され続けることになる。つまり、第六の伏線は、猫の綱で女三の宮の御簾が開いてしまったことに、誰も気がつかないということである。「あらはに引き上げられたるを、とみに引き直す人もなし。」とある。女官たちは緊張感をなくしている。その一方では猫たちの追いかけっこに怖がり気を取られているそれらがあいまって女官たちは御簾が開け放しになっていることに気がつかない。ここでも「柱のもとにありつる人々も、心慌たたしげにて、もの怖ぢしたるけはひどもなり。」と繰り返している。

第七から第九の伏線は第二段落に書かれている。

第七の伏線は、第二段落の最後に出てくる。「鞠に身を投ぐる若君達の、花の散るを惜しみもあへぬけしきどもを見るとて、人々、あらはをふともえ見つけぬなるべし。」である。女三の宮の女官たちが、蹴鞠をしている若君達の姿に夢中になっていることである。第一の伏線とも重なるが、魅力的な若君達の蹴鞠が、このときこの場所で始まるということがこういう偶然を作り出すことにつながっている。

第八の伏線は、ちょうど女三の宮の立ち姿が見られる位置に柏木と夕霧がいたことである。その絶妙の角度、そして距離の近さである。「階より西の二の間の東のそばなれば、紛れどころもなくあらはに見入れらる。」とある。これも全くの偶然である。

そして、第九の伏線は、女三の宮自身の人物像である。女三の宮も、若君たちの蹴鞠の様子に興味があって見ているらしい。それにしても普通は座って見るものだが、立ったままで見ている。また、いくら夢中になっていたとしても、自分の前の御簾が開いてしまって丸見えであることくらい少し注意すればすぐにわかることである。それこそボォッとしていたのである。もちろんまだ若いということもあるだろう。しかし、それにしてもあまりにも危機管理ができていない。本節「1」でも述べたが、身分の高い女性が顔や姿を至近距離から夫以外の男性から見られるということ、それも立ち姿で見られるということは、あってはならないことである。それを許してしまっている女三の宮の人物としての性格そのものも伏線の一つと言える。

これら九つの伏線が同時に成立したことで、女三の宮の全身を夕霧と柏木が見るというとんでもない偶然が生まれる。全くあり得ない偶然だが、それがリアリティーをもっていることが見事である。わざとらしくなく自然にこの偶然が生まれたと読者が感じられる仕掛けである。それは、伏線の大部分の一つ一つは実際に当時の宮廷で普通に起こりうるそれほど特別ではない状況であり出来事だからである。

それらがたまたま重なることで、思ってもみないような偶然が生まれる。逆に見れば仮にこの伏線の中の一つでも欠落していれば、この出来事は起きなかった。現実の世界でも、そうやってあり得ない偶然は生まれているのかもしれない。それを見事に描き切っている。周到に仕掛けられた近代小説の伏線を見るようである。

❸「几帳のきは少し入りたるほどに」のストップモーション的描写を読む

第二段落は、かなり丁寧な描写となる。

几帳のきは少し入りたるほどに、袿姿《うちぎすがた》にて立ち給へる人あり。階《はし》より西の二の間《ま》の東《ひむがし》のそばなれば、紛れどころもなくあらはに見入れらる。紅梅にやあらむ、濃き薄きすぎすぎにあまた重なりたるけぢめはなやかに、草子のつまのやうに見えて、桜の織物の細長なるべし。御髪《みぐし》の裾までけざやかに見ゆるは、糸をよりかけたるやうになびきて、裾のふさやかにそがれたる、いとうつくしげにて、七、八寸ばかりぞ余り給へる。御衣《ぞ》の裾がちに、いと細くささやかにて、姿つき、髪のかかり給へるそばめ、言ひ知らずあてにらうたげなり。夕影なれば、さやかならず奥暗き心地するも、いと飽かずくちをし。鞠に身を投ぐる若君達《わかきんだち》の、花の散るを惜しみもあへぬけしきどもを見るとて、人々、あらはをふともえ見つけぬなるべし。猫のいたく鳴けば、見返り給へる面持ち、もてなしなど、いとおいらかにて、若くうつくしの人やと、ふと見えたり。

第二段落は、右に述べたとおり女三の宮の立ち姿をストップモーション的に見事に描写する。あってはならない偶然の出来事であるが、それは醜悪であったり、恐ろしかったりするようなものではない。極めて希な偶然であると同時に、優れて華やかで艶やかで美しい出来事でもある。

ここは「几帳のきは少し入りたるほどに、袿姿にて立ち給へる人あり。」から始まる。女三の宮は几帳の陰から隠れて蹴鞠を見ようとしているのであろう。しかし、御簾が開いてしまっているために外から丸見えになっている。そこに「袿姿」つまり普段着で立っている。立っているのは、おそらく若君達の蹴鞠をしっかりと見たいためである。宮廷の作法としてはせめて座って見るべきなのだが、それでは蹴鞠の様子がよく見えない。

ここには三重の問題が存在している。まず、上流に属する女性が、男達から至近距離でしっかりと見られてしまっているという問題である。次に、袿姿という普段着での姿を見られている点である。正装をしていれば、まだ体の線も見えにくいし守られている格好になる。しかし、普段着で体の線も見えてしまっている。通常は異性には、夫婦でない限り絶対に見せることのない姿である。こういう姿を夫以外の異性に見られるということは絶対にありえないし、あってはならないことである。まして複数の男性が近くで見ている状態である。そして、立ち姿である。普通は人前で自分の姿を見せるとしても座った姿である。ありえない出来事が起こってしまっている。それに本人はもちろん周囲の女房たちの誰もが気がつかない。その状態がしばらく続く。

「階より西の二の間の東のそばなれば、紛れどころもなくあらはに見入れらる。」の「あらはに見入れらる。」は、右に述べたとおり至近距離で隠すところなく丸見えということである。それを印象づけるためにわざわざ「階より西の二の間の東のそばなれば」とかなり具体的に場所が示されている。この場面の直前に「御階の中の階のほどにゐ給ひぬ。」と夕霧と柏木が座っている場所が具体的に示されている。それとこの「階より西の二の間の東のそば」はわずかな距離である。夕霧・柏木と女三の宮の立ち姿の異常な近さを明確にしている(注2)。

そして、いよいよ女三の宮の姿が克明に描写される。「紅梅にやあらむ」から「ふと見えたり。」の部分は、三二〇字ほどを使っているが、たとえば次のように九〇字程度でより簡潔に表現することもできたはずである。

紅梅重なりて桜の織物の細長なり。長き御髪が風になびき、姿細やかにて、そばめもらうたげなり。猫を見返り給へを面持ち、もてなし、おいらかなり。夕影なれば、さやかならず奥暗き心地す。

このように短くまとめないで丁寧に詳細に描写していることの意味を読むことが重要である。

まずは着ているもの、次に髪の毛の様子、そして姿・体つき、最後に顔とその表情である。

「紅梅にやあらむ、濃き薄きすぎすぎにあまた重なりたるけぢめはなやかに、草子のつまのやうに見えて、桜の織物の細長なるべし。」紅梅襲—表が紅で裏が紫の襲である。紅が濃いめのものと薄めのものとが、何重かに重なっている。その重なり具合がはっきりと見てとれ鮮やかさがある。まるでいろいろな色を使った和綴じ本の小口のようだと、その華やかさを描く。そこに、桜襲つまり表は白で裏は紫または紅色の上着を羽織っている。上着は白だろうから、濃淡の紅色の重ね着に白い上着という取り合わせである。普段着ではあるが、濃淡織り交ぜた赤とピンクの華やかな色合いと、そこにかぶる白である。春らしい輝きがある。

ここは、右に述べたとおり「紅梅重なりて桜の織物の細長なり。」などと描写したとしても、物語の事件進行そのものには直接関係ないようにも思える。それをあえて詳細に描写している。ここでは紅梅襲の色の濃淡や重なり具合が重要な意味をもっているからである。

まず読者に女三の宮の着ているもの、姿、顔立ちなどが具体的に詳細に見えてくるという意味がある。読者も、ここで女三の宮に見とれることになる。しかし、具体的で詳細な描写の意味はそれだけではない。ここでは、女三の宮の姿を見ている柏木と夕霧の視線そして凝視がこのくわしさから見えてくる仕掛けである。この視線は直接には語り手のものだが、同時に柏木と夕霧の視線も代弁している。語り手が人物の内面を代弁するという語りの仕掛けである(注3)。二人はそこまで丁寧に女三の宮を見つめている。この詳細で丁寧な描写は、特に柏木に与えた衝撃の大きさに連動していく。そして、さらには柏木のこの後の行動とも深く関わる。この詳細な描写は、事件展開にも深く関わるのである。

「紅梅にやあらむ、濃き薄きすぎすぎにあまた重なりたるけぢめはなやかに、草子のつまのやうに見えて、桜の織物の細長なるべし。」には、「紅梅にやあらむ」「草子のつまのやうに見えて」「桜の織物の細長なるべし」など、推量の言葉が複数出てくる。「あらむ」の「む」も、「細長なるべし」の「べし」も推量である。「つまのやうに見えて」は、見ている人にはそのように見えたという直喩表現である。それらの言葉を付けないでたとえば「紅梅にて、濃き薄きすぎすぎにあまた重なりたるけぢめはなやかに、草子のつまのやうに、桜の織物の細長なり。」としても成立したはずである。ところが、「どうもそうらしい」「そのようだ」「そのように見えた」という推量や見解が入ってきている。誰が推量しているのか。右で述べたとおりそう見ているのは直接には語り手であるが、ここでは同時に至近距離で見ている柏木と夕霧の推量・見解でもある。二人はそれくらい丁寧にまじまじと女三の宮を見ていた、見とれていたということである。

それは、この後も続く。次に「御髪の裾までけざやかに見ゆるは、糸をよりかけたるやうになびきて、裾のふさやかにそがれたる、いとうつくしげにて、七、八寸ばかりぞ余り給へる。」と髪の毛にいく。髪の毛は女性の評価に当時は深く関わっていた。おそらく「美人」の条件の上位に置かれていたはずである。もちろん「美人」の条件は時代によって変化する。こういう場合、文化的文脈への着目が必要となる(注4)。

ここも右に述べたとおり「長き御髪が風になびき、姿細やかにて、そばめもらうたげなり。」などとしてもよかったはずである。しかし、より詳細な描写になっている。髪が裾にかかる様子がはっきりと見える。糸を縒ったような感じで風になびいている。その髪は綺麗に切り揃えてある。そして、七～八寸（二十センチくらい）長く床に触れている。これも、語り手の視点であると同時に柏木と夕霧の視点でもある。そこまで丁寧にまじまじと女三の宮の容姿を見ている。特に「けざやかに見ゆる」の「見ゆる」、「糸をよりかけたるやうに」の「やうに」、「七、八寸ばかり」の「ばかり」などは、実際の様子をそのまま記したのではない。際だって見えた。まるで糸を縒ったように見えた。見たところだいたい七、八寸くらいかな。——といった語り手そして柏木たちの見方がやはりここでも示唆されている。「いとうつくしげ」も、誰が見てもそう見えたとも読めるが、語り手そして柏木たちにはそう見えたということである。

「御衣の裾がちに、いと細くささやかにて、姿つき、髪のかかり給へるそばめ、言ひ知らずあてにらうたげなり。」着物の裾を少し引き摺る程度だから、女三の宮の体の小ささ、幼さが見える。そして、ほっそりしている。普段より軽装だから、正装と違ってそれがよりはっきりわかる。姿もだが、髪がかかっている横顔は表現しようがないくらい可愛らしい。少し後に「猫のいたく鳴けば、見返り給へる面持ち、もてなしなど、いとおいらかにて、若くうつくしの人やと、ふと見えたり。」とある。鳴いている猫に気づいて、それを見る表情や動作などが穏やかな感じで若く可愛らしい人と直感された。猫の声に振り返るところは、一層可愛らしさを感じさせる。これらも語り手の見方と柏木・夕霧の見方を示す描写である。「言ひ知らずあてにらうたげなり。」「若くうつくしの人やと、ふと見えたり。」なども、語り手や柏木たちにはそう見えたということである。

描写の順序を再び振り返ると、着ているもの→髪の毛→姿（体つき）→顔・表情という順番になっている。ここはすべてクローズアップだが、それでも比較的ワイドな着物からだんだんとクローズになり髪の毛や姿に移る。最後に、さらにクローズになり顔や表情に至る。カメラアイがだんだんと女三の宮に寄っていっている仕掛けである。映画の一場面を見ているような鮮やかさがある。これは、繰り返し述べているとおり語り手そして柏木と夕霧の視点と重なる。

現代は、この順序ではなく、たとえば顔↓姿（体つき）↓髪の毛↓着ているもの――などといった順序で見るのかもしれない。しかし、当時は、この順序がそれなりに意味のあるものだったのであろう。ここには当時の「美人」の要件が関係していると思われる。男性が女性を注視する際に重視する順序であった可能性もある。「夕影なれば、さやかならず奥暗き心地するも、いと飽かずくちをし。」で「さやかならず」とあることから、明るく強いスポットライトでないことがわかる。とは言え、これまでの描写を見ると、かなりの程度詳細まで判別できる程度のハイライトであるとは言える。ここでも「いと飽かずくちをし。」つまりはがゆくて残念であると思っているのは、語り手であると同時に柏木と夕霧である。

「鞠に身を投ぐる若君達の、花の散るを惜しみもあへぬけしきどもを見るとて、人々、あらはをふともえ見つけぬなるべし。」は、さきほどの伏線の続きである。これだけのメンバーが庭先で華やかに蹴鞠に興じるということは、そうそう毎日あることではない。絶好の機会を逃すまいと、女房たちは目をこらして若君達に見入る。そのために、女三の宮の普段着の立ち姿が露わになっていることに気がつかない。ここでも「べし」という推量がある。語り手と柏木・夕霧の推量である。

おそらく女三の宮の全身が見えたのは、せいぜい十秒程度、どんなに長くて二十秒以内であろう。にもかかわらず、まるで時間が止まったように丁寧に詳細に女三の宮の着ているもの、髪の毛、姿、顔、表情が描写されている。こういう描写は『源氏物語』の特徴・特長の一つではあるが、特にここでこの描写は、柏木のこの後の行動をも決めてしまう重要な意味をもつ。

４「大将、いとかたはらいたけれど」の柏木、夕霧の鮮烈な反応を読む

第二段落を受けた柏木と夕霧の反応が、第三段落で描かれる。

大将、いとかたはらいたけれど、這ひ寄らむもなかなかいと軽々しければ、ただ心を得させてうちしはぶき給へるにぞ、やをら引き入り給ふ。さるは、わが心地にも、いと飽かぬ心地し給へど、猫の綱ゆるしつれば、心にもあらずうち嘆かる。ましてさばかり心を占めたる衛門督《ゑもんのかみ》は、胸ふとふたがりて、たればかりにかはあらむ、ここらの中にしるき袿姿よりも、人に紛るべくもあらざりつる御けはひなど、心にかかりておぼゆ。さらぬ顔にもてなしたれど、まさに目とどめじやと、大将はいとほしくおぼさる。わりなき心地の慰めに、猫を招き寄せてかき抱きたれば、いとかうばしくてらうたげにうち鳴くもなつかしく思ひよそへらるるぞ、すきずきしきや。

まずは夕霧が、女三の宮の全身が晒されている状況を打開しようとする。「這ひ寄らむもなかなかいと軽々しければ、ただ心を得させてうちしはぶき給へるにぞ、やをら引き入り給ふ。」まず、このままではいけない。女三の宮を隠さないといけないと夕霧は判断した。そこで、何らかの行動を起こす必要がある。しかし、そばに寄って口頭で注意を促すのも目立ちすぎるので咳払いで注意を促す。

直後に「わが心地にも、いと飽かぬ心地」「心にもあらずうち嘆かる」とあるように夕霧ももう少し女三の宮の姿を見ていたかった。しかし、その思いを超えて理性的な判断をしたのである。ところが、夕霧より年長であるはずの柏木の方は、女三の宮に夢中でそんなことを思いつきさえしない。二人とも女三の宮の立ち姿に

見入ってはいるが、その反応は夕霧と柏木では大きく違う。対照的とも言える。

ここでもう一つ見えるのは、「うちしはぶき」だけで女三の宮に注意を促すことができるくらい近い距離に夕霧と柏木がいたということである。至近距離であることは右に述べたとおりわかっていたものの、これほどの近さであったことを改めて知ることができる。ここからは、咳払いをしても聞こえるくらいの近くで男性に見られていることにさえ気がつかない女三の宮の性格が再度確認できる。よく言えばおっとりしている性格、悪く言えば不用意で気配りができない性格である。

次から、夕霧と柏木の内面が交互に示される。

A〔夕霧〕さるは、わが心地にも、いと飽かぬ心地し給へど、猫の綱ゆるしつれば、心にもあらずうち嘆かる。

B〔柏木〕ましてさばかり心を占めたる衛門督は、胸ふとふたがりて、たればかりにかはあらむ、ここらの中にしるき袿姿よりも、人に紛るべくもあらざりつる御けはひなど、心にかかりておぼゆ。

C〔夕霧〕さらぬ顔にもてなしたれど、まさに目とどめじやと、大将はいとほしくおぼさる。

D〔柏木〕わりなき心地の慰めに、猫を招き寄せてかき抱きたれば、いとかうばしくてらうたげにうち鳴くもなつかしく思ひよそへらるるぞ、すきずきしきや。

Aは、今述べたとおり、自分で女三の宮に後ろに引っ込むように合図を送っている夕霧だが、自分でももう少し女三の宮を見ていたかったと残念がっている。とは言え、「いと飽かぬ心地」「うち嘆かる」程度である。しかし、Bの柏木は違う。「まして」から始まり「心をしめたる衛門督」「胸ふとふたがりて」「心にかかりておぼゆ」とずっと思いは強い。柏木が女三の宮に心を奪われていると再確認できる。そして女三の宮を間近で見てしまったことで胸がいっぱいになり心から離れない。ここからだけでも、女三の宮の全身を間近で見たことが柏木にとって大事件であったことがわかる。

Cでは、「いとほしくおぼさる」と、夕霧が、女三の宮を見てしまった柏木のことを不憫に思う。自分も女三の宮に魅力は感じているが、柏木のことを思いやる余裕がある。夕霧→柏木→夕霧→柏木とその心中を交互に示し二人の違いを際立たせている(注5)。

そして、Dでは柏木は「わりなき心地」つまり割り切れない思い、どうしようもないやるせない気持ちになっている。自分の気持ちに整理がつかないというニュアンスもあるだろうか。ここは、直前の「心をしめたる」「胸ふとふたがりて」「心にかかりておぼゆ」より複雑である。ただ女三の宮を強く想うというだけでなく、苦しみが含まれている。光源氏の妻である女三の宮に恋するなど本来許されることではない。自分の立場を考えればあり得ないことである。柏木もそのことを知っている。それゆえに苦しいのである。そして、その気持ちは、女三の宮の移り香がある猫をかき抱くという行為を生み出す。「いとかうばしくてらうたげにうち鳴くもなつかしく思ひよそへらるる」は、女三の宮を抱いているような感覚なのであろう。代償行為である。そこまで柏木が女三の宮を強く想っているということである。しかし、それは一人前の大人としてはかなりの程度恥ずかしい、異常とも言えるような行為である。だから語り手も「想ひよそへらるるぞ、すきずきしきや」と係り結びまで使って好色めいている、恋への執着が強いと評価している。「すきずきしきや」という評価はここではかなり際どい評価である。「衛門督は、かなり危ない感じですね。」と言っているようなものである。

右の中のBの表現はやや複雑である。「ましてさばかり心を占めたる衛門督は、胸ふとふたがりて、たればかりにかはあらむ、ここらの中にしるき袿姿よりも、人に紛るべくもあらざりつる御けはひなど、心にかかりておぼゆ。」これは語り手の語ったものだが、その中でも「たればかりにかはあらむ、ここらの中にしるき袿姿よりも、人に紛るべくもあらざりつる御けはひ」は、明らかに柏木の心の中を描いている。ここはカギ括弧の直接話法とも言える部分である。

これはその直接話法を含め柏木の心中を語り手が語った一文であるが、前後の文脈を見ると同時に夕霧の見方もそこに部分的に反映されているとも読める。「まして」「さばかり心を占めたる衛門督は」「胸ふとふたがりて」「人に紛るべきもあらざりつる御けはひ」「心にかかりておぼゆ」などは、夕霧にもそう見えたというニュアンスも含んでいると見てよい。

Dも柏木の行為と内面だが、この様子を夕霧も見ているはずだから、ここにも語り手だけでなく夕霧の見方も一部反映されていると見ることもできそうである。

そう見てくると、第三段落は、語り手と夕霧そして柏木の内面が重なっているものの、どちらかと言うと語り手と夕霧がかなりの程度一体化していることがわかる。自分でも女三の宮に見とれている夕霧ではあるが、同時に語り手と一緒にメタ的に女三の宮や柏木の様子を見ていたということになる。

柏木に絞って再度振り返ってみると、①「さばかり心をしめたる」②「胸ふとふたがり」③「心にかかりておぼゆ」④「わりなき心地」そして⑤猫をその「慰めに」抱いて「なつかしく思ひよそへらるる」（代償行為）と、五重に女三の宮への強い想いが描かれている。この想いが、柏木をもう戻ることができないところに連れて行ってしまう。

Bに「たればかりにかはあらむ、ここらの中にしるき袿姿よりも、人に紛るべくもあらざりつる御けはひ」とあることを見ると、柏木が女三の宮のことを想っていたとは言っても、この出来事の前まではまだそれほどはっきりと近くでその顔や表情、姿などを見ていない可能性が高い。このときに初めて髪の毛も、そのほっそりとした姿も、顔も表情もしっかりと見た。そして「わりなき心地」さらに代償行為「なつかしく思ひよそへらるる」という状態にまで至る。この偶然がもしなかったとしたら、想いは強いにしても光源氏の妻ということを考えると、この後もう少し理性的に行動できたかもしれない。しかし、ここで女三の宮の全身をしっかりと見てしまい、柏木は引き返すことのできない場所に来てしまう。この後、機会を狙って女三の宮の同意がないままに無理やり関係を結んでしまう。現代的に言えば性犯罪者になっていくのである。その意味でこの事件自体が、次の展開の伏線になっている。

＊

ここで生かした読みの方法（言語の力）としては、まず「三部構造の関係性と効果への着目」がある。また「事件展開上の複数の伏線への着目」も重要ある。女三の宮の立ち姿が至近距離で見えてしまうというあり得ない偶然を（不自然さなく）創り上げる九つの伏線への着目である。さらに「描写が濃い部分がもつ事件展開上の意味に着目する」ということがある。ここでは女三の宮の立ち姿の部分で、まるで時間が止まったように鮮やかで詳細な描写が示される。「比喩表現」も効果的に使われている。これを見てしまった柏木の衝撃がこの後々にまで強く影響していく。そこでは「作品全体と当該部分との関係性への着目」が生きる。「文化的前提と歴史的前提への着目」も大切である。女三の宮が当時の「美人」の要件を見事に備えていることがわかる。さらには「三人称の語り手とそれに重なる人物の視点への着目」も重要である。女三の宮の立ち姿は語り手が視点人物で、語り手によって描写されるが、ここには同時に柏木と夕霧の視点も重なっている。ここでは「人物の対比的な描き方への着目」もある。夕霧・柏木ともに女三の宮の立ち姿に見とれてはいるのだが、年下の夕霧の方が柏木よりずっと冷静である。それが柏木のただならない状態を演出している。

〈注〉

(1)　高等学校国語教科書『高等学校改訂版古典A—大鏡・源氏物語・諸家の文章』二〇二〇年、第一学習社による。

(2)　玉上琢彌は「いま夕霧と柏木は、南の中央の階にいる。その階から西へ二番目の間、と言えば、女三の宮の部屋の中央か。その東の端に立つ袿姿。これがも少し西の間であれば、よくは見えないのだが、一番見やすく、そして近い所だったのである。」と述べている。（玉上琢彌『源氏物語評釈・第七巻』一九六六年、角川書店、二四七頁）

(3)　この部分の描写について秋山虔は「この克明にかたどられる女三の宮は、語り手によって客観的に描写されているのではない。（中略）『む』『べし』『見ゆ』『心地す』など、また『いと飽かず口惜し』などの心情表現などに注意したい。後述のように夕霧の、また柏木の反応が右の文章に接続していくことからも明らかなように、階段に休らう二人の目と心とに映じた女三の宮の姿なのであった。」と指摘している。（秋山虔「蹴鞠の日—柏木登場」秋山虔他編『講座源氏物語の世界・第六集』一九八一年、有斐閣、一七〇頁）

(4)　玉上琢彌は女三の宮のこの描写について「髪が美しく、小柄で上品でと、当時の美人の条件を完備している。」と述べる。（玉上琢彌編『鑑賞日本古典文学・第9巻源氏物語』一九七五年、角川書店、二八六頁）

(5)　秋山虔は「夕霧と柏木との心の動きが対応的に明確化されているが、理性的と情熱的と、両者はあいかかわりつつ対立しているのであった。」と述べている。（前掲書(3)に同じ、一七一頁）

【著者紹介】

阿部　昇（あべ　のぼる）

秋田大学大学院教育学研究科特別教授，秋田大学名誉教授，東京未来大学特任教授。
専門は，国語科教育学，教育方法学。
1954年生まれ。茗溪学園中学校高等学校教諭，秋田大学教育文化学部教授，秋田大学大学院教育学研究科教授等を経て現職。
2008年〜2011年秋田大学教育文化学部附属小学校校長。
「読み」の授業研究会代表，日本教育方法学会常任理事，全国大学国語教育学会理事，日本ＮＩＥ学会理事。
秋田県ＮＩＥ推進協議会会長，秋田県検証改善委員会委員，2007年〜2019年秋田県検証改善委員会委員長。
小学校・中学校国語教科書編集委員（光村図書）。

〈著書（単著）〉

『物語・小説「読み」の授業のための教材研究―「言葉による見方・考え方」を鍛える教材の探究』『増補改訂版　国語力をつける物語・小説の「読み」の授業―「言葉による見方・考え方」を鍛えるあたらしい授業の提案』『確かな「学力」を育てるアクティブ・ラーニングを生かした探究型の授業づくり』『文章吟味力を鍛える―教科書・メディア・総合の吟味』『授業づくりのための「説明的文章教材」の徹底批判』（以上明治図書），『頭がいい子の生活習慣―なぜ秋田の学力は全国トップなのか？』（ソフトバンク・クリエイティブ）など多数。

〈著書（編著）〉

『あたらしい国語科指導法・六訂版』『国語の授業で「深い学び」をどう実現していくか』『国語の授業で「主体的・対話的で深い学び」をどう実現するか』『国語科教科内容の系統性はなぜ100年間解明できなかったのか』（以上学文社），『文学作品の読み方Ⅱ』（日本標準）など多数。

読解力を鍛える古典の「読み」の授業
―徒然草・枕草子・平家物語・源氏物語を読み拓く―

2021年４月初版第１刷刊　©著　者　阿　部　昇
発行者　藤　原　光　政
発行所　明治図書出版株式会社
http://www.meijitosho.co.jp
（企画）木山麻衣子（校正）吉田　茜
〒114-0023　東京都北区滝野川7-46-1
振替00160-5-151318　電話03（5907）6702
ご注文窓口　電話03（5907）6668

＊検印省略　組版所　中　央　美　版

Printed in Japan　ISBN978-4-18-382416-5
JASRAC 出 2101593-101